KB102555

시간 다 쓰셨습니다

시간 다 쓰셨습니다

2019년 5월 24일 인쇄
2019년 5월 31일 발행

지은이 | 김세환
펴낸이 | 김영호
펴낸곳 | 도서출판 동연
등 록 | 제1-1383호(1992년 6월 12일)
주 소 | 서울시 마포구 월드컵로 163-3
전 화 | (02) 335-2630
팩 스 | (02) 335-2640
이메일 | yh4321@gmail.com

ISBN 978-89-6447-506-5 03040
ISBN 978-89-6447-504-1 03040(세트)

시간 다 쓰셨습니다

김세환 지음

동연

유비적인 하나님의 음성

김세환 목사의 수필은 하나님의 말씀을 비춰주는 거울 같습니다. 김 목사는 제가 존경하는 서울 감리교신학대학교의 선배 선한용 교수님으로부터 직접 추천을 받은 학생입니다. 학문적으로 잘 훈련시키셔서 저에게 소개하시면서 "내가 감신에서 20년 가까이 본 학생 중에 제일 우수한 제자이니 자네 학교에 데려가서 훌륭하게 잘 키우시게" 말씀하시면서 보내 주신 목회자입니다. 김 목사는 성바울신학대학원Saint Paul School of Theology을 졸업한 후 캔자스 주의 동남부에 위치한 위치타Wichita에서 제일 어렵고 힘든 교회를 맡아 그곳에서 제일 크고 활성화된 한인 연합 감리교회로 성장시켰습니다.

김 목사는 각종 회의나 모임 같은 곳에 다니지도 않고, 목양지에 머물면서 회중들의 마음을 어루만지고 달랜 영적인 지도자입니다. 잔재주를 부리지 않고 배운 그대로 고지식하게 정도를 밟는 성실한 목회자입니다. 두 번째 사역지였던 북미에서 제일 오래된 L.A.연합감리교회에서도 침체된 교회를 성장시키며 성도들과 재미있게 사역을 하다가 4년 전에 지금의 애틀랜타한인교회로 자리를 옮겨 최선을 다해 사역하고 있습니다. 김세환 목사는 제가 참으로 자부심을 갖는 제자이며, 우리 '성바울신학대학원'의 자랑스러운 졸업생입니다.

이 책에 실린 김 목사의 주옥같은 이야기들은 그의 담백한 삶을 담고 있습니다. 현실과 연결되어 있습니다. 그 글들을 통해서 유비적으로 독자들에게 다가오시는 하나님의 음성을 듣기에 충분합니다. 모든 '글text'에는 계시적인 뜻이 담겨 있습니다. 신실하고 진실된 마음으로 그 글을 읽는다면, 독자는 그 속에 있는 계시를 발견하게 될 것이고, 영혼의 갈증을 해갈하게 될 것입니다. 좋은 글은 우리의 잘못된 삶의 여정을 바로 잡아 깊은 내면의 세계로 인도합니다. 그 속에서 우리는 좀 더 건설적인 비판의 눈으로 자신과 세상을 통찰할 수 있는 능력을 얻게 될 것입니다. 김 목사의 글은 그 세계를 보게 할 것입니다. 기쁨으로 일독을 권합니다.

전영호 성바울신학대학원 조직신학 명예교수

위로와 깨우침을 주는 글

저는 김세환 목사님과 함께 긴 시간 동안 그의 설교 말씀과 글을 나누며 많은 위로와 평안을 누렸습니다. 목사님이 갑자기 애틀랜타로 3년 전에 훌쩍 떠나신 뒤로 큰 아쉬움이 있었습니다.

얼마 전 목사님이 그곳에서 쓰신 글들을 모아 책을 발간하신다는 소식을 듣고 크게 반가웠습니다. 김 목사님은 젊은 시절에 건강이 좋지 않아서 많이 고생을 했는데, 그때 많은 고전과 양서良書를 통해 철학적, 문학적 소양을 쌓으셨음이 틀림없습니다.

김 목사님의 말씀과 글은 성경에 뿌리를 두면서도 쉬운 말로 누구나 늘 겪는 소소한 일상의 이야기를 소재로 잔잔하고 재미있게 전달하고는 우리도 모르게 어떤 가르침을 꼭 남기곤 합니다.

우리가 세상을 살다보면 어려운 일에 부딪칠 때가 많이 있는데 목사님의 글과 말씀은 그때마다 큰 위로와 깨우침을 줄 수 있다고 생각합니다.

마틴 루터 킹Martin Luther King Jr. 목사님은 "인생은 깨어진 꿈들의 연속적인 이야기"라고 말씀하셨는데, 김 목사님의 글들을 통하여 독자들은 뜻대로 되지 않고 어려움에 부딪칠 때마다 많은 도움을 받을 수 있으리라 믿습니다.

앞으로 김 목사님의 인생 후반기에는 건강의 축복이 임하시기를 바라고, 많은 글들을 통하여 이 어두운 세상에서 한줄기 밝은 불빛을 비춰주는 등대의 역할을 오래오래 감당하여 주시기를 간절히 기도합니다.

이병준李丙俊 회장 미주 세아 그룹 대표

글을 쓰고 생각을 정리하는 일

글을 쓴다는 것은 큰 기쁨입니다. 아직 살아있다는 것을 확인하는 시간입니다. 매일 반복되는 똑같은 일상 속에 노출되다 보면 어느 덧 자신도 모르는 사이에 머리의 화석화fossilization가 진행됩니다. 더 이상 사고하는 것을 멈추고 이미 만들어진 삶의 껍질 속에서 익숙한 대로 생각하고 말하며 살아가게 됩니다. 생각 없이 살아도 전혀 불편하지 않게 됩니다. 글은 그렇게 멈추었던 생각을 다시 시작하게 만드는 자기 성찰의 작업입니다.

다시 창조적인 글쓰기를 통해 익숙하지 않은 표현들을 만들어 냅니다. 글로 형상화하는 작업을 통해 내가 알고 있던 것이 바른 것인지 책을 통해 확인하는 작업도 하게 됩니다. 글을 쓰면서 이미 알고 있던 명제에 대해서 매몰차게 질문을 던지기도 하고, 자연과학과 인문학을 연결시켜 보기도 합니다. 전혀 몰랐던 음악과 미술의 세계에도 발을 들여 놓습니다. 자연스럽게 분석과 비판 작업을 하기도 하고, 쓴 글을 보면서 자기반성과 다짐의 시간을 갖기도 합니다.

잘 표현된 글을 보면서 회심의 미소를 짓기도 하고, 스스로 감동해서 눈물을 흘리기도 합니다. 글을 써내려가면서 열에 받치고 독이 올라 혁명가처럼 과격하게 글을 쓰기도 하고, 남사스러운 표현 앞에 누가 볼까 빨리 지우면서 부끄러워하기도 합니다. 박장대소하며 웃기도 하고, 잊어버렸던 옛일을 생각하고 전화번호부를 찾아보거나 수첩을 뒤적이게 됩니다. 글은 언제나 총체적인 사고 체계의 노동을 요구합니다. 글을 쓰면서 엇나가고 삐뚤어진 삶의 모습을 되잡게 됩니다.

많은 사람들은 목회자가 설교에 익숙하고 말을 잘해야 한다고 생각합니다. 그러나 말보다 더 중요한 것은 글입니다. 좋은 말을 하려면 좋은 글이 전제되어야 하기 때문입니다. 말은 생각을 전하는 도구인데 글을 통해 정리되고 준비되지 않으면 많은 실수와 오류를 범하게 됩니다. 말은 소리와 함께 재빠르게 입 밖으로 배출됩니다. 한 번 입에서 빠져나간 말은 다시 물리거나 주워 담을 수 없습니다.

그래서 말은 항상 조심해야 합니다. 그렇지만, 그럼에도 불구하고, 조절이 되지 않아 항상 후회가 많은 것이 말입니다.

말을 효과적으로 잘하기 위해서는 몇 년 동안의 집중적인 훈련이 필요합니다. 그러나 불필요한 말들을 걸러내고 절제하는 데는 평생의 시간이 필요합니다. 말을 잘하는 것보다 말을 참는 것이 더 어렵다는 소리입니다. '다변무능多辯無能' 즉, '말이 많으면 쓸 말이 없다'는 말도 있고, '다언수궁多言數窮', '말이 많으면 수가 막힌다'는 뜻으로 "말을 많이 하면 할수록 어려움을 당하게 된다"라는 옛말도 있습니다. 말은 생각을 여과 없이 밖으로 빨리 내보내는 단점이 있기 때문에 항상 조심해야 합니다.

반면에 글은 조금만 신경을 쓰면, 자신의 생각을 충분히 담을 수 있습니다. 심사숙고하며 자신의 생각을 정리할 수 있는 여유가 있습니다. 되씹어 보고, 곱씹어 보면서 잘못되고 개인적인 편견으로 인해 실수한 부분들을 언제든지 바로잡을 수 있습니다. 양심에 꺼림칙한 것이 있으면 다시 수정할 수도 있습니다. 표현이 공격적이어서 다른 사람들에게 상처를 줄 수 있으면 미사여구를 써서 완곡하고 달리 표현할 수도 있습니다. 제가 글을 말보다 더 좋아하는 이유입니다. 말은 많이 할수록 뜨거워지지만, 글은 쓰면 쓸수록 생각이 깊어집니다.

여기에 실린 글들은 제가 생각 없이 살지 않았다는 것을 보여주는 산물들입니다. 세련되고 멋진 글들도 아니고, 남들에게 보여주려고 과장해서 쓴 글도 아닙니다. 제가 어떤 생각을 하고, 어떻게 삶을 바라보는지를 진솔하게 적어 본 것들입니다. 그래서 조금 투박하고 부족한 것이 많이 있습니다. 부끄럽기까지 합니다. 그러나 그럼에도 불구하고 책으로 엮는 이유는 글을 쓰고 생각을 정리하는 작업이 얼마나 근사하고 유익한 일인지를 알려주고 싶어서입니다. 부족한 글을 책으로 묶느라고 애써 주신 분들께 깊은 감사를 드립니다.

애틀랜타한인교회 담임 김세환 목사

차례

1장 이정표가 되는 사람들

2장 우리가 진정으로 만났는가

3장 시간 다 쓰셨습니다

4장 지름길과 에움길

이정표가 되는 사람들

하나님은 이 세상 곳곳에 인생을 어떻게 살아야 하는지를
보여주는 이정표들을 세워 두셨습니다.

— 이정표가 되는 사람들 중에서
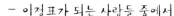

몸으로 살지 않으면

'알지 못해서 살지 못하는 것'이나 '알면서도 살지 않는 것'이나 결과적으로는 큰 차이가 없습니다. 앎은 반드시 삶으로 이어져야 합니다. 단지 '지적인 유희'에 멈춘다면 차라리 처음부터 모르는 것만 못합니다. 왜냐하면, 알면서도 살지 않는다면 평생을 '아쉬움'과 '자책감' 속에서 보낼 수 있기 때문입니다. 삶은 앎의 완성입니다. 미국으로 유학을 와서 가슴 아파하며 읽었던 소설이 하나 있습니다. 조창인 씨의 장편소설 〈가시고기〉입니다. 당시 저는 세 살 난 큰아들과 한 살 된 막내아들을 한국에 두고 와서 혼자 공부를 할 때입니다. "그때는 그럴 수밖에 없었다"라고 핑계를 댈 수도 있겠지만, 저의 모습과 소설 속에 나오는 아버지의 헌신적인 모습은 너무도 상반된 것이었기 때문에 깊은 죄책감을 느낄 수밖에 없었습니다.

악성 백혈병에 걸려 죽어가는 아들을 둔 한 아버지가 있었습니다. 부잣집 딸이었던 아내는 미대 교수와 바람이 나서 프랑스로 도망을 치고, 아이를 돌보는 것은 고스란히 이 시인詩人 아버지의 몫이 되었습니다. 그는 아이의 수술비와 치료비를 마련하기 위해서 혼신의 노력을 다하다가 결국 자신의 모든 것을 잃어버립니다. 직업, 집, 목숨같이 소중하게 여겼던 시집 그리고 문학도로서 가지고 있었던 마지막 남은 자존심까지도 아들을 위해 모두 던져 버려야 했습니다. 아들과 함께 시골로 내려온 그에게 남은 유일한 소망이 있다면, 그것은 하나님이 아이의 생명을 조금만이라도 연장해주는 것입니다. 더 이상 아들에게 줄 것이 없는 가련한 아버지는 기적적으로 이루어진 아들의 골수이식 수술비용을 마련하기 위해서 자신의 '신장'을 밀거래하기로 결심합니다. 그런데 안되는 사람은 뭔 짓을 해도 안 되나 봅니다. 아버지는 이 과정에서 자신이 중증 간암 말기 환자라는 것을 알게 됩니다. 아들보다 이미 훨씬 더 위험한 상태였던 것입니다.

결국 아버지는 자신의 신장 대신 눈 한쪽을 팔기로 계획을 바꿉니다. 아들은 그렇게 해서 다시 생명을 얻게 됩니다. 마지막 죽음의 순간이 점점 다가오는 것을 느낀 아버지는 어쩔 수 없이 또 한 번의 힘든 결정을 하게 됩니다. 아들을 프랑스에 있는 엄마에게 보내기로 한 것입니다. 그는 "끝까지 아빠하고 살고 싶다"라고 울부짖는 아들에게 정을 떼기 위해서 모질게 대합니다. 하지만 뒤돌아서서는 입술을 깨물며 뜨거운 눈물을 삭이고 맙니다. 아버지의 모습은 눈물 없이는 볼 수 없는 신파극의 주인공 모습입니다. 아들을 강제로 엄마에게 보내고 아버지는 시골의 폐교로 돌아와 아들과 함께 보냈던 행복한 시간들을 되새기며 외롭게 숨을 거둡니다. 자신의 모든 것을 던져 사랑하는 아버지의 모습이 영락없이 가시고기를 닮았습니다. 가시고기는 암컷이 알을 낳으면, 부화할 때까지 수컷이 홀로 알들을 돌본다고 합니다. 별의별 침입자들이 다 쳐들어옵니다. 아버지 가시고기는 알들을 지키기 위해 목숨을 걸고 싸웁니다. 잠도 자지 않고, 아무것도 먹지 않은 채 일주일을 버틴 아버지 고기는 알이 깨어날 때쯤, 탈진해서 숨을 거두고 맙니다. 그리고 알에서 깨어난 새끼들은 제일 먼저 죽은 아버지의 몸을 인정사정없이 뜯어 먹으며 생애 첫 식사를 합니다.

편집 후기에서 작가 조창인 씨는 자기 친구 중의 한 사람이 소설 가시고기 속의 아픔을 그대로 겪었다고 합니다. 그를 기억하며 아픈 마음으로 이 소설을 썼답니다. 조창인 씨는 아무리 대단한 사랑이라고 해도 몸으로 보여주는 것이 아니라면 그것은 아무것도 아니라고 주장합니다. 오늘 이 시대에도 이렇게 아름다운 사랑이 있다는 것을 세상에 알려주고 싶어서 이 소설을 썼다고 합니다. 삶으로 드러나지 않고 입술로 끝나는 사랑은 울리는 징이요 소리 나는 꽹과리에 불과합니다. 사랑에는 언제나 헌신과 희생이 따른다는 것을 이 소설은 우리에게 보여줍니다. 오늘날 교회가 세상의 많은 지탄을 받는 이유는 말과 행동이 따로 놀기 때문입니다. 입만 열면 "사랑한다"라는 말을 메들리로 하면서도,

조금의 희생이나 손해를 요구받게 되면 가차없이 등을 돌려 현실을 외면합니다. 사랑이 맞다면 삶으로 그 사랑을 입증해야 합니다. 십자가가 있을 때만 사랑일 수 있습니다. 몸으로 살지 않으면 그것은 아무것도 아닙니다. 사랑한다면 반드시 그대로 살아내야 합니다.

믿고 따라야 합니다

'편작扁鵲'이라는 중국의 전설적인 명의가 있었습니다. 그는 죽은 사람도 다시 살릴 만한 신비한 의술의 소유자였습니다. 그가 활동하던 시대는 의료 과학이 발달하기 훨씬 이전인 춘추전국시대였습니다. 환자를 치료하는 방법이 출처를 알 수 없는 주술적인 행위와 황당한 민간요법들이 주류를 이루던 시대였습니다. 그 혼란의 와중에서 편작은 논리적이고 체계적인 의학지식을 수립해 나아가면서 환자들을 치료했습니다. 이미 숨이 끊어진 사람도 다시 회생시키는 그의 절묘한 의술을 보면서 사람들은 그를 '신의神醫'라고 불렀습니다. "아무리 죽을병에 걸린 사람이라도 편작을 만나면 희망이 있다"라는 소문과 명성이 그가 살던 시대에 대중적인 진리로 확고하게 자리 잡고 있었습니다.

그런데 「편작열전扁鵲列傳」을 보면, 이런 명의 편작도 결코 고칠 수 없는 여섯 가지 불치병이 있다고 합니다. 소위 육불치六不治 환자가 있습니다. 첫 번째, 일불치一不治 환자는 교만 방자해서 "내 병은 내가 안다"라고 주장하는 사람입니다. 자기 스스로 진단하고, 치료법에서 먹어야 할 약까지 전부 스스로 조제해버리는 사람입니다. 의사를 장기판의 졸卒로 압니다. 의사가 할 수 있는 말은 "니가 알아서 하세요"밖에는 없습니다. 이런 교만한 환자는 편작보다 더 뛰어난 의사가 와도 고칠 수가 없습니다. 그는 절대로 의사의 진료나 지시를 따르지 않기 때문입니다. 둘째, 이불치二不治 환자는 자신의 몸보다 돈을 더 중요하게 생각하는 사람입니다. 입에 항상 '돈'이라는 말을 달고 살아갑니다. 아무리 좋은 약이 있어도 돈이 많이 들어가면 자동적으로 포기해버립니다. 이런 사람은 치료가 불가능합니다. 셋째, 삼불치三不治 환자는 의복과 음식을 조절하지 못하는 사람입니다. 아무리 좋은 약이라도 약의 힘만으로는 환자를 고칠 수가 없습니다. 약의 효과를 제대로 경험하려면 건강한 음식을 알맞게 섭취하고, 항상 몸을 따뜻하게 보온해주는 노력이 있어야만 합니다. 지나치게 음식을 탐한다든지 반대로 밥상만 보면 멀리 도망치는 사람은 백약이 무효합니다. 또 폼생폼사의 정신으로 외모만 치장하느라고 추운 겨울에도 옷을 얇게 입는다든지 관절이 약한데 돋보이고 싶어 굽이 높은 하이힐만 고집하는 사람은 어떤 명의도 고칠 수 없는 환자입니다.

넷째로 사불치四不治는 음양의 균형이 깨어져서 기가 안정되어 있지 않은 사람입니다. 사람의 몸은 음과 양의 기운이 잘 조화를 이루어 온몸에 기가 잘 통해야 하는데 혈맥이 단절되고 맥박이 잡히지 않는 사람은 어떤 치료를 해도 약 기운이 온몸으로 퍼지지 않기 때문입니다. 다섯째, 오불치五不治 환자는 몸이 극도로 쇠약해져서 약을 받아들일 수 없는 사람입니다. 물도 마시지 못하고 토하는 사람이라면 아무리 좋은 명약이 있어도 그것을 받아들일 수 없어 무용지물이 되고 말 것입니다. 몸의 상태가 막장까지 이르지 않도록 기초체력을 유지하고, 치료의 시기를 놓치지 말아야 합니다. 그리고 마지막으로 육불치六不治 환자는 귀가 얇아서 의사의 말보다는 주변 사람들의 조언에 미혹되는 사람들입니다. 무당이나 사이비 술사의 말을 듣고 미신적인 방법을 따르는 사람들은 병을 고칠 수 없습니다. 이 육불치 환자들은 어떤 명의가 와도 고칠 수 없는 사람들입니다. 이들의 가장 큰 문제는 의사에 대한 믿음이 없는 것입니다. 한번 마음을 정했으면 자신을 내려놓고, 의사에 대한 절대적인 믿음을 가지고, 그가 지시하고 인도하는 대로 최선을 다해 노력해야 합니다. 그래야 병을 잡을 수 있습니다.

성경에 보면 예수님도 많은 이적과 기사들을 행하셨는데, 그중에 대부분이 환자들을 고치는 일이었습니다. 과학이 발달하지 않은 시대이고, 오랜 기간 동안 식민국가로 살면서 가난하고, 굶주리고, 열악한 위생 환경 속에 노출되다 보니 당연히 질병에 시달리는 사람들이 많았을 것입니다. 예수님은 그들의 아픔을 보면서 만나는 많은 환자들을 고쳐 주셨습니다. 그런데 예수님이 무조건 그들을 고쳐주신 것이 아닙니다. 예수님은 그들 안에 있는 믿음을 보셨습니다. "네가 믿느냐?", "너의 믿음대로 돼라", "믿기만 하라" 같은 말씀을 하셨습니다. 그리고 믿음이 없는 것을 보실 때는 탄식하시기도 하셨습니다. 어떤 경우에는 다 치료해주신 것이 아니라, 환자들의 순종을 요구하기도 하셨습니다. "실로암 연못에 가서 씻어라", "제사장에게 가서 너의 몸을 보이라", "거적을 들고 자리에서 일어나 가라" 그리고 그들이 믿음대로 순종하고 행동으로 옮겼을 때 온전히 치유되는 기적을 이루셨습니다.

　질병만 그런 것이 아니라 우리의 인생사가 다 마찬가지입니다. 일단 마음을 정했으면 믿고 따라가는 자세가 필요합니다. 실패한 대부분의 사람은 방향을 잘못 잡은 사람들이 아니라 믿음이 부족해서 한 우물을 파지 못하고 여러 우물을 판 사람들입니다. 이번에 눈 때문에 많이 고생을 하면서 정 장로님 내외분의 도움을 많이 받았습니다. 특히 병원에 갈 때마다 항상 동행해주셔서 저를 대신해서 의사에게 상세한 질문도 해주시고, 저에게 의학적인 상식도 많이 가르쳐 주셨습니다. 한번은 감염 전문의사Infection Disease Doctor를 만나고 나오는데, 도무지 그의 어눌하고 불안한 처방을 믿을 수가 없었습니다. "그만 두어야 하나?" 고민하고 있을 때, 장로님이 한마디 해주셨습니다. "목사님, 의사가 떨해도 믿으셔야 합니다. 그래야 병이 낫습니다." 그 말씀이 진리였습니다. 시간이 지나고 나서 되돌아보니, 제가 육불치 환자의 대표적인 사람이었습니다. 이런 말하기가 정말 부끄럽지만, 어떤 일이든지 먼저 믿고 따를 수 있는 결단이 있어야 합니다. 그래야 좋은 결과를 얻을 수 있습니다.

상처

어렸을 때 비가 온 다음 날이면 어디에서 나타났는지 땅바닥에 수많은 지렁이들이 널려 있었습니다. 동네 아이들과 삼삼오오 모여서 지렁이들에게 소금을 뿌리고 침을 뱉는 짓궂은 장난을 자주 했는데 연약하기 그지없는 지렁이들이 온몸을 뒤틀면서 힘들어 했습니다. 환형동물인 지렁이는 피부 조직이 약하기 때문에 소금을 뿌리면 삼투압이 올라가서 체내의 수분들이 모두 밖으로 빠져나가 결국 탈수 현상으로 죽게 됩니다. 왜 그런 잔인한 장난을 했는지 지금도 많이 후회하지만, 특별한 놀이 문화가 없던 가난한 시절에 상고머리, 까까머리의 개구쟁이들이 아무 생각 없이 저질렀던 치기 어린 가학 행위였던 것 같습니다.

지렁이나 거머리 같은 환형동물들은 피부가 얇은 막으로 되어 있기 때문에 외부에서 조금만 자극이 가해져도 민감하게 반응을 합니다. 쓰라리고 아프기 때문입니다. 그들은 연약한 피부를 지키기 위해서 항상 습기가 많은 땅속이나 습지에서 숨어 살아갑니다. 사람들 중에도 유독 연약한 심성을 가지고 있어서 상처를 잘

받는 분들이 있습니다. 갑각류 동물처럼 외부의 자극에 전혀 영향을 받지 않는 사람들도 있지만, 반대로 작은 말 한마디에도 쉽게 상처받고 아파하는 사람들이 있습니다. 마음의 피부가 벗겨지고 찢어져서 너무 쉽게 자상이나 화상을 입고 지렁이처럼 고통스러워 합니다. 마음 밭 곳곳에 깊이 베인 상처 자국들이 즐비합니다. 이런 사람들은 상처받지 않기 위해서 꼭꼭 숨거나 홀로 떨어져 사는 것을 즐겨합니다.

후배 중에 화상 전문의로 일하는 성형외과 의사가 있습니다. 파리 한 마리도 잡지 못하던 소심하고 여린 친구였는데, 이제는 살벌하기 그지없는 몰골의 화상 환자들을 24시간 돌보는 외과 과장입니다. 한번은 다른 친구들과 함께 그가 일하는 병원으로 만나러 갔었는데 때마침 온몸에 3도 화상을 입은 보일러공을 급하게 치료하고 있었습니다. 새빨갛게 익은 피부를 인정사정없이 핀셋으로 벗겨내고 너털너털한 피부를 매몰차게 칼로 도려냅니다. 피 한 방울도 없는 냉혈한 같습니다. 차갑기 그지없습니다. 친구들이 독한 년(?)이라고 공격을 하면 나름대로 열변을 토하면서 변명을 합니다. 매일 병원으로 실려 오는 중증 화상 환자들 중의 사분의 삼은 대부분 그날 밤을 넘기지 못하고 죽는다고 합니다. 애틋하고 감상적인 마음으로는 도저히 이런 일들을 할 수가 없다고 너스레를 떱니다. 자기도 예전에는 연약한 소녀였다고 능청을 부립니다. 여전히 독해 보이지만 당당한 모습이 보기 좋습니다.

사실 그 친구에게는 남들이 알지 못하는 깊은 상처가 있습니다. 목과 등에 큰 화상 자국이 있다고 합니다. 여자아이라 상처를 본 적은 없지만, 어렸을 때 어른들이 많이 걱정했던 것을 보면 분명히 치명적인 큰 상처일 것입니다. 난로에서 끓던 주전자가 밑에서 놀고 있던 그녀에게로 쏟아 부어진 것입니다. 다행히 예쁜 얼굴을 피해가기는 했지만, 평생 몸에 안고 살아가야 할 큰 상처를 갖게 된 것입니다. 다섯 번이 넘는 아픈 수술을 받아야 했고, 볼록한 덧살과 바짝 오그라든 근육을 훈장으로 달고 살아가게 되었습니다. 그녀는 그 상처 때문에 어려서부터 단 한 번도 반팔 티셔츠나 민소매의 옷을 입어 본 적이 없습니다. 속이 훤히 비치는 얇은 옷은 꿈도 꾸지를 못했습니다. 게다가 유독 말수가 적고 혼자 있는 것을 즐기는 '고독녀'가 되었습니다. 그녀가 대놓고 말을 한 적은 없지만, 화상 전문의가 된 배경에는 반드시 그녀가 겪어야 했던 그 아픈 사연이 복선처럼 깔려 있을 것입니다.

　의사인 그녀는 항상 당당하게 말합니다. 상처를 이기려면 먼저 상처받은 자신을 사랑하는 마음을 가져야 한다고! 자기마저 자신을 미워한다면 그 사람은 아무 희망이 없습니다. 그 운명 같은 힘든 상황을 이해하고 끌어안는 포용력을 갖지 못한다면, 이 세상 아무도 그를 이해할 수 없을 것입니다. 그리고 상처를 이기는 가장 중요한 방법 중의 하나는 상처를 준 사람을 용서하는 것입니다. 다른 사람을 원망하고 증오하는 것은 자신에게 아무런 도움이 되지 못합니다. 가능하면 용서해야 하고, 그것이 좀처럼 되지 않는다면 최소한 잊어버리기라도 해야 합니다. 그래야 살 수 있습니다. 용서는 상처받은 자신을 살게 할 수 있는 유일한 돌파구입니다.

며칠 전에 연쇄살인범에게 사랑하는 아내와 자식들을 다 잃어 버린 불쌍한 중년의 남자가 기자들 앞에서 그 연쇄살인범을 용서 한다고 선언하는 것을 텔레비전으로 본 적이 있습니다. 방송 기 자들이 "어떻게 그런 영웅적인 일을 할 수 있었느냐?"라고 질문했 을 때, 이 가엾은 남자는 너무도 쉽게 말을 받아 주었습니다. "내 가 살고 싶어서요!" 그 범인을 미워하고 증오하는 마음을 가지고 는 자신의 마음이 지옥을 벗어날 수 없다는 것을 깨달은 것입니 다. 그는 날마다 하나님께 범인의 영혼을 위해 기도한다고 합니 다. 그리고 자신의 마음에 평화를 달라고 간절히 기도합니다. 상 처는 분명히 쉽게 치료할 수 있는 것이 아닙니다. 내가 노력한다 고 해서 금방 극복되고 해결될 수 있는 것이 아닙니다. 그러나 주 님이 도와주신다면 그 상처는 회복뿐만 아니라 더 큰 도약과 성 장을 위한 밑거름이 될 것입니다. 상처를 이긴 사람은 언제나 아 름답습니다. 매일 아침 주의 전에 나와서 "주님, 이 상처를 이기게 해 주세요!" 간절한 기도로 하루를 시작하고 마쳐야 할 것입니다.

이정표가 되는 사람들

가끔 하이웨이를 타고 다른 주를 방문할 때가 있습니다. 긴 운전이라 중간에 휴식을 취하려고 휴게소를 들르게 되는데, 한번은 순간적으로 방향감각을 잃어버리는 바람에 왔던 길을 다시 돌아가는 실수를 범했습니다. 햇무리가 질 때쯤 휴게소 안으로 들어갔다가 어두컴컴하게 날이 저무는 바람에 순간적으로 착각을 일으켰던 것 같습니다. 저만 그런 것이 아니라 모든 사람들이 자신의 감각이나 판단력만을 믿고 운전을 하다 보면 이런 실수를 종종 범하게 됩니다. 특별히 심각한 문제가 있어서 골똘히 생각해야 하는 경우에는 너무도 쉽게 판단력을 잃어버릴 수 있습니다. 이런 실수를 막는 가장 확실한 방법은 이정표milepost를 보는 것입니다. 이정표는 지금 나의 현주소와 미래의 나아가야 할 방향을 분명하게 제시해주는 '방향계'입니다.

사람은 주변의 환경에 극도로 민감하고 변화무쌍한 감각기관을 가지고 있는 동물이기에 종종 자신의 의지와는 상관없이 인생의 방향을 잃어버리는 존재입니다. 유대인의 지혜를 잘 갈무리한 책 탈무드가 사람을 인간과 천사의 중간적인 존재라고 간파한 것은 너무도 적절한 지적입니다. 사람은 때로는 거룩하고 영적인 모습으로 살기도 하지만, 반대로 어떤 때는 금수만도 못한 존재로 전락하기도 합니다. 신문이나 뉴스 프로그램을 통해서 매일같이 접하는 이야기 중의 하나는 거룩한 영웅들의 무용담 내지는 인두겁을 쓰고는 도저히 행할 수 없는 파렴치한 짐승들의 행적입니다. 사람에게 두 가지 모습이 다 탑재되어 있다는 소리입니다. 그러므로 사람은 바쁜 일상 속에서도 하던 일을 멈추고 자신이 지금 어디에 있으며, 어디로 가는지에 대한 방향 감각을 다잡아야 할 것입니다.

하나님은 이 세상 곳곳에 인생을 어떻게 살아야 하는지를 보여주는 이정표들을 세워 두셨습니다. 하나님의 말씀이 이정표가 되기도 하고, 교회가 그 역할을 하기도 합니다. 이도 저도 도움이 안 되는 사람들을 위해서는 이정표가 되는 사람들을 심어 두셨습니다. 그들을 통해서 어떤 삶을 살아야 할지 깨달음을 주시고, 인생의 방향을 수정하도록 하셨습니다. 자신에게 허락된 것들을 다 내어주고, 그것도 모자라 자신의 신장을 한 개 떼어주고, 나중에는 자신의 생명도 소중한 가치와 이웃들을 위해서 초개와 같이 버리는 이정표들이 우리 주변에는 항상 있어 왔습니다. 세상이 아무리 타락하고 썩었다고 속단하더라도 사람이 사람으로 해야 할 도리를 잃지 않고 인생사를 계속할 수 있었던 이유는 도처에 이 이정표들이 있었기 때문입니다.

몇 주 전에 이스라엘 성지를 다녀왔습니다. 많은 볼거리들이 있었지만, 그중에서도 가장 깊은 감동을 주었던 곳은 '야드 바셈 Yad Vashem 홀로코스트 박물관'입니다. 세계 2차 대전 때 유대인이라는 이유로 고난을 받아야 했던 아픔과 비애가 오글오글 모여 있는 곳입니다. 사람이 얼마나 악해질 수 있는지를 잘 보여주는 기념관 같았습니다. 하지만 그곳에서도 이정표처럼 빛나는 사람들이 중간 중간에 서 있었습니다. 6,000명이 넘는 유대인들을 구하기 위해서 일본 정부의 명령을 어기고 필사적으로 입국 비자를 발급한 일본 영사관 '스기하라 치우네', 자신의 재산을 다 팔아 1,000명의 유대인들을 구한 '오스카 쉰들러' 그리고 자신은 충분히 생존할 수 있었지만, 어린아이들만 독가스실에서 외롭게 죽게 할 수 없다고 마지막 순간까지 아이들과 함께 남아 즐겁게 노래를 부르다 생을 마감한 '야누쉬 코르착.' 죽음과 절망밖에는 아무 것도 느껴지지 않는 생지옥 속에서도 하나님은 삶의 이정표가 되는 사람들을 도처에 세워 두셨습니다.

하나님은 우리가 살고 있는 이곳 애틀랜타에도 어김없이 인생의 이정표가 되는 사람들을 세워 두셨습니다. '풍요 속에 빈곤'이라는 말이 있는 것처럼, 풍족한 미국 생활 속에서도 각박한 욕심으로 점철된 인생을 사는 사람들에게 '인생은 이런 것이다' 소개해주는 멋진 분들이 있습니다. 예전에는 망설였지만, 이제는 무엇이 성공한 인생인지 말할 수 있을 것 같습니다. 한 사람이 누렸던 소유가 그를 평가해주는 것이 아니라, 그가 남에게 얼마나 좋은 영향력을 물려주었는지가 결국 그의 인생의 성패를 대변해줄 것입니다. 화려하거나 지나치게 두드러지지는 못했을지라도 남겨진 사람들에게 삶의 방향을 제시해줄 수 있는 감동이 있는 삶을 살았다면 그는 성공한 사람임에 틀림없을 것입니다. 우리 교회 안에도 그런 이정표가 되는 분들이 많이 있었으면 좋겠습니다. 그리고 그분들 중에 저도 있으면 소원이 없겠습니다.

유리공 네 개와 고무공 한 개

코카콜라의 회장이었던 '브라이언 다이슨Bryan Dyson'은 인생을 저글링 게임에 비유했습니다. 다섯 개의 공을 반복해서 허공에 던지고 받는 게임이라는 것입니다. 다섯 개의 공 중에 네 개는 유리공이고 한 개는 고무공입니다. 건강, 가족, 우정 그리고 영혼은 유리공이고, 일Work은 고무공입니다. 다섯 개의 공을 조심해서 잘 다루어야만 딱딱한 바닥에 떨어뜨리지 않게 됩니다. 유리공은 잘못해서 떨어뜨리면 흠집이 크게 나거나 산산조각으로 깨어집니다. 다시는 제대로 저글링 게임을 할 수 없게 됩니다. 인생이 망가진다는 소리입니다. 아무리 큰 성공을 이루었더라도 건강에 적신호가 오면 모든 노력은 순식간에 물거품이 되고 맙니다. 또, 가족을 잘 돌보지 않아서 끊임없이 분쟁하게 되면 사는 것이 이미 지옥이 될 것입니다. 주변에 자신의 성공을 함께 기뻐해줄 친구가 없다면, 제아무리 큰 업적을 이루었다 하더라도 결코 행복할 수는 없을 것입니다. 그리고 모든 것을 다 가졌어도 그가 피

폐한 영혼의 소유자라면 그의 성공은 오히려 불행의 서곡이 되고 말 것입니다. 이 네 가지 유리공은 너무도 중요해서 인생을 살아가면서 항상 조심해서 다루어야만 합니다. 우쭐하거나 딴전을 부리다가 딱딱한 시멘트 바닥에 한 개라도 떨어뜨리면 돌이킬 수 없는 인생의 치명상을 입게 될 것입니다.

공을 한 개라도 떨어뜨리지 않고 멋지게 저글링 게임을 마무리할 수 있다면 그 사람은 행운아일 것입니다. 그러나 어쩔 수 없이 실수해서 한 개의 공을 떨어뜨리게 된다면, 그 공은 반드시 고무공이어야만 합니다. 고무공을 떨어뜨리면 잠깐은 망신을 당할 수 있겠지만, 완전히 깨어져서 회복 불능이 되는 일은 없을 것입니다. 다시 정신 차리고 튀어 오르는 고무공을 잘 붙잡을 수만 있으면 됩니다. 이 고무공은 일Work입니다. 항상 부지런하고 조심해서 사업이나 직장을 성공적으로 경영할 수 있다면 더 바랄 것이 없을 것입니다. 그러나 세상은 만만치 않아서 살다 보면 한두 번은 좌절하거나 인생의 고배를 마시게 될 것입니다. 그러나 일은 고무공이기 때문에 다시 심기일전하면 언제든지 회복할 수 있습니다.

며칠 전에 한국 신문에서 어떤 기업가가 사업이 부도나자 충격을 이기지 못하고 목숨을 끊었다는 기사를 읽었습니다. "이 세상에서 가장 비참한 것은 돈 없이 초라하게 인생을 마무리하는 것이다"라는 하나도 멋지지 않은 유언을 남기고 생을 마감한 것입니다. 세상에서 가장 초라한 것은 돈 없이 살아가는 것이 아니라, 함께 사랑을 나눌 가족과 친구가 없는 것입니다. 설상가상으로 망가진 건강을 간신히 붙잡고, 허망한 영혼을 걸머지고 살아가야 한다면 이미 그 자체로 죽음 이상일 것입니다.

세월이 흐르고 연륜이 쌓일수록 네 가지 유리공이 깨어지지 않도록 잘 지켜야 합니다. 목회를 하면서 건강을 잃어 남은 생애를 병 치다꺼리로 다 보내시는 분들을 수도 없이 보아왔습니다. 중풍으로 떨리는 두 다리를 진정시키며 힘겹게 걸음마를 다시 배우시다가 저를 보고는 이내 굵은 눈물을 떨구시는 분들을 볼 때면 가슴이 미어지는 고통을 느낍니다. 젊은 시절에 너무 까칠하게 살아서 노년에 외로움으로 몸부림치시는 분들도 보았습니다. 못된 생각과 이기적인 마음으로 점철된 삶을 살아서 마지막 순간까지 추하기 그지없는 인생 마무리를 하시는 분들도 보았습니다.

반대로 젊은 시절에는 우직해서 많이 고생하고 힘든 삶을 살았는데, 친구나 지인들의 도움으로 인생 후반기에 꽃을 피우시는 분들도 있었습니다. 경제적으로, 사회적으로 성공한 자녀들 때문에 축복받은 노년을 맞이하시는 분들도 적지 않게 보아왔습니다. 인생이라는 저글링은 마지막 공을 거두어드리는 순간까지 아무도 장담할 수 없는 것 같습니다. 변화무쌍하고 오락가락하는 것이 인생이라는 생각이 듭니다. 잘 안 풀린다고 분노할 필요도 없고, 이제는 모두 다 만족스럽다고 마음을 놓아서도 안 됩니다. 항상 겸손하게 마지막 저글링을 끝내는 순간까지 열심히 살아야 할 것입니다.

내 안의 괴물Monster within me

프리드리히 니체Friedrich Wilhelm Nietzsche는 누구보다도 사람의 내면을 심도 깊게 꿰뚫어본 철학자입니다. 기독교적인 유산으로 가득 찬 가정에서 태어나고 자랐지만, 그 누구보다도 강렬하게 반反기독교적인 색채를 띠고 산 사람입니다. 기독교적인 윤리나 가치 체계를 송두리째 부정하고 파괴하려고 애썼지만, 그럼에도 불구하고, 니체만큼 기독교 사상의 주변과 핵심을 끊임없이 맴돈 사람도 없을 것입니다. 그의 최고의 역작으로 손꼽히는『자라투스트라는 이렇게 말했다Also sprach Zarathustra』가 책으로 출간되고 나서 별로 신통치 않은 결과를 만들자, 니체는 그 이듬해『선악의 저편: 미래 철학의 전주곡Jenseits von Gut und Böse: Vorspiel einer Philosophie der Zukunft』이라는 책을 또 출간합니다.『자라투스트라는 이렇게 말했다』라는 책이 너무 어려워서 독자들이 이해하기 쉽도록 부연 설명해준 일종의 '해설서'인 셈입니다. 이 책에는 평생 동안 마음에 품고 살아야 할 너무도 중요한 한 구절이 등장합니다. "괴물과 싸우는 사람은 그 싸움 속에서 괴물이 되지 않도록 스스로 조심해야 한다. 그대가 괴물의 밑바닥에 깔린 깊은 심연abyss을 오랫동안 들여다본다면, 그 심연 또한 그대를 들여다볼 것이다"(『선악을 넘어서』 [청하출판사, 1982], 100쪽).

마치 음란 도색 웹사이트에 접속해서 남몰래 포르노그래피를 숨어 즐기는 순간, 반대편의 운영자도 그 접속자의 개인 컴퓨터를 샅샅이 뒤져보는 것과 같은 이치입니다. 괴물과 싸우다 보면 나도 모르는 사이에 내 안에 그 괴물과 똑같은 모습이 숨어 있다는 것을 알게 됩니다. 사람들은 '정의' 또는 '공의' 아니면 '하나님의 뜻'이라는 이름으로 무서운 괴물과 싸움을 벌입니다. 괴물을 이기기 위해서는 괴물보다 더 강해져야 합니다. 더 잔인해져야 하고, 더 치밀해져야 하고, 더 인정사정 보지 말아야 합니다. 개인적인 연민이나 감상주의는 일찌감치 버려야 합니다. 자기 스스로에게 대단한 의미와 가치를 부여해야 하고, 대의를 놓고 목숨을 걸고 싸우게 됩니다. 그러면 마침내 '내 밖에 있는' 그 무서운 괴물을 물리치게 됩니다. 그런데 문제는 그 괴물을 물리치기 위해 노력하면서 '내 안에 있는' 괴물이 서서히 성장하고 있는 것을 모르는 것입니다.

다윗은 하나님에 대한 충성심과 이스라엘 민족에 대한 사랑 때문에 침략자 블레셋의 거인 장사 '골리앗'과 맞서게 됩니다. 그는 키가 293cm에 이르는 말 그대로 괴물입니다. 다윗은 그를 물리치기 위해 자신의 모든 재능과 운명을 겁니다. 그리고 마침내 감격적인 승리를 맛보게 됩니다. 물론, 말할 것도 없이 그 무시무시한 괴물이 가졌던 절대적인 권위를 다윗이 대신 갖게 됩니다. 그러나 훗날 그는 자신의 충직한 부하 우리아를 전쟁터에 나가 죽게 하고 그의 아내 밧세바를 빼앗아 자신의 대를 잇는 괴물로 전락하게 됩니다. 골리앗이라는 괴물이 자신 안에 숨어 있다가 존재를 드러낸 것입니다.

마틴 루터Martin Luther는 빼앗긴 하나님의 영광을 되찾기 위하여 거대한 괴물이 되어버린 '가톨릭 교단'과 절체절명의 싸움을 벌이게 됩니다. 계란으로 바위를 치는 것과 같은 황당한 싸움이었지만, 그는 난공불락의 가톨릭 교단을 이기기 위해서 수단과 방법을 가리지 않습니다. 봉건 제후들을 등에 업고, 당시 폭정에 시달리던 배고픈 농민들의 분노를 끌어모아 마침내 종교개혁에 성공을 거두게 됩니다. 하지만 머지않아 봉건 제후들과 농민들이 싸움을 벌이게 되었을 때, 그는 로마 교황청이 했던 것과 똑같은 짓을 하게 됩니다. 농민들을 강도, 미치광이 폭도들로 규정하고 그들을 "하나님의 이름으로 죽여도 좋다"라는 교서를 쓰게 됩니다. 그리고 그 교서는 10만 명이 넘는 가엾은 농민들이 탐욕스러운 봉건 영주들의 몽둥이에 맞아 죽게 만드는 이데올로기가 됩니다. 그가 자신이 죽인 괴물의 자리에 앉은 것입니다.

정의가 실종되고, 약자들이 짓밟히는 대한민국을 보면서 스무 살밖에 되지 않은 법대 청년이 열심히 공부하고 노력해서 29차 사법고시에서 당당하게 최연소 법관이 됩니다. 그는 신문사 기자들과의 인터뷰에서 "반드시 조국 대한민국을 정의가 지배하는 나라로 만들겠다"라고 사자후를 내뿜었습니다. 그런데 중년이 되어 대통령의 민정수석이 되고, 막강한 권력의 최고 실력자가 되자 그는 자신도 모르는 사이에 자신이 그토록 혐오했던 괴물들 중의 하나가 되어 있었습니다. 그는 어린 학생들이 무더기로 검은 바다 밑바닥에 가라앉는 세월호 침몰 사고를 보면서 차갑게 외면하고 뒤돌아서는 '괴물 법꾸라지'가 됩니다. 청문회에 나와서 시종일관 "자기는 모르는 일이라"고 차갑게 답변하는 그를 보면서 어쩌면 그렇게 섬뜩한 괴물이 되었는지 전율하게 됩니다.

요즘에 저는 어느 목사의 책들을 읽고 있습니다. 한때, 한국의 기독교 청년들을 가슴 뛰게 했던 젊은 목사입니다. 적어도 그가 성폭행과 추문에 연루되어 망가지기 전까지 그는 기독교뿐만 아니라 비종교인들과 한국 사회 전반에 걸쳐 스포트라이트를 받던 인물이었습니다. 세례 요한의 혀를 연상시키는 그의 날카로운 책에는 세상을 좀먹는 수많은 괴물들에 대한 선전포고들이 담겨 있습니다. 뜨거운 피를 뿌리듯 속 시원하게 써 내려간 그의 멋진 글들을 만약 예전에 읽었다면 저도 분명히 그의 추종자가 되었을 것입니다. 그런데 참 신기하게도 지금의 그의 모습은 그가 책 속에서 그토록 제거해버리고 싶어 했던 괴물들의 모습입니다. 그도 괴물이 된 것입니다.

"괴물과 싸우는 사람은 괴물이 되지 않도록 조심하라"는 니체의 정문일침은 어쩌면 오늘을 사는 우리들에게 그렇게도 적절한지 언제나 예언자적인 통찰력으로 다가옵니다. 사도 바울이 지적한 조언, "그런즉 선 줄로 생각하는 자는 넘어질까 조심하라"(고전 10:12)는 말씀도 같은 맥락에서 이해할 수 있을 것입니다. 함부로 남에게 조언하고, 비판하고, 꾸짖다 보면, 자기 안에 있는 괴물을 보지 못하거나 잃어버리게 됩니다. 비판할 수 있다는 것은 그 잘못된 것을 보는 '눈'이 있다는 말이고, 그것은 내 안에도 그 비판하고자 하는 괴물의 모습이 들어 있다는 반증입니다. 남을 비판함으로써 내 안에 있는 괴물에게는 면죄부를 부여하고, 은밀한 중에 잘 자랄 수 있도록 환경을 조성해주는 것입니다. 시간이 날 때마다 거울에 비친 자신의 모습 속에 혹시 괴물의 모습이 숨어 있지 않은지 살펴보아야 할 것입니다.

메타인지능력Metacognition

불가佛家에서는 스님들의 교만과 아집을 없애기 위해서 탁발托鉢을 해서 먹고 살도록 했습니다. 쉽게 말하면, 탁발은 '비럭질'을 의미합니다. 거지처럼 '발우'라는 그릇을 들고 돌아다니면서 음식을 구걸해서 먹고 사는 생계 방법입니다. 물론 이런 행동은 음식을 보시해주는 사람들에게 복덕福德을 쌓게 해주려는 의도도 있지만, 그보다는 구도자들에게 '자신들이 누구인지'를 잊지 않게 해주려는 발상에서 비롯된 것입니다. 자칫하면 출가한 사람이 오히려 '스님'이라는 이름으로 '부富'를 누리고 존경과 흠모의 대상이 되어 본래의 취지였던 득도得道를 포기하고 타락하는 것을 막기 위해서 만들어진 구도의 방법입니다.

기독교에서도 예수님이 제자들을 파송하여 하나님의 나라를 증거하고 병든 사람들을 고치게 하실 때, 지팡이나 배낭, 양식이나 돈 그리고 입고 있는 옷 외에는 아무것도 챙기지 못하게 하셨습니다. 거처도 자기 마음대로 옮기지 않고, 마을에서 제일 먼저 만나는 사람의 집에 들어가 신세를 지도록 하셨습니다. 그의 집이 부하든 가난하든 가리지 말고 또 주인이라는 사람의 성격이 괴팍하든 말든 괘념치 말고 한 곳에 머물도록 하셨습니다. 제자 일행들을 쫓아내지 않고 용납하기만 하면 그를 위해 복을 빌어줄 것을 명령하셨습니다(눅 9:1-6). 의식주衣食住나 소유에 얽매이지 않고 오직 사명에만 집중하도록 하신 것입니다.

사명을 잘 감당하기 위해서는 '자신이 누구인지'를 잊지 말아야 합니다. 그래야 중도에 방황하거나 변질되지 않고 끝까지 아름다운 섬김을 이룰 수 있습니다. 세상에서 제일 어려운 것은 '자신을 아는 것knowing thyself'입니다. 몇 억 만 광년이 걸리는 먼 우주에 떨어져 있는 별들도 연구해서 발표할 수 있는 혜안을 가진 과학자가 정작 자기 자신은 몰라서 작은 일에 잘 삐치고 우쭐해합니다. 천하를 다스리겠다는 정치인들이 정작 자기 집구석 돌아가는 형편은 몰라서 바람 잘 날이 없습니다. 오죽하면 유행가 가사 중에 "내가 왜 이러는지 몰라. 도대체 왜 이런지 몰라"라는 말이 나왔겠습니까? 세상에서 제일 인식하기 어려운 존재가 바로 '나' 자신입니다. 철학의 아버지 소크라테스Socrates는 어른이든 아이든 상관없이 만나는 모든 사람들에게 "너 자신을 알라"고 말했다 합니다. '나'를 아는 것이 결국 철학의 시작이고, 마침이기 때문입니다. 세상에서 가장 훌륭한 사람은 자신을 아는 사람입니다.

'메타인지Metacognition'라는 말이 있습니다. 이것은 일반적인 인지 능력을 뛰어넘는 자기 성찰 능력입니다. 즉, '인지하고 있는 자신을 인지하는 능력Cognition of Cognition'입니다. 웃고, 울고, 화를 내고, 질투하고 있는 자신을 인식하는 것이 '메타인지 기능'입니다. 이 기능이 발달된 사람은 자신을 잘 파악합니다. '내가 화를 잘 내는 사람인지', '내가 우울한 사람인지', '부정적인 사람인지' 스스로를 잘 인식합니다. 그래서 매사에 자신을 되돌아보고 조심하려고 노력합니다. 영성靈性이 발달된 사람일수록 이 메타인지 기능이 뛰어납니다. 그러나 이 메타인지 기능이 떨어지는 사람은 자기만 잘 난 줄 압니다. 도무지 '자기반성'이란 기대하기 어렵습니다. 그리하여 자기 본연의 모습을 쉽게 상실해버립니다. '메타인지 능력'을 기르는 가장 좋은 방법은 자신을 '제3자의 입장'에서 객관적으로 바라보는 연습을 하는 것입니다. 자신의 사고방식과 행동 양식을 정확하게 파악하는 메타인지 능력이 발전되어 있어야만 자기 최면에 빠지지 않고 겸손하게 실수 없이 일들을 처리하게 됩니다.

사도 바울은 메타인지 능력이 뛰어난 사람입니다. 그는 이미 자신의 한계와 부족을 간파한 사람입니다. "오호라 나는 곤고한 사람이로다. 이 사망의 몸에서 누가 나를 건져내랴! 내 자신이 마음으로는 하나님의 법을 육신으로는 죄의 법을 섬기노라"(롬 7:24-25). 사도 바울 같은 성자도 마음과 몸이 따로 놀아 하나님의 뜻대로 살지 못하는 자신을 안타까워했습니다. 그는 많은 기독교인들을 박해했던 자신의 욕된 과거에 힘들어 했지만, 그러면 그럴수록 뒤에 있는 것은 잊어버리고 앞에 있는 것을 향해 예수님께 방향을 정하고 날마다 달음박질친 사람입니다(빌 3:3-14). 바울은 누구보다도 자신을 잘 알았기 때문에 누구보다도 훌륭한 삶을 살 수 있었습니다.

자기를 잘 간파할 수 있는 지혜와 마음을 달라고 기도해야 할 것입니다.

숲을 보는 연습

하이웨이를 운전하고 가는데 라디오에서 '숲'이라는 노래가 울려 나옵니다. 예전에 청년 시절에 즐겨 들었던 노래입니다. 원래는 '시인과 촌장'이라는 포크그룹 가수들이 불렀는데, 미안하지만 저는 이분들보다 가수 '양희은' 씨가 맑고 영롱한 목소리로 부르던 노래를 더 좋아합니다. "숲에서 나오니 숲이 보이네. 푸르고 푸르던 숲!" 참으로 황당한 일이지만, 숲을 보려고 숲속에 들어갔는데 숲을 보지 못하고 헤매다가 다 포기하고 숲에서 나오니 비로소 숲이 보이더라는 것입니다. 숲속에 있을 때는 숲이 그렇게 푸르고 아름다운 줄을 몰랐습니다. 싱그러운 풀 내음도 맡을 수가 없었고, 지저귀는 새들의 맑은소리도 들을 수가 없었습니다. 도처에 형형색색 피어 있는 꽃들도 보이지 않았습니다. 자연의 오묘함이나 신비함은 눈을 씻고 보아도 찾을 수가 없었습니다.

숲속에서는 삐쭉 돌과 날카로운 자갈만이 발부리를 붙잡았습니다. 오르막과 내리막이 반복되면서 무릎에 힘이 빠지고 허벅지에서 쥐가 났습니다. 흐르는 비지땀과 가쁜 숨 때문에 말이 좋아 산행山行이지 실제로는 피곤한 노동일뿐이었습니다. 짜증스럽게 목표지점을 돌아 산을 내려옵니다. 집으로 돌아가는 발걸음이 무겁습니다. 그런데 문뜩 뒤돌아보니 푸르른 산 전체가 한눈에 들어옵니다. 참으로 아름답습니다! 온 산이 녹음으로 가득 찼습니다. 신비를 머금고 있습니다. 참으로 신기한 일입니다. 왜 숲속에 있을 때는 그 아름다운 숲을 보지 못했을까요? 좋은 시간 다 보내고 뒤돌아보니까 비로소 보이는 이유는 무엇일까요? 어찌 보면 이 노랫말이 우리들의 얄궂은 인생을 대변해주는 것 같아 씁쓸한 입맛을 다시게 됩니다.

현역을 접고 은퇴하신 분들에게서 자주 듣는 말씀이 있습니다. "이제서야 조금 보이는데, 물러나야 한다는 사실이 속상하다"라는 것입니다. 이제는 하시던 일의 가치도 알고 보람도 찾을 수 있을 것 같은데 벌써 내려와야 할 시간이 된 것입니다. 안타까운 마음을 금할 길이 없습니다. 그런 하소연을 들을 때마다, "나도 머지않아 그 말을 내 입술로 되풀이하는 날이 오고 말 것" 같은 불길한 예감에 사로잡히곤 합니다. 사람들은 본능적으로 아집과 집착이 강해서 자기가 목적하는 바 외에는 아무것도 보지 못하는 청맹과니들입니다. 천성적으로 근시안近視眼이라서 당장 앞에 있는 것밖에는 보지 못합니다. 나중에 시간이 다 지나고 나서야 비로소 "아뿔사! 이게 아니었구나!" 탄식하면서 애꿎은 머리만 도리질 해댑니다.

언제든지 옆에 있을 것이라고 생각했던 가족들이 시나브로 빠져나간 다음에야 그 소중함을 절감합니다. 서로 다투고 미워하던 벗들이 나이가 들어 유명을 달리하자 비로소 그리움과 아쉬움에 사로잡히게 됩니다. 지금 내가 걷고 있는 변덕맞은 이 인생길이 얼마나 달콤한 비단길인지 간과하며 살아가는 것이 인생길입니다. 한국을 떠나 와서야 비로소 고국을 그리워하고, 로스앤젤레스를 떠나고 나서야 비로소 바다의 아름다움을 깨닫습니다. 애틀랜타를 떠나고 나면 숲으로 뒤덮인 도시의 싱그러움을 그리워하게 될 것입니다. 항상 한 박자 느린 것이 우리네 인생인가 봅니다. 그래서 사람은 본질적으로 그리움에 사무쳐 사는 존재들입니다.

병원이나 양로원에 가게 되면, "다시 한번만 건강하게 된다면, 이전과는 다르게 살겠다"라고 후회하시는 분들을 자주 봅니다. 침대에 눕고 나니 비로소 좋았던 숲이 보이기 시작한 것입니다. 그러나 반드시 알아야 합니다. 아무리 힘들고 어려운 순간을 보내고 있다 하더라도 머지않아 뒤돌아보면 그 힘든 순간도 금방 그리워질 아름다운 숲속의 일부였다는 것을 깨닫게 될 것입니다. 막막하고 답답한 것을 아직 느낄 수 있다면, 아마도 당신은 아직 숲속에 있는 것이 분명합니다. 이제부터 마음을 정리하고 숲을 보는 연습을 하십시오. 반역자라는 억울한 오명을 뒤집어쓰고 숲 속으로 숨어 다녔던 다윗이 그 어려운 와중에도 "아직 내가 산 자의 땅에 있음이여, 주님의 은혜를 입게 될 것입니다"(시 27:13) 여유 있는 고백을 할 수 있었던 이유는, 문제만 보지 않고 숲을 볼 수 있는 지혜가 있었기 때문 아닐까요?

틈나는 대로 숲을 보는 연습을 해야 할 것 같습니다.

너, 안녕하나

한국은 역사적으로 전쟁을 가장 많이 치른 나라 중의 하나입니다. 유사 이래로 크고 작은 전쟁을 900여 번이 넘게 치른 나라입니다. 수많은 사람들이 목숨을 잃거나 불구자가 되었고 이루 헤아릴 수 없는 재정적, 물질적 피해가 발생했습니다. 게다가 매년 수도 없이 많은 전염병, 가뭄, 홍수 그리고 천재지변으로 인해 현대에 접어들기 전까지 평민들의 평균 수명은 결코 삼십 살을 넘지 못했습니다. 언제 유명을 달리할지 모르는 불안한 시대 속에서 사람들은 아침저녁으로 만나기만 하면 "안녕하신지"를 묻게 되었습니다. 한국 사람들은 만나기만 하면 "안녕하세요?"라는 인사말을 나눕니다. 신변이나 건강상의 우려를 나누면서 사랑하는 사람들의 안위를 염려해주는 것입니다.

8년 전에 저의 아버지께서 돌아가셨습니다. 당시 저는 로스앤젤레스Los Angeles에서 사역을 하고 있었는데 고맙게도 성도님들이 저를 위로해주려고 교회 차원에서 장례예배를 드려 주셨습니다. 예배를 마치고 저와 가족들이 아버지의 영정 사진 옆에 서 있을 때 성도님들이 나와서 "용기를 내세요", "힘내세요"라는 말을 해주시기도 하고, 그냥 말없이 허그를 해주시는 분들도 있었습니다. 그런데 참 착하고 장난이 심했던 2세 청년 아이 하나가 저에게 다가와서 위로의 말을 전해주고 싶었던 것 같습니다. 비장한 표정으로 앞에 서서는 제 어깨에 손을 얹고 연거푸 힘을 주면서 적당한 말을 찾았는데 생각하는 것이 없었나 봅니다. 시간이 지날수록 녀석의 얼굴이 더 심각해지고 굳어졌습니다. 분명히 '세계적인 인사'가 나올 것 같았습니다. 그런데 그가 한 말은 아주 간단했습니다. "목사님, 안녕하세요?" 갑자기 웃음이 '빵' 터졌습니다. 진지한 자리에서 웃을 수 없어 참느라고 허벅지를 한 시간 동안 꼬집었던 적이 있습니다.

함께 사는 미국인들도 한국 사람을 만나면 첫 말에 "안녕하세요우?" 하면서 혀 꼬부라진 소리로 인사를 합니다. 아마도 그 인사를 많이 들었기 때문일 것입니다. 어쩌면 "굿 모닝Good Morning"이라는 말보다도 더 피부에 와닿는 인사가 "안녕하세요?"가 아닌가 생각됩니다. 이름 모를 각종 질병과 쉬지 않고 일어나는 천재지변 때문에 언제 안녕하지 못한 상태가 될지도 모르는 현대인들에게는 이 인사말이 정말 적절한 것 같습니다. 이제 "안녕하세요?"는 세계의 모든 사람들에게 만국 공용어가 된 것 같습니다. 그런데 신기한 것은 이렇게 남에게는 "안녕하신지"를 잘 물어 봐주는 사람들이 정작 자기 자신에 대해서는 "안녕하신지"를 절대로 묻지 않는다는 것입니다.

매일 과중한 일 때문에 과로를 하고, 피곤에 쩔어 있으면서도 자기가 괜찮은지에는 별로 관심이 없습니다. 밤새껏 술을 마시고, 줄담배를 피웠는데도 아침에 일어나면 또 담배를 피우고 해장술을 마십니다. 꼭 살기 싫은 사람 같이 행동합니다. 자기의 "안녕"을 묻지 않기 때문에 술에 취하고, 담배 연기에 찌들었어도 계속해서 과로를 하고 무리를 합니다. 언제부터인지 '몸'은 자신이 안녕하지 않다는 사실을 주인에게 알리려고 온갖 신호를 다 보냅니다. 헛구역질을 하기도 하고, 위장을 따끔거리게 해서 여러 차례 날카로운 통증으로 몸에 문제가 있다는 경고를 보냅니다. 대장도 항문을 통해 "뿌웅 뿌웅" 쉬지 않고 독가스를 내뿜으며 비명을 질러댑니다. 그래도 주인의 반응이 없자 나중에는 머리에 현기증이 일어나게 해서 몸 전체를 쓰러뜨립니다. 병원 응급실로 실려 가서 "왜 이렇게 자기 몸을 돌보지 않으셨냐?" 하고 야단을 치는 의사 선생님 앞에 가서야 비로소 자신의 몸이 안녕하지 않다는 것을 현실로 받아들이게 됩니다. 많은 경우 때를 놓치기도 합니다. 참으로 안타까운 일입니다.

정신 건강도 안녕하신지 자꾸 물어보아야 합니다. 현대인들은 정신없이 사는 데 아주 익숙해져 있기 때문에 정신이 없는 것을 아주 당연하게 생각합니다. 분명히 정신도 몸의 일부이기 때문에 돌보고 관리하지 않으면 망가지는데 정신은 언제나 문제가 없는 줄로 착각합니다. 우울증에 걸리고, 불면증에 시달리고, 여러 가지 공황장애를 맞을 때까지 자신은 건강하다고 생각합니다. 처음부터 '나'라는 존재를 무시하자 별의별 증상들이 다 일어납니다. 자기를 잊어버리기도 하고, 치매에 걸리기도 하고, 과도한 중독과 약물 남용에 시달리면서 자신의 정신이 안녕하지 않다는 사실을 깨닫게 됩니다. 나의 정신이 안녕한지를 묻지 않다 보니, 나하고는 상관없는 짓들을 하게 됩니다. 자기가 무슨 짓을 하는지도 모르고 해괴한 짓을 벌이게 됩니다. 자신이 안녕하지 않다는 사실을 이제는 인정해야 합니다.

얼마 전에 응급실로 실려가는 성도님 한 분을 보았습니다. 의사 선생님도 빨리 응급실로 가야 한다고 채근을 하는데도 환자는 계속해서 자기는 괜찮다고 너스레를 떱니다. "이러다가 큰일 난다"라고 위협을 해도 "조금만 있으면 괜찮아질 것"이라고 고집을 부리며 응급실 차를 타는 것을 사양합니다. 그러다가 결국 큰 대가를 치르고 말았습니다. 한국 사람들은 자동차에 받혀 죽는 순간까지도 "Are you ok?" 하고 물으면, "I am fine, and you?" 하고 말하는 사람들입니다. 인내심이 강한 것이 아니라 자기를 잘 모르는 것이고, 자기를 홀대하고 학대하는 데 익숙해져 있기 때문입니다. 애틀랜타에는 숲이 많습니다. 가끔 하던 일을 멈추고 밖에 나가 큰 호흡을 몇 번 반복하면서 자신에게 물어보시기 바랍니다.

"너, 안녕하냐?" 하나님이 안녕하게 만드신 몸을 안녕하게 지킵시다.

그래야 살 수 있습니다

사람은 같은 것을 30번만 반복하면 그 맛을 잊어버린다고 합니다. 아무리 감동이 있는 노래도 30번을 연이어 부르면 더 이상 감동이 생기지 않습니다. 맛있는 음식도 매일 30번을 먹게 되면 금방 물려서 더 이상 먹고 싶은 마음이 생기지 않게 됩니다. 아무리 예쁜 얼굴이라 할지라도 30번을 반복해서 보게 되면 금방 식상해서 예쁜 줄 모르고 살게 됩니다. 한걸음 더 나아가서 아무리 좋아도 50번 이상을 반복하게 되면 그것이 무엇이든 간에 진저리가 날 만큼 싫어진다고 합니다. 사람의 변덕스러운 성품과 한계를 단적으로 보여주는 말입니다. 사람은 어떤 것이든 익숙해지게 되면 금방 그 가치를 잃어버립니다.

사람의 본질적인 성품이 원래 그 모양인가 봅니다. 안타깝지만 그렇게 만들어진 것을 어떻게 하겠습니까? 그냥 매사에 너무 익숙해지지 않도록 항상 조심하고 삼가면서 사는 것밖에는 답이 없을 것 같습니다. 조선시대에도 소위 '삼강오륜三綱五倫'을 만들어서 함께 살아가는 사람들 간의 거리와 예의를 강조했던 것을 보게 됩니다. 고리타분하고 케케묵은 옛사람들의 생각이라고 단번에 외면해버릴 수도 있지만, 곰곰이 생각해 보면 그 속에 선인들의 깊은 지혜가 담겨 있는 것을 알게 됩니다. 너무 가깝고 친하다고 해서 거리를 다 허물어버리고 편하게만 지내다 보면 나중에는 너무도 하찮은 관계로 전락하게 되는 것을 자주 경험했기 때문입니다.

부모를 가장 무시하는 사람들이 남도 아닌 열 달 내 배 아파서 낳은 내 자식인 경우가 다반사입니다. 남편을 장기판의 '졸卒'로 보고, 아내를 화투판의 '싸리 껍데기'로 취급하는 사람들이 다름 아닌 함께 사는 내 남편, 내 아내입니다. 지나가던 아저씨나 아주머니가 나에게 와서 치명적인 상처와 아픔을 주는 것이 아니라 나를 너무도 잘 알고 나와 함께 삶을 나누어온 소중한 친구가 고통을 안겨줍니다. 한번 보고 말 사람이 나를 욕하고 폄훼하는 것이 아니라 평생 나와 함께 살아갈 사람이 나에 대해서 뒷담화를 하고 다니고 나쁜 소문들을 만들어냅니다. 사람이 나빠서 그런 것이 아니라 너무 익숙해지고 격格이 없어져서 소중한 '가치'를 못 느끼기 때문에 일어나는 일입니다.

처음 미국으로 유학을 와서 예배를 드렸던 한인교회를 잊을 수가 없습니다. 사랑하는 가족들을 모두 한국에 두고 홀로 유학을 왔습니다. 혼자 올 수밖에 없었던 여러 가지 이유들이 있었지만, 가장 실질적인 이유는 돈이 없었기 때문입니다. 금방 학위를 마치고 한국으로 금의환향할 줄 알았습니다. 제 정신이 아니었던 것입니다. 얄미운 영어는 좀처럼 친해지지 않고, 가지고 온 몇 푼의 돈도 이제는 얼마 남지 않았습니다. 어쩌면 가족들과도 생이별할지 모른다는 불안과 두려움이 가뜩이나 힘든 유학 생활을 더욱더 힘들게 만들었습니다. 한 치 앞도 예측할 수 없었던 답답함 속에서 처음으로 만난 한인 이민교회는 적어도 저에게는 오아시스였고, 작은 천국이었습니다. 이 낯설고 물선 타인의 땅에 한국 사람들이 모여서 한국말로 예배하고 한국의 신앙을 공유할 수 있다는 사실이 꿈만 같았습니다.

처음으로 교회에서 예배를 드릴 때 눈물이 솟구쳐서 견딜 수가 없었습니다. 살을 에는 듯한 추운 날씨였는데, 창문 사이를 비집고 쏟아져 들어오는 따뜻한 햇살은 말 그대로 감격이었습니다. "두려워하지마! 내가 너와 함께 있을께!" 주님의 음성이 들려오는 듯했습니다. 교회가 이렇게 소중하고 감동스러울 수 있다는 것을 예전에는 몰랐습니다. 아무리 어렵고 힘든 유학 생활이라도 매 주일날마다 교회에 와서 예배하고 눈물의 기도를 드릴 수만 있다면 충분히 이겨낼 수 있을 것 같았습니다. 하나님께 너무도 감사했습니다. 그런데 일 년이 채 지나지 않아 그곳은 잠깐이라도 더 머물고 싶지 않은 지옥이 되고 말았습니다. 언제부터인지 매 주일마다 만나기만 하면 사람들이 서로를 향해 삿대질을 하고, 욕하고, 싸움질하기 시작한 것입니다. 세상에 이런 원수들이 없습니다. 목사님은 강단에서 신령하고 거룩하게 성도들을 욕하시고, 강단 밑에서는 성도들이 제각기 화려한 욕 배틀을 구사하고 있었습니다.

"이 엄청난 축복의 선물이 이렇게 처참하게 망가지다니!" 너무도 가슴이 아팠습니다. 만약 제가 신학생만 아니었다면 저는 한인교회를 영원히 떠났을 것입니다. 교회의 어른들이 모두 처음부터 그렇지는 않았을 것입니다. 굳이 누구의 잘잘못을 지적하지 않아도 공통적으로 범한 실수는 너무 익숙해지다 보니 그 소중한 가치를 잃어버렸다는 사실입니다. 마치, 출애굽한 이스라엘 백성들이 척박한 절망의 땅 광야에서 처음으로 맛보았던 '기름진 만나와 메추라기'의 은총 같은 경험이었을 것입니다. 처음에는 얼마나 감격스럽고 감사했을까요? 그러나 계속되는 축복에 익숙해지자 그들은 만나와 메추라기에 진저리를 치며 하나님을 원망하기 시작했습니다. 우리는 이스라엘 사람들의 광야 이야기 속에서 축복과 저주 사이에 '익숙함'이라는 질병이 있다는 것을 알게 됩니다. 감염되면 그것으로 모든 감동은 끝입니다. 그것이 무엇이든 간에 익숙해지면 안 됩니다. 그러면 끝입니다. 어떻게든 신선한 가치를 회복하려고 노력하십시오. 그래야만 제대로 살 수 있습니다.

'라이벌'이라는 이름의 동료들

'경쟁자'를 뜻하는 단어 '라이벌Rival'은 '강River'이라는 단어와 같은 어원에서 나왔습니다. 즉, 똑같은 강에서 좋은 식수와 물고기를 확보하기 위해서 다툴 수밖에 없었던 사람들 사이에서 이 '라이벌'이라는 단어가 등장한 것입니다. '같은 물'을 사용하는 사람만이 라이벌이 될 수 있습니다. 서로 다른 물을 사용하는 사람들은 다툴 일이 없습니다. 같은 업종에서 일하는 사람들, 같은 물건을 팔고, 같은 관심과 소유를 추구하는 사람들에게서 경쟁자 관계가 형성됩니다. 영화배우와 축구선수는 경쟁자가 되지 않습니다. 살아가는 '물'이 다르기 때문입니다. 같은 연예 활동에 종사하는 사람들끼리 그리고 같은 종목의 운동을 하는 사람들끼리 경쟁자가 됩니다. 서로 좋은 '물'을 추구하기 때문입니다. 그러므로 경쟁자는 대부분 함께 삶을 나누는 사람들이고, 달리 말하면, 경쟁자는 곧 '동료들'입니다.

우리가 사는 이 시대는 '경쟁의 시대'입니다. 우리는 태어나면서부터 '경쟁'을 시작합니다. 한 배에서 태어난 형제자매 간에도 부모의 사랑과 관심을 차지하기 위해서 경쟁을 하고, 선생님의 사랑을 받기 위해서도 벗들과 경쟁을 합니다. 여러 번의 입학시험을 치르면서 치열한 경쟁을 하고, 남보다 좋은 직장을 갖기 위해서 피비린내 나는 경쟁을 치릅니다. 좋은 배우자를 쟁취하기 위해서 그리고 승진과 진급을 위해서, 자녀들을 성공시키기 위해서 경쟁을 합니다. 마지막 숨을 거두는 순간까지 명당 묏자리를 차지하기 위해서 경쟁을 합니다. 돌이켜 생각해보면, 인생 전체가 경쟁의 연속입니다. 성공이라는 못 된 욕심 때문에 수많은 동료들과 '라이벌' 관계를 유지하고, 심지어는 원수지간이 되기도 합니다.

쓸쓸하게 홀로 사시는 한 독거노인을 만났습니다. 칠순이 넘으신 분인데, 당신의 지나온 세월 이야기를 하시다가 "당신이 너무도 잘나고 똑똑해서서 결국에는 이렇게 미운 오리새끼가 되었다" 하고 푸념하셨습니다. 소위 일류 명문대학을 나오시고, 미국으로 유학을 오기 전까지 그분은 주변의 모든 라이벌들을 다 물리치시고, 결국 '맑은 물'을 홀로 독차지하셨습니다. 그런데 문제는 세월이 흘러 늙고 보니, 자기 주변에 함께 살아야 할 사람들이 모두 없어진 것입니다. 돌이켜보니 그 많은 경쟁자들은 반드시 제거되고 없어져야만 할 원수들이 아니라, 함께 공존하면서 삶을 나누어야 할 벗들이었던 것입니다.

"그때, 그냥 조금만 져줄 것을!", "그냥 참고 같이 갔으면 좋았을 것을!" 아쉬움으로 점철된 그 어른의 말씀을 들으면서 라이벌은 함께 품고 가야 할 동료들의 다른 면이라는 것을 깨닫게 되었습니다. 가끔 한국을 방문했다가 옛 친구들을 만날 때가 있습니다. 유독 경쟁이 많았던 학창시절에는 얄미운 경쟁자들이었지만, 희끗희끗한 머리와 꾸부정한 허리로 눈시울을 붉히며 반갑게 맞아주는 벗들을 보면 눈물이 나도록 고맙습니다. 이도 많이 빠지고, 눈가에 주름도 자글자글하지만, 여전히 어린 시절의 치기 어린 모습을 그대로 간직하고 있는 친구를 보며 한마디 합니다. "야, 늙지 말고 항상 건강해라!" 시간이 지나서 보니, 이들은 인생의 라이벌이 아니라, "함께 연합하고 동거해야 할"(시 133) 사랑하는 벗들이었습니다. 눈을 크게 뜨고 라이벌들을 동료로 인식할 수 있는 넓은 마음을 가져야 할 것입니다.

'더'와 '덜'

항상 '더'하고 싶은 마음과 '덜'하고 싶은 마음이 싸웁니다. 좋은 것은 '더'하고 싶고, 불편하거나 어려운 것은 '덜'하고 싶은 마음이 내 안에서 싸웁니다. 머릿속에서는 "이제 그만"을 선언하는데도 이미 편안함에 익숙해진 몸은 "계속 더"를 주문합니다. "좀 더 누려도 괜찮아. 남들도 다 그러잖아!" 비록 손해를 보더라도 '좀 더' 해야 한다고 양심이 명령을 내릴 때, 이기심에 오염된 마음은 "이제 됐어, 그만하면 충분해" 하면서 불편한 현실을 외면해버리라고 충동질을 합니다. 신기하게도 그런 날은 꿈을 꿉니다. '더'와 '덜'의 두 마음이 전투를 벌입니다. 꿈속에서 전혀 상상도 못했던 일들이 벌어지거나 황당한 일의 주인공이 되는 나를 보게 됩니다. 그런 날은 꿈자리가 아주 사납습니다. 내 안에 숨어 있던 또 다른 나를 보게 됩니다. 어떤 날은 나 자신에 대한 깊은 실망감을 갖기도 하고, 또 어떤 날은 실낱같은 희망을 보기도 합니다.

분명히 '더'해야 하는 상황인 것 같은데, 너무 힘들고 피곤하니까 "이제 그만 해도 될 것 같다"라고 꾀를 피우게 됩니다. 이제 '덜' 해도 된다고 마음을 설득하고 있을 때, "목사라는 놈이 그러면 안 된다"라고 하시는 하나님의 음성이 들려옵니다. 안 들으려고 의식적으로 머리를 좌우로 흔들어 봅니다. 그러면 그럴수록 소리가 점점 더 커집니다. "하나님, 나도 인간이라고요. 자꾸 이러시면 저 폭발합니다." 어떤 때는 혼잣말로 구시렁거려보지만, 아직 하나님을 이겨 본 적은 없습니다.

청년들을 데리고 산기도를 다닌 적이 있었습니다. 매주 적어도 두 번 이상은 하나님과 깊은 대화의 시간을 가져야 한다고 청장년들을 설득해서 시작한 일이었는데, 몇 년을 쉬지 않고 하려니 쉽지가 않았습니다. 이제 시작은 내가 했으니 너희들끼리 끝까지 최선을 다 해보라고 말을 했는데, 뒤늦게 산기도에 재미가 든 청년들이 제가 함께 가지 않으면 자기들도 멈추겠다고 으름장을 놓습니다. 그러거나 말거나 나도 할 만큼 했다고 스스로 선언을 하고 이불에 누워 이리 뒤척, 저리 뒤척 잠을 청하는데 "그렇게 자니까 좋냐?" 하는 음성이 귓전을 맴돕니다. "아! 오늘 정말 일 많이 했다고요! 저도 쉬어야지요." 투덜거리며 이불을 뒤집어썼는데, 결국 몇 분 후에 청년들 간식거리를 사서 산으로 운전하고 있는 저를 발견하게 됩니다. '더'가 '덜'을 이긴 것입니다.

부끄러운 고백이지만, 여태까지의 나의 목회는 항상 이 '덜'과

'더'의 싸움이었습니다. 유방암에 걸려서 마지막 힘든 시간을 보내고 있던 집사님을 매 주일 양로원에서 교회로 출퇴근을 시키던 적이 있었습니다. 인후암에 걸려서 각혈을 하며 침상에 누워 일주일 내내 나만 기다리시던 권사님과 2년 동안 성경공부를 하던 적이 있었습니다. 종합병원에 장기 입원해서 허벅지에 생긴 골수암 치료를 받던 어느 중소기업의 사장님도 있었습니다. 이분들의 공통된 특징은 모두 살 썩는 냄새가 심한 것이었습니다. 역한 피고름 냄새와 포르말린 냄새가 장난이 아니었습니다. 가족들도 내놓은 분들이니 얼마나 외롭고 힘이 들었겠습니까? 말기 시한부환자들이었기 때문에 금방 하나님의 나라로 가실 줄 알았는데 오랜 기간을 투병하면서 버티셨습니다.

"목사님을 보면 힘이 납니다. 자주 오셔서 주님의 말씀을 전해주세요. 목사님!" 그분들의 애절한 부탁에 겉으로는 "그럼요. 당연하지요." 웃으면서 손을 들어 주먹을 불끈 쥐며 그분들을 격려했지만, 사실 나는 그분들 대신 죽어가고 있었습니다. 마음속 깊은 곳에서는 '이제 그만 하면 됐어. 네가 무슨 성자냐? 착각하지 마. 다른 일은 안 해?' 마음 시끄러운 소리들이 들려왔습니다. 아직 목회를 잘 모르던 젊은 나이여서 그랬나 봅니다. 이제 '덜' 해도 될 것 같은 생각이 들어 그분들을 향한 마음을 내려놓았습니다. 그 순간 그분들은 모두 하나님의 나라로 돌아가셨습니다.

양로원 백인 할아버지의 목욕을 매주 돕겠다던 약속, 아프리카와 니카라과의 두 아이가 성년이 될 때까지 돕겠다던 약속 그리고 내 싸움도 아닌데 약자를 돌봐야 한다는 주제넘은 오지랖 때문에 본의 아니게 끝도 없는 긴 법정 싸움에 끼어들었다가 큰 낭패를 본 일 등. 의도는 좋았는데, 문제는 그 끝의 경계선이 어디인지를 몰랐기 때문에 마침내는 탈진해버린 것입니다. 목회의 속성상 어쩔 수 없이 많은 일들에 연루되면서 감당할 수 없는 많은 마음의 싸움을 치러왔습니다. "예"와 "아니요"를 분명히 할 줄 알아야 성공적인 인생을 살 수 있다는 말을 수도 없이 들어왔고, 배워왔습니다. 그런데 우리가 살아가는 현실은 그렇게 매몰차게 선을 그을 수 있는 것이 아닙니다. 내가 여기서 손을 떼거나 조금 더 하지 않으면, 저 사람은 이제 답을 얻지 못할 것이라는 너무도 분명한 현실에 눈감을 수 없었습니다. '더'와 '덜'의 경계선을 구분하지 못해서 가족들과 주변의 사람들에게도 큰 불편함을 자주 주어왔기 때문에, "이제 앞으로는 더 이상 쓸데없는 일에 휘말리지 않겠다"라고 다짐을 했지만, 결과는 언제나 똑같았습니다.

그러다가 어느덧 목회 중후반기에 접어들게 되었습니다. 이제야 비로소 알게 된 사실이 몇 가지 있습니다. 우선 하나님의 일은 성공을 추구하는 사역이 아니라는 것입니다. 하나님의 일은 세상의 처세술처럼, '더'와 '덜'을 잘 구분할 수 있는 일이 아닙니다. 그냥 주님의 은혜로 가는 데까지 열심히 가면 그뿐인 것입니다. 그리고, '더'하고 '덜'하고는 내가 결정하는 것이 아닙니다. 시간이 지나고 보니까, 힘들었지만 '더' 할 수 있었던 것이 큰 축복이었고 기쁨이었습니다. 그때는 몰랐지만, 주님의 도구로 쓰임 받은 것만으로도 인생의 큰 감동이었습니다. 더 많이 쓰임 받으면 기쁨이 더 클 것이고, 조금 덜 쓰임을 받으면 그럴 기회를 얻은 것만으로도 하나님의 크신 은혜입니다. 어느 순간부터 '더'와 '덜'의 경계가 없어집니다. 갈등할 필요도 없습니다. 그분의 인도하심 속에서 그냥 가면 그뿐입니다. '더' 할 수 있다고 자만심을 가질 필요도 없고, '덜' 하게 되었다고 죄책감을 가질 필요도 없습니다. 할 수 있을 때, 그냥 열심히 하면 됩니다. 우리보다 우리를 더 잘 아시는 주님께서 우리를 인도해 나아가실 것입니다.

면역력을 기릅시다

'면역력Immunity'은 그냥 생기지 않습니다. 외부로부터의 병원균이나 유해한 미생물들과 죽을 만큼 힘들게 싸워서 획득하게 된 자기 보호 능력입니다. 물론 선천적으로 이 능력을 갖추고 태어나는 경우도 있지만, 대부분은 예방접종이나 후천적인 감염을 통해서 병균과 싸워 이겨낸 결과물입니다. 선천적으로 면역력이 주어졌다고 해도 운 좋게 그냥 주어지는 경우는 없습니다. 그의 선조가 사력을 다해 외부의 적과 싸운 결과가 유전자에 아로새겨져서 후손에게 부여된 것입니다. 대상이 무엇이 되었든 간에 면역력을 얻으려면 먼저 싸워야 합니다. 용감하게 싸우지 않으면 면역은 생기지 않습니다. 직접 병원균과 부딪쳐서 격렬한 싸움을 하고 난 후, 더 이상 그 정도의 세균은 문제가 되지 못할 때, 비로소 그 병균에 대한 '면역'이 생기는 것입니다.

병균에 대한 면역만 그런 것이 아니라, 우리의 모든 삶의 모습이 그렇습니다. 중고등부 학생들과 함께 멕시코 단기선교를 하러 간 적이 있었습니다. 언어, 문화, 음식 등, 모든 것이 다 문제였지만, 미국에서 곱게 자란 아이들에게는 아마도 화장실이 가장 큰 문제였나 봅니다. 아무리 사방을 둘러보아도 화장실 비슷한 것이 존재하지 않았습니다. 멕시코 원주민들에게는 화장실이 특별하게 따로 존재하는 것이 아니라, 삽 한 자루면 들판에 보이는 모든 장소가 다 화장실이었던 것입니다. 결국 아이들을 위해서 조그마한 '간이 화장실'을 하나 만들어야 했습니다. 그런데 문제는 여전히 있었습니다. 항상 깨끗한 수세식 화장실에서 모든 것을 해결했던 아이들에게 재래식 화장식은 온갖 악취와 혐오스러움을 그대로 보여주는 충격 그 자체였던 것입니다.

많은 아이들이 화장실을 가지 않으려고 물과 음식을 거부했습니다. 하지만 아무것도 먹지 않고 두 주일을 보내는 것은 불가능했습니다. 아이들은 울며 겨자 먹기 식으로 화장실을 사용할 수밖에 없었습니다. 처음에는 코를 잡고 헛구역질을 하는 아이들, 오만상을 찌푸리며 눈물을 흘리는 아이들, 심지어는 실제로 구토를 하는 아이들도 있었지만, 시간이 지나면서 금방 면역이 생겨서 나중에는 아무렇지도 않게 화장실을 드나들게 되었습니다. 물론 짜증을 내기는 했지만, 단기선교 막바지에는 재래식 화장실에 들어가는 것을 그냥 숙명처럼 순순히 받아들였습니다. 거적때기를 들추고 간이 화장실로 들어가는 아이들의 엉거주춤한 모습을 보면서 짓궂은 웃음을 지었던 기억이 납니다. 아무리 힘들고 죽을 것 같은 고통이라 할지라도 오래 참고 견디다 보면 반드시 면역력이 생깁니다. 나중에는 웬만한 고통은 고통으로 여겨지지도 않게 됩니다.

우리는 주어진 환경이나 조건을 탓하는 데 익숙합니다. 너무 쉽게 낙심하고, 흥분합니다.

존경하는 선배 목사님 한 분이 저에게 해 주신 교훈의 말씀이 있습니다. "금방, 좋아질 것이다!" 매사에 이 진리를 잊지 말고 살아가라는 것입니다. 미국에 처음 유학을 와서도 그랬고, 이민교회를 처음 맡았을 때도 그랬습니다. 큰 병에 걸려서 여러 번 재차 수술을 받을 때도 그랬고, 낯선 현장에 홀로 떨어져서 새로운 삶을 시작할 때마다 항상 그 교훈을 떠 올렸습니다. "조금 있으면 다 좋아질 것이다." 물론, 환경이 좋아지기도 했지만, 그보다 감사했던 것은 웬만한 역경은 쉽게 이겨낼 수 있는 면역력을 갖게 된 것입니다. 고난과 역경 속에서 시달리던 이스라엘 백성들에게 하나님은 항상 이렇게 말씀하셨습니다. "너희는 가만히 있어 내가 하나님 됨을 알지어다"(시 46: 10). 고난은 항상 우리가 하나님을 새롭게 만날 수 있는 시간입니다. 또한, 우리의 힘든 환경 속에서 강해질 수 있는 '면역력'을 기르는 시간입니다. "조금만 있으면 다 잘될 것입니다!" 주님이 우리와 함께 계십니다. 힘을 냅시다!

어떤 만남

알코올 중독으로 가족들을 힘들게 하던 못난 가장이 있었습니다. 평상시에는 참 부드럽고 섬세한 분입니다. 얼굴도 둥글둥글하고 여자처럼 부끄러움도 많습니다. 그런데 술만 마시면 전혀 다른 사람으로 바뀝니다. "같은 사람이 맞나?" 싶을 정도로 포악해집니다. 별명이 '동네 개고기'입니다. 술만 먹으면 아무에게나 폭력을 행사합니다. 가장 불쌍한 피해자들은 가족입니다. 뼈만 앙상하게 남은 작은 아내를 무자비하게 때리고, 예쁜 딸아이를 쥐 잡듯이 잡습니다. 주먹, 발길질, 몽둥이, 쇠망치 그리고 술병 등, 손에 잡히는 대로 마구 휘두릅니다. 술만 먹으면 악마가 그에게 강림합니다.

어느 날, 교회 사무실에 있을 때, 중학교 1학년에 다니던 그의 딸아이가 저를 부르러 왔습니다. 제정신이 아니었습니다. 불길한 생각이 들어 얼른 그의 집에 가 보았습니다. 방바닥에 선혈이 낭

자했습니다. 그 가엾은 아내가 얼마나 맞았는지 이미 초주검이 되어 있었습니다. 순간적으로 무서운 생각도 들었지만, 끓어오르는 분노가 훨씬 더 강했습니다. 대부분의 경우 이런 공포의 순간을 이기는 방법은 단 하나입니다. 미친놈보다 더 미치는 것입니다. 당시, 이십 대 후반의 젊은 목사였던 저에게도 그 사람 못지않은 '지랄 성향'이 있다는 것을 그때 처음 알았습니다. 임자를 제대로 만난 그는 하얗게 질려서 "야! 너, 목사 맞어?"만 반복하면서 방바닥에 자빠져 있었습니다.

며칠 뒤, 술에서 깬 그가 저를 찾아와서 사과했습니다. 그리고 자신의 숨겨진 유년의 아픔을 이야기해주었습니다. 그의 이야기를 들으면서 함께 굵은 눈물을 떨어뜨렸습니다. 이분도 어렸을 때, 술 먹는 아버지 밑에서 늘 매를 맞으면서 자랐습니다. 아버지가 술만 먹고 들어오면 불쌍한 어머니를 때렸습니다. 일곱 살 난 그는 아버지의 팔을 붙잡고 "그러지 말라"고 울부짖었습니다. 아버지는 "어린 새끼가 싹이 노랗다. 건방지게 아버지에게 덤벼!" 하며, 그를 밖으로 끌고 나가서 리어카에 묶어 놓고 혁대를 풀러 때렸다고 합니다.

지긋지긋한 아버지의 술주정을 견디다 못한 어머니가 어린 자신을 버려두고 멀리 도망을 치던 그날, 그는 그날도 어김없이 만취한 아버지의 손에 끌려나와 밖에 세워둔 리어카에 묶여 죽도록 맞다가 묶인 채 잠이 들고 말았습니다. 그는 결심했습니다. 자기는 어른이 되면 절대로 술도 먹지 않고, 아내와 자식을 학대하지 않겠다고 맹세했습니다. 그런데 삼십 년이 지난 지금 자신의 모습이 바로 저주스러운 아버지의 모습이 되고 말았습니다. 원래는 큰 기업에 다니는 성실한 회사원이었던 그는 술 때문에 분을 못이겨 상사를 두들겨 패고 퇴직금 하나 못 받고 쫓겨나고 말았습니다. 술로 허송세월하던 그는 어느덧 아버지의 길을 걷고 있었습니다. 그는 술에 정신을 빼앗길 때마다 자신을 버리고 혼자 살려고 도망친 어머니에 대한 분노 때문에 아내를 때렸습니다. '여자는 다 똑같다'라고 생각한 것입니다.

그를 통해 한 번도 본 적이 없는 그의 아버지를 볼 수 있었습니다. 나중에 그를 설득해서 병원 치료를 받도록 했습니다. 가족들도 함께 정신치료를 받아야 했습니다. 참으로 긴 시간의 치료가 있었고, 별의별 위기의 순간들이 이어졌습니다. 중간 중간 자신을 포기하려는 그를 붙잡고 격려와 위협(?)을 함께 가하며 하나님께 간절히 기도하던 때가 참 많았습니다. 치료를 다 받고 가족의 품으로 돌아간 그가 제게 기억에 남는 말을 해주었습니다. "목사님, 함께 울어주셔서 감사했습니다. 그리고 목사님은 절대로 술 잡숫지 마십시오. 저하고 상당히 비슷한 성격입니다." 고맙게도 그는 성실한 신앙인이 되어주었습니다.

이십오 년이 지난 몇 주 전, 울면서 교회 사무실로 들이닥쳤던 그의 딸을 애틀랜타의 한 샘스클럽Sam's Club에서 다시 만났습니다. 주류 코너에서 카트에 술병을 담고 있는 그녀를 보면서 묘한 허탈감에 쓴 입맛을 다셔야 했습니다. 결단하는 것이 왜 그리도 어려울까요?

사하라 정글을 사하라 사막으로

아주 키가 작은 유대인 청년이 알래스카 숲속에서 벌목공으로 일을 하고 있었습니다. 주인은 그리스 사람이었는데 심술궂고 욕심이 많았습니다. 게다가 그는 그리스인이라는 자부심과 우월의식이 강했습니다. 어느 날 이 주인은 왜소하고 깡마른 유대 청년을 골려주고 싶었습니다. 그래서 엄청나게 큰 도끼를 그에게 주면서 가능한 한 많은 나무들을 베라고 시켰습니다. 높이 치솟은 아름드리나무들이 한 치 앞을 분간할 수 없을 정도로 빽빽이 들어선 벌목장에서 무거운 도끼 한 자루를 쥐고 있는 이 유대 청년은 스스로 보기에도 벌레처럼 작고 보잘것없었습니다. 주인은 이 청년이 화를 내면서 다 포기하고 떠나는 모습을 보고 싶었습니다. "형편없는 유대인 놈들!"이라고 퍼부을 말까지 이미 준비하고 있었습니다.

못된 주인의 마음을 잘 알고 있던 이 청년은 이를 악물고 열심히 일했습니다. 그는 성실하게 최선을 다해 나무들을 하나씩 쓰러뜨려 나아갔습니다. 과묵하고 부단하게 나무를 베어나가자 머지않아 산의 이곳저곳이 구멍 나기 시작했습니다. 그의 끈질긴 모습에 감동한 주인이 경외감에 휩싸여 물었습니다. "아니, 자네는 어디서 이런 훌륭한 솜씨를 배웠나?" 그러자 이 키 작은 청년은 큰 소리로 말했습니다. "예, 저는 이 벌목 기술을 사하라 정글에서 배웠습니다." 주인이 놀라서 말했습니다. "사하라 정글이 아니라 사하라 사막이겠지?" 그러자 청년은 다시 목에 힘을 주며 말했습니다. "예, 맞습니다. 예전에는 그랬죠. 하지만 제가 거기에 있는 모든 나무들을 잘라버렸기 때문에 지금은 사하라 사막이라고 부르게 됐지요!"

유대 청년을 골탕 먹이려던 오만한 그리스 주인이 오히려 거꾸로 당하고 말았습니다. 유대인들은 자기 자녀들에게 이 이야기를 자주 들려준다고 합니다. 어찌 보면 허풍과 과장으로 도색된 이야기이지만, 유대인들의 강한 정신력과 민족성을 보여주는 자존적인 동화라는 생각이 듭니다. 조금만 시련이 와도 쉽게 좌절하고 무너져버리는 요즘의 우리 한국 청년들도 한 번쯤은 귀담아들어볼 필요가 있을 것 같습니다. 살다 보면 전혀 예상하지 못했던 심술궂은 일들을 만나게 됩니다. 인생의 가치는 이 시련들을 어떻게 받아들이고 극복하느냐에 따라서 결정됩니다. 시련이 없는 삶은 처음부터 생각하지 않는 것이 좋습니다. 세상 그 어느 곳에도 시련과 역경이 없는 곳은 없기 때문입니다.

"화살은 뒤로 당겨졌을 때만 앞으로 날아갈 수 있다"라는 말이 있습니다. 뒤로 당겨지는 역경 없이 처음부터 날아가는 화살은 없습니다. 뒤로 물러나는 강도가 강하면 강할수록 더 멀리 날아갑니다. 힘들고 어려운 순간이 있을 때만 의미 있고 가치 있는 현재를 맞을 수 있는 것입니다. 우리의 옛 어른들은 인생을 살면서 결코 경험해서는 안 될 것 중의 첫 번째로 '소년등과 부득호사少年登科 不得好死'를 뽑았습니다. 너무 어린 나이에 과거에 급제해서 출세한 사람 중에 좋게 죽은 사람이 없다는 것입니다. 아무런 역경 없이 뻗어 나아가는 사람은 그 자체가 이미 재앙입니다. 고난과 역경이 있을 때만 가치 있고 의미 있는 인생을 살 수 있습니다. 힘들고 감당하기 어려운 일들이 닥쳐올 때마다, "사하라 정글을 사하라 사막으로" 바꾸었다고 너스레를 떠는, 밉살스럽지만 당당한 유대 청년을 기억해보십시오. 그런대로 인생도 살만하다고 느끼게 될 것입니다.

결합의 오류

사람들은 항상 '마음에 드는 것' 그리고 '좋은 것들'로만 자신의 인생을 채우려고 합니다. 그러나 따뜻한 햇살로만 자신의 인생을 채우게 되면 결국에는 그 인생이 물기 하나 없는 사막으로 변하고 말 것입니다. 어떤 미혼여성이 성형외과 의사를 찾아가서 당대 최고의 여배우들 사진 세 장을 내보이며, "눈은 이 배우처럼, 코는 저 배우처럼 그리고 턱은 이 배우처럼 해 주세요" 하고 부탁을 했습니다. 의사는 최선을 다해서 그녀가 말한 대로 수술을 해 주었습니다. 그런데 나중에 그녀가 자신의 얼굴을 보려고 거울 앞에 섰을 때, 자신에게 나타난 사람은 수술 전에 기대했던 아름다운 여인이 아니었습니다. 부자연스러움으로 가득 찬 '인조인간' 같은 어떤 여자가 자기를 물끄러미 바라보고 있었습니다. 자기 얼굴 속에서 일어난 잘난 사람들의 결합은 결국 그녀만이 가지고 있던 '자기다움'을 송두리째 빼앗아간 것입니다.

화학 이론 중에 '결합의 오류'라는 법칙이 있습니다. 우리 몸에 아주 유익한 원소들을 뽑아서 서로 결합해 보니까 '최고의 보약'이 나오는 것이 아니라, 반대로 '최악의 독약'이 나오더라는 것입니다. 실제로, 옛날에 왕이 중죄를 범한 왕족이나 귀족들을 사약을 내려 죽일 때, 일반 역적들을 죽일 때와는 달리, 부자_{附子}나 비자_{榧子}를 약재로 해서 고통스럽게 죽인 것이 아니라, 그들의 신분이나 위치를 고려해서 편안한 죽음을 맞을 수 있도록 배려해주었다고 합니다. 생금, 우황, 생꿀, 참게의 알 그리고 당귀 등, 몸에 좋은 최고의 약재들을 섞어 진귀한 약을 만듭니다. 그러나 어의들이 만든 이 특별한 생약은 먹으면 건강해지는 것이 아니라, 큰 고통 없이 즉사하게 만드는 독극물입니다. 좋은 약재들의 결합이 치명적인 독을 만드는 오류를 낳은 것입니다.

만약 우리의 인생이 그늘이 전혀 없는 양지로만 이루어진다면, 인생 전체가 엉망진창이 되고 말 것입니다. 생각해보십시오. 매일 좋은 것으로만 가득 찬다면, 과연 그 '좋은 것'의 가치를 알 수 있을까요? 그냥 일상적인 '평범한 것'이 되고 말 것입니다. '좋은 것'은 '나쁜 것'이 있을 때만 존재하는 '인생의 단면'입니다. '행복'에 대한 정의도 다시 내려야 할 것입니다. 좋은 것으로만 가득 찬 밋밋한 생활 속에서는 결코 행복이란 존재하지 않습니다. 왜냐하면 '이것이 바로 행복이구나!' 하고 느낄 수 있는 기준이 없기 때문입니다. 행복은 '좋은 것과 나쁜 것을 어떻게 엮어 가느냐?'에 따라서 변화무쌍하게 만들어지는 인생의 메커니즘입니다. 편하고 좋은 것으로만 인생을 엮어가려는 사람은 '결합의 오류'를 범하는 어리석은 사람들입니다. 진정한 행복은 오히려 고난의 자리에서 의미와 보람으로 인생을 일구어갈 때 주어지는 축복입니다.

얼마 전에 30년 동안 경영해오던 사업을 경제 불황 때문에 접어야 했던 성도님 한 분과 대화를 나눈 적이 있었습니다. "가슴이 많이 아프시겠습니다" 하고 위로의 말을 건넨 저에게 그분은 "목사님, 그렇지 않습니다. 어려운 일을 당하니까 비로소 제가 그동안 얼마나 행복하게 살았는지 알게 되네요. 이제 은퇴할 때도 거의 다 되었는데 하나님의 은혜가 참 감사합니다" 하고 미소를 지으셨습니다. 참으로 지혜가 있는 분이라는 생각을 했습니다. 27년 동안 목회를 하다 보니, 별의별 사람들을 다 만나게 됩니다. 좋은 환경 속에서도 항상 불평과 불만만 하는 사람이 있는가 하면, 반대로 최악의 조건임에도 불구하고 감사와 기쁨으로 살아가는 분들이 있습니다. 행복은 '좋은 환경' 속에서 나오는 것이 아니라, '좋은 사람'에게서 나옵니다. 하는 일이 잘 풀려갈 때는 겸손을 그리고 어려움을 당할 때는 용기를 잃지 않는 인생의 적절한 배합이 필요할 것입니다.

기억해야 합니다

지난 한 주간 러시아의 블라디보스토크에서 '고려인 디아스포라 80주년 평화 행진 대회'에 참석했습니다. 블라디보스토크에 모인 이유는 1937년 8월부터 '스탈린'에 의해서 자행된 고려인 강제 이주 정책의 출발지가 바로 블라디보스토크이기 때문입니다. 수년 동안 17만 2천 명이 넘는 고려인들이 중앙아시아의 카자흐스탄과 우즈베키스탄과 같은 여러 지역으로 분산되어 버려졌습니다. 갑작스런 추방 명령에 따라 사람들은 약간의 식량과 옷가지 그리고 살림 도구들을 챙겨 수송 열차에 올라타야 했습니다. 그것이 다시는 돌아올 수 없는 죽음 여행의 시작이었습니다. 군인들에게 반항하거나 도전하는 사람들은 그 자리에서 총으로 직결 처분되었습니다. 말이 이주이지 실제로는 처참한 집단 폐기처분이었습니다. 고려인들은 화물칸 객실에 분산 수용되었습니다. 그들은 쉬지 않고 달리는 기차의 화물칸 안에서 취사와 용변, 취침 그리고 심지어는 아기의 출산까지 모두 해결해야 했습니다.

세계 2차 대전 당시 독일군에 의해서 강제수용소로 끌려갔던 유태인들의 모습과 결코 다르지 않았습니다.

　당시의 열차 안 상황을 촬영한 영화가 있었는데 처참하기가 이루 말할 수 없었습니다. 열차 안에서 돌아가신 아버지의 시신을 거적때기로 둘둘 말아 한 곳에 놓고 가족들이 오열하며 차례대로 마지막 큰절을 올렸습니다. 바로 코앞에 펼쳐지게 될 미래에 대한 두려움 때문인지 열차 안의 사람들은 가족을 잃은 슬픔에만 집중할 수도 없었습니다. 경직된 두려운 얼굴로 눈물을 흘리는 모습이 안쓰럽기 그지없었습니다. 11월 말의 매서운 눈보라 속으로 그들은 사랑하는 아버지의 시신을 달리는 열차 밖으로 내어던질 수밖에 없었습니다. 씻을 수 없는 불효를 저질러야만 했던 자식들의 마음이 얼마나 사무치도록 아팠을까요? 열차 안에서 여러 명의 여자들에게 둘러싸여서 아기를 낳는 산모도 있었습니다. 참으로 가슴 아팠던 이야기도 있습니다. 거의 같은 시기에 아기를 낳은 두 어머니가 있었는데, 한쪽은 어머니가 죽고, 다른 한쪽은 아기가 죽었답니다. 할 수 없이 생존한 어머니가 자기 아기를 잃은 슬픔을 뒤로하고 살아남은 남의 아기에게 젖을 물렸다고 합니다. 그 어머니의 넋 나간 표정에서 당시의 절망스러웠던 상황을 고스란히 느낄 수 있었습니다.

　그러나 이것은 고난의 서곡에 불과했습니다. 많은 사람들이 이미 열차 안에서 질병과 추위 그리고 굶주림으로 생을 마감했습니다. 그들이 마지막으로 버려진 우슈토베 같은 장소는 꽁꽁 얼어붙은 땅과 눈으로 뒤덮인 허허벌판이었습니다. 살인적인 추위 속에서 그들은 생존을 위해 가지고 있던 숟가락이나 쇠붙이로 땅을 파서 토굴을 만들고 그 속에 들어가 차가운 눈보라를 피했습니다. 그들은 같이 모여 서로의 체온으로 추위를 이기려고 했지만 역부족이었습니다. 굴 입구에 있던 사람들은 얼어 죽었고, 너무 굴속 깊이 들어간 사람들은 산소가 부족해서 질식하고 말았습니다.

이루 헤아릴 수 없는 많은 사람들이 그해의 겨울을 넘기지 못하고 얼어 죽고, 굶어 죽고, 병들어 죽었습니다. 다시 봄이 되었고, 그들을 불쌍히 여긴 지역 사람들의 도움을 받아 볍씨를 심고, 농사를 지었는데, 큰 수확을 거두었습니다. 그들은 하나님의 도우심으로 고비를 잘 넘기고 강인하게 살아남았습니다. 고려인들은 그들이 새롭게 정착한 곳에서 열정적이고 부지런한 '농사 전문가'로 자리를 잡았습니다.

아마도 '풀뿌리'라는 말이 가장 잘 어울리는 사람들이 있다면, 그것은 바로 이 고려인들일 것입니다. 1993년에 '고려인 권리 회복법'이 통과되면서 각지에서 숨죽여 조용히 살던 고려인들이 본격적으로 러시아 전역으로 뻗어가기 시작했습니다. 고려인들은 현재 구소련의 각지에서 탁월한 영향력을 드러내며 최선을 다해 살아가고 있습니다. 정말 강인하고 대단한 분들입니다. 대회 기간 중에 수송 열차가 고려인들을 태우고 처음으로 출발했던 블라디보스토크의 한 열차 정거장을 방문했습니다. 당시에 기차 안에서 넋을 놓고 멍하니 허공을 응시하고 있던 할머니와 할아버지들 그리고 철부지 아이들조차 불안 속에서 얼음처럼 굳어 있던 모습이 떠올랐습니다. 가슴이 답답했습니다. 블라디보스토크에 머무는 동안 참 많은 고려인들을 만났습니다. 이제는 다섯, 여섯 세대를 거치면서 새로운 후손들이 살아가고 있지만, 자신들의 정체성 때문에 힘들어하는 분들을 적지 않게 보았습니다.

생각해보면, 이 모든 일들이 그들의 의사와는 상관없이 일어났습니다. 불운한 시대에 가난하고 무력한 나라의 백성으로 태어난 죄 때문에 실로 혹독한 대가를 치러야 했습니다. 비록 그들에게 '고려인'이라는 이름표가 붙여졌지만, 어제나 오늘이나 그들은 틀림없는 우리들의 형제들입니다. 이번 대회를 통해서 여전히 어렵고 척박한 환경 속에 노출되어 있는 그분들을 보면서 가슴이 아팠습니다. 특히, 하나님도 제대로 믿을 수 없는 공산 진영에 사는 모습이 너무도 안타까웠습니다. 그분들에게 어떻게든 복음을 전하려고 애쓰시는 많은 선교사님들과 목사님들이 훌륭하다 못해 거룩해 보이기까지 했습니다. 집회의 많은 강사들이 설교를 하고 강연을 하셨는데, 공통적으로 들어가는 내용이 있었습니다. "기억하라"는 것입니다. 우리가 기억하지 않으면 아픈 과거는 다시 반복될 것입니다. 이 땅에 다시는 가슴 아픈 일이 일어나지 않도록 기억하려는 처절한 노력을 해야 할 것입니다. "기억은 살리고 망각은 죽입니다."

2장
우리가 진정으로 만났는가

내가 그 존재의 의미와 가치를 발견하기 전까지
'그것'들은 나에게 '없는 것'과 별반 다르지 않습니다.

－ 우리가 진정으로 만났는가 중에서

습관이 만들어내는 교향곡, 운명

'맹모삼천지교孟母三遷之敎'라는 말이 있습니다. 맹자의 어머니가 자식의 교육을 위해서 세 번 이사를 했다는 뜻입니다. 어린 맹자를 데리고 묘지 근처로 이사를 하였더니, 맹자가 장례를 치르는 사람들의 모습을 그대로 흉내 냅니다. "가네 가네 나는 가네. 북망산천 나는 가네!" 그래서 얼른 시장 근처로 이사를 했습니다. 그랬더니 이번에는 시장에서 장사하는 사람들의 모습을 따라 합니다. "골라 골라. 아저씨도 아줌마도 골라 골라!" 그래서 다시 서당 근처로 이사를 갑니다. 그러자 이번에는 "하늘 천 따라지 가마솥의 누룽지" 하면서 글 읽는 것을 따라 합니다. 결국, 고대 중국의 가장 훌륭한 학자가 되었습니다. 환경이 교육에 미치는 영향이나 교육에 대한 부모의 관심을 강조할 때 주로 이 말을 사용해왔습니다.

아버지에 대한 언급이 없고, 어머니가 묘지와 시장 저잣거리에서 삶의 둥지를 틀 수밖에 없었던 것을 보면, 맹자의 집은 분명히 가난했을 것입니다. 그리고 실제로 이사한 것이 두 번인데도 세 번 이사를 한 것처럼 '삼천三遷'이라는 말을 쓴 것을 보면, 맹자 어머니의 교육열을 강조하려고 '장소'를 '횟수'로 표현한 것으로 보입니다. 아무튼 가난과 열악한 환경을 향학열로 극복한 대단한 어머니임에 틀림이 없습니다.

　어떤 교육학자들은 맹자의 어머니가 이렇게 여러 번 이사를 한 데는 숨은 의도가 있다고 주장합니다. 첫 번째로 묘지 근처로 이사를 한 것은 매일 수많은 죽음을 접하면서 '삶과 죽음에 대한 철학'을 정립하게 하려는 어머니의 깊은 생각 때문이었다고 합니다. 또, 시장으로 이사를 간 것은 상인들의 상술이나 처세술을 보면서 세상이 돌아가는 이치를 알게 하려고 했다는 것입니다. 실물 경제를 보여주려는 의도였다고 합니다. 마지막으로, 서당으로 이사를 가기 전에 이런 경험들을 하게 한 이유는 맹자가 서당에 틀어박혀 글만 읽고 세상에 대해서는 아는 것이 전무한 청맹과니가 되지 않게 하려는 어머니의 교육 철학이었다고 주장합니다.

　그럴싸하게 들리지만, 솔직히 말하면 지나친 논리의 비약입니다. 교육 환경의 중요성을 강조하려다가 만들어낸 날조된 교육 이데올로기입니다. 하지만 주어진 부적절한 환경을 부단한 노력으로 바꾼 자랑스러운 어머니의 기상을 충분히 느낄 수 있는 이야기입니다. 사람들은 누구나 자기에게 주어진 삶의 모습을 운명이나 어쩔 수 없는 팔자로 받아들입니다. 그렇게 함으로써 자신의 과실이나 과오에 대해서 스스로 면죄부를 부여하고, 정당성을 찾고 싶은 것입니다. 그러나 우리가 대부분 운명이라고 말하는 것들은 우리의 잘못된 습관이 만들어낸 어쩌면 너무도 당연한 결과물들입니다.

소위 '과부살'이라는 것이 있습니다. 할머니, 어머니의 대를 이어서 과부가 되는 불행한 운명을 이르는 말입니다. 그러나 곰곰이 분석해보면, 이것은 어쩌면 잘못된 습관들이 만들어낸 당연한 결과입니다. 어렸을 때 집에서 배운 그대로 결혼 후에도 답습했기 때문에 과부살이라는 운명을 낳은 것입니다. 밤에 먹고 자는 습관을 가진 집에서 자라난 여인은 결혼 후에도 남편과 함께 밤참이나 야식을 즐깁니다. 아버지가 그 나쁜 습관 때문에 당뇨병과 고혈압으로 사망하셨는데도 그 습관화된 행동 양식을 그대로 반복합니다. 그리고 똑같은 결과를 낳고 맙니다. 그녀는 자신도 모르게 은연중에 답습한 치명적인 결과를 '과부살'이라는 운명의 탓으로 돌립니다. 그러나 사실은 잘못된 습관이 불러낸 어리석은 '랩소디rhapsody'일 뿐입니다.

학자의 집에서는 학자가 배출되고, 상인의 집에서는 상인이 만들어집니다. 자녀들이 부모의 직업을 답습하는 경우가 비일비재합니다. 습관화된 삶의 행동 양식이 그런 결과를 낳은 것입니다. 알코올중독이나 도박, 폭력 같은 상습적인 중독에 걸린 부모 밑에서 자라난 자녀들도 그 부모의 잘못된 행동을 그대로 대물림합니다. 습관화된 행위들이 그들의 운명을 그렇게 만든 것입니다. 행동을 바꾸면 운명도 바뀝니다. 용기를 내서 결단하고 몸으로 행동하면 운명도 축복으로 바뀝니다. 신앙인들은 믿음의 행위들을 통해서 자신의 운명을 바꾼 사람들입니다. 아브라함, 모세, 다니엘, 에스더 그리고 수많은 믿음의 선조들이 좋은 운명을 타고난 것이 아니라 믿음의 행위faith in action를 통해서 운명을 바꾸었습니다.

이제 우리들의 차례입니다. 용기를 내어 새로운 운명 교향곡을 써 내려가는 결단이 있어야 할 것입니다.

항상 조심해야 합니다

『회남자淮南子』에 '세상에서 조심해야 할 세 가지 위험人生三危'이 있다고 했습니다. 첫째는 남에게 베푼 덕보다도 더 많은 사랑을 받는 것, 둘째는 자기가 가진 재주보다 더 높은 자리에 앉는 것 그리고 셋째로 자기가 이룬 성과보다 더 많은 대가를 받는 것인데, 이것은 사람을 망치는 것들이라고 했습니다. 곱씹어 볼수록 정말 귀한 말이라는 생각이 듭니다. 사람들은 흔히 이 세 가지를 '행운'이라고 말하기도 하고, '복'이라고 생각하기도 합니다. 또 일부 기독교인들 중에서는 '하나님의 은혜'라고 말하면서 사람들 앞에서 간증하는 것도 마다하지 않는데, 옛 사람들은 이미 2,500년 전에 이런 것들을 사람을 망치는 세 가지 위험이라고 생각했던 것입니다. 한마디로 자기가 한 것보다 더 많은 것을 누리는 것을 위험이라고 간주한 것입니다.

자기가 가진 것보다 더 큰 대우를 누리게 되면 그 사람은 교만해지고 우쭐해져서 결국에는 시키지 않아도 망가지게 됩니다. 옛날에 당나귀 한 마리가 사원으로 배달하는 '신상神像'을 등에 짊어지고 배달을 하러 가고 있었습니다. 때마침 길을 가던 많은 사람들이 당나귀 등에 얹혀 있는 신상을 보고 당나귀 앞에 엎드려 큰절을 하고 경배를 표했습니다. 그러자 우쭐해진 당나귀가 걸음을 멈추고 사람들 앞에서 목을 꼿꼿이 세우고 흠뻑 자아에 도취되어 있었습니다. 갈 길이 급한 마부는 제 자리에서 움직이지 않고 잘난 척하는 당나귀의 등짝을 채찍으로 힘껏 내리치면서 한마디 해 주었습니다. "빨리 안 가, 멍청아. 사람들이 너를 숭배할 만큼 어리석은 줄 알아?" 마부에게 호되게 얻어터진 당나귀는 다시 정신을 차리고 앞으로 갔다고 합니다.

살다 보면 본의 아니게 초심을 잃고 흔들리는 때가 있습니다. 두려운 마음으로 일을 시작했는데 일이 너무 잘 풀려서 마치 처음부터 그렇게 잘 되었던 것처럼 착각하는 경우도 있고, 처음 시작할 때는 모든 것이 감사하고 기쁘기만 했는데, 시간이 지나면서 그 감격과 감동을 잃어버리고 불평만 내뱉는 경우가 그것입니다. 처음 이민을 올 때는 형편없는 영어 실력으로 하루하루 굶지 않고 밥을 먹고 사는 것이 감사하고 신기했는데, 나중에 일자리를 찾아서 사람답게 살게 되자 오히려 피곤하고 무미건조한 삶을 살게 됩니다. 자기에게 부여된 것을 너무도 당연한 것으로 받아들이지 않고, '내가 지금 누리고 있는 것이 너무 과한 것은 아닌지?' 항상 조심하고 경계하는 자세가 필요합니다. 적당하게 누리고 항상 자신을 비워 다른 이들과 나누는 삶을 살아야 할 것입니다.

요즈음 많은 정치인들과 경제 재벌들이 자기에게 주어진 특별한 힘과 물질을 남용하고 오용하면서 미국이나 한국이 혼란스러운 것이 사실입니다. 그 힘은 섬김과 헌신을 위해서 국민들이 부여한 것인데, 오히려 국민들을 지배하고, 무시하고, 심지어는 억압하는 데 사용하기도 합니다. 마치 처음부터 자신이 특별하게 태어난 사람인 것처럼 착각합니다. 아무리 강아지도 부와 권세를 얻으면 '멍첨지'가 되는 세상이지만, 사람답게 살기를 원한다면 항상 자신에게 주어진 것을 자제하고 삼가는 지혜가 필요할 것입니다. "해가 빛을 잃으면 역사가 되고, 달이 기울면 신화가 된다"라고 합니다. 올라가면 언제고 내려오는 날이 있기 때문에 훗날 사람들의 기억과 역사 앞에 부끄러운 모습으로 자리매김하지 않도록 스스로 성찰하는 자세가 필요할 것입니다.

목사로 살다 보면, 성도님들께 많은 대우와 사랑을 받게 됩니다. 물론 열악한 선교지 또는 특수한 상황이나 지역에서 어렵게 사역하시는 분들도 있지만, 대부분 시간이 지나게 되면 과분한 존경을 받게 되는 것이 사실입니다. 그것은 본래부터 자신에게 있었던 자격이 아니라, 하나님으로부터 주어진 성직에서 나오는 권세입니다. 쉽게 말하면 하나님 덕분에 누리게 되는 특권입니다. 이 사실을 잊어버리게 되면 어리석은 당나귀가 되고 맙니다. 제 스스로도 처음 마음과는 달리 변질되고 오염되어 버린 삶의 편린들을 발견하고 깜짝 놀랄 때가 많이 있습니다. '너무 과하다'는 생각을 하고 다시 마음을 되잡게 됩니다. 누릴 수 있다고 해서 다 누리지 말고, 받을 수 있다고 해서 다 받지 말고, 하고 싶은 것이라고 해서 다 하지 않는 지혜와 겸허함이 필요할 것입니다.

우리 모두가 자신을 되돌아보고 자족할 줄 아는 겸양지덕謙讓之德을 연마해야 할 것입니다.

공감共感

미국의 극작가 오 헨리의 단편 소설 중에 「강도와 신경통」이란 작품이 있습니다. 한 강도가 밤중에 어느 집에 권총을 들고 도둑질을 하려고 들어갔습니다. "손들어!" 하고 외치자 잠자던 주인이 깨어나 벌벌 떨면서 왼손을 겨우 들었습니다. 그러자 강도는 또 고함을 칩니다. "오른손도 들어!" 그러나 집주인은 오른손을 들지 못하고 아파서 쩔쩔맵니다. 강도가 다시 화를 내며 한 번 더 소리를 지릅니다. "오른손도 들라니까!" 집주인은 벌벌 떨면서 오른손은 신경통 때문에 들 수가 없다고 사정을 합니다. 그러자 강도가 머리를 끄덕이며 말합니다. "젠장, 나도 신경통 때문에 이 짓을 하고 있는데, 당신도 참 안됐구만." 강도는 자기가 그 집을 왜 침입했는지를 잊어버린 채 집 주인과 신경통에 대한 이야기를 나누기 시작합니다. 차츰 주인도 두려움을 잊은 채 자신을 괴롭히는 신경통에 대해서 열띤 토론을 시작합니다. 두 사람은 새벽녘쯤 되었을 때 묘한 포만감을 가지고 흡족한 표정으로 헤어집니다. 마치 오랜 친구들 같습니다.

인간관계에서 공감대를 갖는다는 것은 아주 중요합니다. 아무리 힘들고 어려운 일이 있어도 누군가가 나의 입장을 공감해준다면 세상에 견디지 못할 일이 별로 없을 것입니다. 사랑하는 사람을 졸지에 잃고 큰 슬픔에 잠긴 사람들, 예상치 못한 인생의 복병을 만나 파산한 사업가들, 수년 동안 뼈를 깎는 노력으로 어떤 목표를 위해 도전했다가 실패한 젊은이들 그리고 의사로부터 시한부 선언을 받아 곧 삶을 정리해야 하는 환자들에 이르기까지, 그들과 함께 아파하고 울어줄 수 있는 '공감'은 인생 사막에서 만나는 오아시스oasis가 될 것입니다. 지혜롭고 현명한 이 세상의 어떤 위로나 격려보다도 '공감'은 그 자체로 이미 꽁꽁 얼어붙었던 우리의 마음을 훈훈하게 녹이기에 충분할 것입니다.

요한복음 11장에는 예수님께서 죽은 나사로를 살리시는 이야기가 등장합니다. 예수님은 이 나사로와 그의 두 여동생을 가족같이 소중하게 여기셨습니다. 어느 날 예수님은 두 여동생으로부터 오빠 나사로가 중병에 걸려 죽어간다는 소식을 듣게 되었습니다. 예수님은 그 소식을 전해준 사람에게 "죽을병이 아니라, 하나님께 영광을 돌리려고 그런 것이라"고 말씀하셨습니다. 그래서 그랬을까요? 나사로를 만나러 오는 시간이 많이 지체되었습니다. 결국 예수님의 생각과는 달리, 나사로는 숨을 거두고 말았습니다. 뒤늦게 오신 예수님을 보며 두 여동생은 적지 않은 아쉬움을 표현합니다. "조금만 빨리 와 주셨다면 오라비가 죽지 않았을 것이라"고 서운해 합니다. 놀라운 것은 예수님의 반응입니다. 슬퍼하는 두 여동생 앞에서 눈물을 흘리신 것입니다(요한 11:35).

성난 파도도 잔잔케 하시고 죽었던 사람들도 이미 여러 번 살리셨던 예수님께서 눈물을 흘리셨다는 구절이 도무지 이해가 가지 않았습니다. 저 같으면 의미심장한 미소를 지으면서 '데이비드 카퍼필드'를 능가하는 멋진 마술쇼로 나사로를 당장에 살렸을 것입니다. 그런데 예수님은 함께 눈물을 흘리며 그들의 아픔을 공감해주셨습니다. 예수님이 어떤 분인지를 보여주는 너무도 분명한 이야기입니다. 예수님은 당장이라도 나사로를 죽음에서 깨어나게 하실 수 있었지만, 사람들의 이목을 사로잡는 무의미한 기적이나 마술쇼를 펼치지 않으셨습니다. 그분은 우리 인생들의 아픔을 누구보다도 공감하시고 안타까워하시는 분이셨습니다. 그런 공감대가 있으셨기에 하늘 보좌를 버리시고 이 땅에 오셔서 우리들의 죄와 허물을 사하시려고 십자가에 당신 자신을 매달으신 것입니다. 하나님과 동등된 분이시면서도 자신을 비워 종의 형체를 입으시고 우리와 똑같이 인생고를 다 겪으셨습니다. 그래서 예수님은 우리와 마음이 통하는 분이 되셨습니다. 이번 사순절 기간에 이 주님을 더욱더 깊이 경험하시기를 기도합니다.

아! 오리면 어떻게 하지?

사람은 흔히 자신이 가지고 있는 재능에 따라서 세 가지 유형으로 나누어집니다. '고슴도치형', '여우형' 그리고 '오리형'입니다.

고슴도치형은 움츠리는 형상 때문에 붙여진 이름입니다. 먹이를 앞발로 붙잡는다든지, 어떤 위험을 만났을 때, 고슴도치는 어김없이 몸을 움츠립니다. 그래서 등어리의 가시들이 돌출하게 만듭니다. 놀라거나 걸어 다닐 때 그리고 화가 났을 때도 고슴도치는 어김없이 몸을 움츠려서 자신의 몸을 밤송이처럼 만듭니다. 이 가련한 피조물은 그것 밖에는 할 수 있는 재능이 없기 때문입니다. 그래도 몸을 움츠리는 능력은 모든 동물들 중에서 가장 뛰어납니다. '오직 한 가지 재능에만 뛰어난 사람'을 언급할 때, '고슴도치형'이라는 말을 합니다. 다른 것에는 별로 관심도 없고 잘하지도 못합니다. 그러나 한 가지 재능만은 확실하고 분명하게 처리합니다. 그래서 이 유형의 사람들은 '전문가'라고 불립니다.

여우형은 고슴도치형보다 전문성이 다소 떨어지지만 대부분의 것들을 골고루 다 잘하는 '멀티 플레이어형' 재능을 가진 사람입니다. '문어발'처럼 여러 가지를 동시에 다 주무를 수 있는 능력이 있습니다. 오징어는 주로 물속에서 걷기보다는 헤엄을 치기 때문에 '발'이라는 단어보다는 '다리'라는 말을 붙입니다. '오징어 발' 보다는 '오징어 다리'라는 말이 훨씬 더 익숙하고 자연스럽습니다. 반면에 문어는 여덟 개의 다리를 골고루 사용해서 바다 밑바닥을 걸어 다니며 먹이를 사냥하기 때문에 '문어 다리'라는 말보다는 '문어 발'이라는 표현을 사용한다고 합니다. 이 여우형의 사람은 '문어 발' 같은 사람입니다. 어떤 하나에 빼어나지는 않지만, 모든 것을 두루 잘합니다.

고슴도치형과 여우형의 차이는 일반 의사와 전문 의사의 차이라고 생각하면 이해하기가 쉽습니다. 일단 환자가 병원에 오게 되면, 우선은 전문 의사보다 일반 의사가 더 효과적입니다. 여러 곳을 골고루 검진해보고 병의 원인을 찾는 데 익숙합니다. 그런 다음에 문제가 있는 장기나 환부를 찾아서 전문 의사에게 연결시켜주면 전문 의사는 그 부분만 집중적으로 치료를 합니다. 만약 이 순서를 바꾼다면 환자는 자칫 소중한 생명을 잃을 수도 있습니다.

어떤 유형의 사람이 더 좋은지는 잘 모르겠습니다. 분명한 것은 두 부류의 사람들이 다 필요하다는 것입니다. 꾸준히 한 우물만 고수하며 전문성을 가지고 일하는 사람들 때문에 우리 사회가 훨씬 더 깊어지고 풍성해졌습니다. 또 다방면에 걸쳐 폭넓은 재능을 가진 사람들 덕분에 우리가 사는 세상이 이전보다 더 넓어지고 다양해졌습니다. 곳곳에서 퓨전Fusion 기법으로 종전의 뻔한 것들이 합쳐지면서 새로운 것들로 거듭나고 있습니다. 두 유형의 재능이 우리 세상을 멋지게 만들어갑니다.

반면에 '오리형'의 인물들도 있습니다. 이 부류의 사람은 솔직히 재능이 거의 없습니다. 오리는 다른 새들처럼 잘 날지도 못하고, 뒤뚱뒤뚱해서 걷는 것도 제대로 하지 못합니다. 그렇다고 수영을 잘하는 것도 아니고, 좋은 목소리가 있어서 아름답게 노래를 부를 수 있는 것도 아닙니다. 그냥 시끄럽고 수다스럽습니다. 마치 모든 것을 다 잘할 수 있는 것처럼 '꽥꽥'거리며 떠벌리는데, 안타깝게도 잘할 수 있는 것이 하나도 없습니다. 그래서 오리가 가는 곳은 항상 시끄럽습니다. 끊임없이 분쟁이 일어나고, 일들이 순조롭게 처리되지 않습니다.

이 오리형의 사람들이 지도자가 되면 그 공동체는 재앙입니다. 구약성경 사사기 9장에 보면, '요담의 우화'라는 이야기가 나옵니다. 자신의 형제들 70명 전원을 살해하고 이스라엘 최초로 왕이 되려고 시도했던 아비멜렉은 자신의 활동지였던 세겜을 다스리게 됩니다. 극적으로 살아남은 요담이 높은 그리심 산에 올라가서 세겜 사람들에게 아비멜렉이 어떤 인물인지를 고발하는 연설을 하게 됩니다. 그때 사용한 비유의 이야기가 '요담 우화'입니다.

나무 나라의 나무들이 감람나무, 무화과나무 그리고 포도나무에게 차례로 찾아가서 자신들을 다스리는 왕이 되어 줄 것을 부탁했습니다. 그러자 이 세 나무들은 모두 자신들이 열매를 맺어야 하는 큰 사명이 있는데 그것을 제쳐두고 왕의 일을 할 수 없다고 정중하게 거절합니다. 나무들은 크게 낙심합니다. 그들은 마지막으로 가시나무에게 가서 자신들의 왕이 되어 줄 것을 부탁합니다. 그러자 가시나무는 기다렸다는 듯이 그들의 청을 수락합니다. 그들을 자기 그늘 아래 들어오게 합니다. 그리고 들어오는 나무들은 모두 자신의 가시로 할퀴고 찔러서 고통을 받게 합니다. 능력은 없는데 왕이 되려는 욕심과 야심만 있었던 악한 가시나무 아비멜렉을 꾸짖는 우화입니다.

　가끔은 '내가 혹시 오리형 지도자는 아닌가?' 스스로에게 물어보곤 합니다. 계획하고 준비한 대로 일들이 잘 풀리지 않을 때면 더욱더 이런 생각을 해보곤 합니다. 혹시 무능한 목사 밑에서 사역을 하느라고 부교역자들과 사역자들이 고통을 받는 것은 아닌지? 그리고 교인들이 우왕좌왕, 갈팡질팡하는 것은 아닌지? 스스로에게 솔직하게 물어볼 때가 많이 있습니다. 어떤 때는 몰리는 업무 속에서 멀티 플레이어형처럼 부드럽게 방향 지시를 하고, 또 다른 때는 전문가형처럼 한 분야에 집중력을 가지고 좋은 성과를 올려야 하는데 그렇지 못할 때가 태반입니다. 잘하는 것이 없으면 기도라도 열심히 해야겠다는 마음으로 주님께 매달려봅니다. 그러나 성도들 중에 아픈 사람들이 많고, 어려움을 겪는 가정들이 적지 않다는 소리를 듣게 되면, '혹시, 내가 영적으로 문제가 있어서 그런 것은 아닌지?' 자문해보게 됩니다. '아, 오리면 어떻게 하지?' 의자를 뒤로 젖히며 눈을 감습니다. 그때 부목사님 한 분이 제 방문을 열고 들어오면서 말합니다.

"목사님, 오리고기 드시러 오시랍니다!"

뭐라도 하나 제대로 하는 사람이 되어야겠다고 다짐해봅니다.

객관과 주관

우리가 사는 이 시대는 객관이 난무하는 시대입니다. 개인의 어설픈 주관이나 사견은 언제나 객관이라는 이름의 절대적인 권위에 눌려 항상 쥐도 새도 모르게 즉결처분을 당합니다. 제가 자라나던 어린 시절에는 어른들이 "너는 꿈이 뭐냐?"라고 물으면 이미 정답이 나와 있었습니다. '대통령'입니다. "뭘 먹고 싶으냐?" 물으면 준비된 답변이 있었습니다. '짜장면'입니다. 어른들이 묻는 말도 항상 객관화되어 있었습니다. 아이의 이야기를 들으면 어른은 흐뭇한 표정을 지으며 아이의 부모님에게 "아이가 똑똑하네요. 이다음에 크게 되겠어요" 영혼 없는 칭찬을 던진 후에 아이의 머리를 쓰다듬어 주면서 "이거 짜장면 사 먹어라" 돈을 주었습니다. 더 황당한 것은 아이가 이렇게 벌어들인 수입금은 언제나 어머니를 통해서 "저금해라"는 말과 함께 압수당하기 일쑤였습니다. 당시의 아이들은 너무도 뻔한 이 관행을 차라리 당연한 운명으로 받아들였습니다.

요즘에는 아이들이 개성이 넘치다 못해 톡톡 튑니다. 만약 어른 중에 누군가가 "너의 꿈이 뭐냐?" 하고 물으면, 많은 아이들이 "그런 것을 왜 물으세요?"라든지 "왜 이렇게 촌스러우세요?" 하면서 길 가다가 똥 밟은 표정을 합니다. 괜한 질문을 했다는 후회를 하게 만듭니다. 요즘 한국에서는 중학교 2학년이 제일 무섭다고 합니다. 그래서 소위 '중2병'이라는 신조어가 만들어졌습니다. 일본의 라디오 진행자인 '이주인 히카루'가 방송 진행 중에 "나는 아직도 중2병에 걸려있다"라는 말을 해서 유행하게 된 말입니다. 그는 중학교 2학년 때 극심한 사춘기 병을 경험했던 것 같습니다. 매사가 불만스럽고 형편없게 보입니다. 자기가 조금만 컸다면 누구보다도 멋지게 그 일을 했을 것이라는 자만감으로 가득 찹니다. 물론 세상 물정을 모르는 풋내기의 망상입니다. 반항심과 우울증, 과대망상증과 예민한 감수성이 기승을 부리는 복잡한 시기입니다.

학교 선생님들이 가장 다루기 힘든 학년이 바로 이 중학교 2학년이라고 말을 하면서 본격적으로 사회적으로 '중2병'이라는 신드롬이 일어나게 되었습니다. 우스갯소리이지만, 현실 무서운 줄 모르고 물불 가리지 않고 대드는 "중학교 2학년들이 무서워서 북한의 김정은이 남침을 하지 못한다"라는 말이 생겨났습니다. 한국 방송들 중에도 심심찮게 들을 수 있는 단어가 '중2병'입니다. 이 발칙한 시기의 청년들은 실로 감당할 수 없는 많은 문제들을 일으킵니다. 하지만 이 시기에 대부분의 청년들은 소위 자기만의 '주관主觀'을 갖게 됩니다. 비록 어설프고 비현실적이기는 하지만, 인생을 살면서 비로소 처음으로 자기 소리를 내기 시작하는 것입니다. 그동안 자신들을 무겁게 누르던 수많은 권위의 틈바구니를 비집고 처음으로 자기들의 생각을 말하는 모험을 감행하게 됩니다. 그래서 제가 보기에 이 시기는 약간 모자라고 무모해보이지만, 언제나 신선하고 창조적입니다.

우리 신앙의 세계에도 이 '중2병'을 앓는 시기가 있습니다. 항상 수동적으로 주입 받아오던 객관의 세상에서 자기의 생각과 판단력을 가지고 자기 소리를 내기 시작하는 시점입니다. 실제로 이 시기가 우리 중고등부 학생들이 경험하는 사춘기일 때가 있고, 비록 연세는 많이 드셨지만, 신앙생활을 시작한 지 오래되지 않아서 중년의 시기에 이 경험을 하기도 합니다. 또, 어떤 사람들은 평생을 경건하고 진중하게 살아서 교회 안에서도 존경받는 높은 위치에 이르렀지만, 비로소 뒤늦게 자기의 주관을 펼치기도 합니다. 그동안 자신이 경험했던 것들이 자신이 깊이 공감한 것이라기보다는 남이 이미 규정해놓은 객관화된 사실들을 무조건 생각 없이 수용한 것이라는 자숙에서 비롯된 것입니다. 분명히 한 개인이 가지고 있는 주관적인 생각들을 주장하게 되면, 우리가 너무도 익숙하게 받아들여 온 객관적인 사실들과 모순되기 때문에 불편하고 혼란이 일어날 수 있는 것은 사실이지만, 이런 주관을 존중해주고 잘 이끌어줄 수 있을 때, 더 훌륭하고 발전된 미래를 맞이하게 될 것입니다. 극단적인 주관에 치우치지 않으면서도 넓은 마음으로 객관과 주관을 잘 조화시키는 지혜가 있을 때 건강하고 풍성한 행복들을 경험하게 될 것입니다.

기술技術과 예술藝術

세계 피겨 스케이팅 선수권 대회를 본 적이 있었습니다. 아직 뼈도 굳지 않았을 나이의 가녀린 소녀 아이가 피겨 스케이트를 기가 막히게 잘 탑니다. '요정'이라는 말이 하나도 어색하지 않습니다. 은반 위를 한 마리 새가 되어 날아다닙니다. 아름다운 연기가 끝나고 더그아웃에서 자신의 코치와 함께 아직 식지 않은 뜨거운 숨을 몰아쉬며 점수 발표를 기다립니다. 쌕쌕거리며 콩닥거리는 숨결을 부여잡고 긴장해서 전광판을 응시하는 소녀의 앳된 모습이 너무도 안쓰러웠습니다. 카메라에 잡힌 작은 눈망울이 긴장과 기대감으로 들떠 있었습니다. 잠시 후, 점수가 발표되자 소녀가 펄펄 뛰며 코치를 껴안고 기뻐합니다. 최고 점수를 받은 것입니다. 눈물을 떨구며 감격해하는 어린 선수를 보는 것이 흐뭇했습니다. 우리나라 선수도 아닌데 덩달아 만세를 부르며 좋아했습니다.

당연히 금메달이라고 생각했는데, 갑자기 두 번째 점수를 발표

합니다. 그러자 이번에는 정반대로 그 소녀가 크게 낙심하며 고개를 땅바닥에 떨굽니다. 일 분도 채 안 되어서 분위기가 반전된 것입니다. 그 아이의 슬퍼하는 모습을 보자, 마치 내 아이가 절망하는 것 같은 생각이 들어서 갑자기 부아가 치밀어 올랐습니다. "아니, 세상에 한 번 점수를 발표했으면 그만이지, 뭘 두 번씩이나 발표를 해서 멀쩡한 애를 생으로 죽여놓나! 나쁜 놈들! 뭐 이런 몰상식한 경기가 다 있어?" 물론, 피겨 스케이팅의 경기 방식을 잘 모르는 저의 무식한 넋두리였습니다. 나중에 알고 보니, 피겨 스케이팅은 선수가 공연을 끝내면 항상 두 번 점수를 발표합니다. 처음에는 '기술점수'를 발표하고, 두 번째는 '예술점수'를 나누어서 발표하는 것입니다. 이 두 점수를 합쳐서 최종 우승자를 가리는 것이 피겨 스케이팅의 평가 방식인데, 감정적이고 무식했던 제가 열에 받쳐 푸념을 한 것입니다.

안타깝게도 이 소녀는 기술 점수만으로는 '금메달' 감인데, 예술 점수가 많이 떨어져서, 결국 '동메달'에 머물고 만 것입니다. 시간이 지나서 곰곰이 생각해 보니까, 심사위원들이 옳았다는 생각이 들었습니다. 기술이라는 것도 결국 따지고 보면 선수가 자신의 예술혼을 잘 표현할 수 있도록 갈고 다듬은 도구인데, 그냥 멋지고 화려한 기술로만 끝내버리고 만다면 서커스 공연과 다른 것이 뭐가 있겠습니까? 아직 그 열세 살의 어린 소녀는 자신의 현란하고 멋진 기술 속에 깊은 예술의 세계를 담아내지 못했던 것입니다. 하지만 시간이 지나면 그 소녀는 분명히 피겨 스케이트계의 독보적인 거물 선수가 될 것이라는 생각이 들었습니다.

　만약 우리의 인생도 한 면으로만 평가하지 말고, 둘로 나누어서 평가한다면 어떤 결과가 나올까요? 인생을 풀어가는 뛰어난 기술과 재능만으로 그를 평가하지 않고, 그의 안에 담겨 있는 총체적인 인생관으로 그를 평가한다면 아마도 인생 승부의 희비쌍곡선이 많이 갈리게 될 것입니다.

　하나님이 목회자들을 평가하시는 기준도 둘이 된다면 목회의 성패도 다르게 이해될 것입니다. 사람들과 더불어 살면서 말하는 기술, 옆 사람의 기분이나 비위를 맞추는 기술 그리고 효과적으로 사람들을 다루는 기술은 많이 발전되어 있는데, 정작 목회자의 생명 같은 능력인 '하나님의 마음'을 담아내는 신앙의 예술성이 보잘것없고 유치하기 그지없다면 얼마나 허탈하고 절망적일까요? 기술이 겉모습이라면 예술성은 안에 담겨 있는 내용물입니다. 눈에 보이는 훌륭한 기술도 중요하겠지만, 그보다 더 우선되어야 할 것은 몸에 깊이 배어져 있는 예술성입니다. 결국 화려한 테크닉은 그 속에 담겨 있는 예술성을 잘 표현하려는 수단이기 때문입니다. 예술성은 그 사람의 뇌리에 깊이 배어져 있어야 합니다. 그래서 자연스럽게 흘러나와야 합니다. 갑자기 급조되거나 돌출되어 나오는 것이 아닙니다. 꾸준한 연습과 사랑 그리고 소위 '끼氣'라고 하는 것이 하나로 합쳐져서 만들어지는 것입니다. 행위자의 '혼과 넋'이 담겨 있는 것이 예술입니다.

예전에 '서편제'라는 영화가 있었습니다. 양딸Step-daughter '송화'를 명창名唱으로 만들려고 광기 어린 노력을 기울이던 미친 소리꾼 '유봉'은 더 이상 소리의 발전이 없는 송화에게 급기야는 독약을 먹여 그녀의 눈을 실명시켜 버립니다. 그리고 세상과 단절된 송화의 철저한 고독감과 절망감을 '한恨'으로 승화시켜 절묘한 소리를 창조해냅니다. 비로소 깊은 예술의 경지에 들어가게 됩니다. 어렸을 때는 말 같지도 않은 영화라고 코웃음을 쳤지만, 철이 들고 나서 그것이 예술을 생명처럼 여기는 예능인들의 살신성인殺身成仁이라는 것을 알게 되었습니다. 책을 많이 읽어 생각의 틀을 넓히고, 많은 사람들을 사귀어서 좋은 인맥을 형성하고, 부단한 노력으로 연예인 뺨치는 말재주와 행동 테크닉을 갖추었다고 해도, '하나님과의 깊은 교감'이 빠져있다면 결코 충실한 목회자도, 아름다운 신앙인도 될 수 없을 것입니다. 모양만 그럴듯한 사람이 되려고 애쓰기보다는 '그리스도의 혼'이 살아있는 신앙인이 되어야 할 것입니다.

괜한 짓

모든 것이 지나치면 좋지 않습니다. 적당해야 좋습니다. 과하면 없느니 만도 못합니다. 지나치면 항상 부담스럽습니다. 남을 배려하는 것도 적당해야지 너무 지나치면 불편하고 부담스러워 도망가고 싶습니다. 웃음도 적당해야지 너무 많으면 사람이 헤퍼 보이고 비굴해보입니다. 반대로 얼굴에서 웃음기를 찾아볼 수 없으면, 그 사람은 덕이 없어 보이고 매정하게 느껴집니다. 눈물도 너무 과하면 사람이 나약해 보이고 불안정스러워 보입니다. 눈물이 너무 없어도 사람이 정이 가지 않고 이기적으로 보입니다. 말도 적당해야 합니다. 너무 많으면 사람이 가벼워 보이고 신뢰도도 떨어집니다. 입을 굳게 다물고 너무 말을 하지 않아도 무능해 보이고 고집이 센 사람처럼 느껴집니다. 모든 것이 적당할 때 최고의 매력과 효과를 불러일으킬 수 있습니다.

한국의 어느 여가수는 정말 노래를 잘 부릅니다. 목소리가 호

소력이 있고 사람을 빨려들게 하는 타고난 능력이 있습니다. '맨발의 디바'라는 별명이 붙을 정도로 그녀는 무대 위에서만 서면 맨발로 혼신의 힘을 다해 노래를 부릅니다. 얼굴도 예쁜 편인데 일단 노래를 시작하면 얼굴이 망가지는 것 따위는 전혀 신경 쓰지 않습니다. 두 눈을 감고 완벽한 노래를 만드는 데만 몰두합니다. 정말 대단히 열정적인 가수입니다. 그런데 저는 그녀가 텔레비전에 나오면 채널을 다른 곳으로 돌립니다. 부담스럽기 때문입니다. 그냥 편한 마음으로 노래를 듣고 싶었는데 그녀를 보고 있노라면 생각이 많아지고 복잡해집니다. 열심히 노래하는 것도 좋지만, 그 예쁜 얼굴을 개그맨처럼 기괴한 표정으로 만들어가며 열창하는 모습이 불편합니다.

　장인정신도 좋고, 프로정신professionalism도 좋습니다. 그런데 노래하고 있는 자신의 모습도 봤으면 좋겠습니다. 그녀의 과한 감정 몰두는 훌륭하고 멋있지만, 조금 힘들어 보입니다. 이제는 어떤 모습으로 나와서 노래를 불러도 이해가 되는 꽃다운 나이가 아닙니다. 중년입니다. 안정되고 절제된 원숙한 모습의 그녀를 보고 싶습니다. 신발도 세련되게 신었으면 좋겠습니다. 열정도 좋지만 젊은 후배 가수들에게 밀리지 않고 그들보다 더 멋지게 노래하려고 애쓰는 그녀를 보고 있노라면 나도 빨리 일어나서 일해야 할 것 같은 느낌을 받습니다. 연예나 오락프로에서마저 생존하려고 치열하게 노래하는 모습을 보고 있으면, 잊고 싶었던 현실사를 다시 적나라하게 되살리게 됩니다. 그녀의 노래가 끝나면 쇼를 진행하던 사회자는 어김없이 말합니다. "역시 한국이 낳은 최고의 가수입니다." 사람마다 그녀의 노래를 평가하는 기준이 다를 테니 한 방향으로 몰아붙일 수는 없겠지만, 항상 최고의 모습을 보이려고 애쓰는 그녀의 노래를 듣고 나면 꼭 머릿속에 맴도는 느낌이 있습니다. "참 저렇게 살려면 힘들겠다!"

중국 전국시대 때 한 관리의 집에 큰 잔치가 열리게 되었습니다. 마을의 머슴들도 모두 그 자리에 모여들었습니다. 주인의 배려로 그 머슴들에게도 술 한 병이 주어졌는데, 문제는 그 자리에 모인 많은 머슴들이 골고루 나누어 마시기에는 턱없이 부족했습니다. 그래서 머슴들은 내기를 해서 이긴 사람이 술 한 병을 통째로 다 차지하기로 했습니다. 마을 물레방앗간까지 달려갔다 와서 먼저 땅바닥에 뱀 그림을 그리는 사람이 이기는 것으로 정했습니다. 그런데 머슴 중에 유독 달리기를 잘하는 친구가 있었습니다. 그는 예상했던 대로 쏜살같이 목적지를 돌아와 마당에 뱀의 그림을 그렸습니다. 그런데 그림을 다 마칠 때까지 아무도 돌아오는 사람이 없었습니다. 여유가 생긴 그는 자기가 그린 뱀의 모습을 유심히 살펴보다가 뱀의 배에 다리를 그려 넣기 시작했습니다. 안 해도 될 짓을 한 것입니다. 아니나 다를까 두 번째 들어온 머슴은 얼른 나뭇가지로 뱀을 그리고 술병을 차지했습니다. 그는 단숨에 술을 들이키며 먼저 들어온 머슴에게 한마디 했습니다. "이 바보 같은 친구야, 세상에 다리가 있는 뱀이 어디 있어?"

여기에서 유래된 말이 '화사첨족畵蛇添足'입니다. 간단히 '사족蛇足'
이라고도 합니다. 쓸데없이 과한 짓을 해서 기회를 놓칠 때 주로
이 말을 사용합니다.

한국에서 고등학교에 다닐 때 배운 고사성어인데, 그때는 그
말의 의미를 살갑게 느끼지 못하다가 요즘 들어서 그 뜻을 자주
되새기게 됩니다. 살아가면서 자주 괜한 짓을 했다는 후회를 할
때가 많이 있습니다. 그냥 적당한 선에서 멈추었으면 좋았을 텐
데, 지나치게 잘 들리는 '양심의 소리'가 도를 뛰어넘게 하기도 하
고, 갑자기 튀어나온 정체를 알 수 없는 연민의 정이나 동정심 때
문에 실수를 하곤 합니다. 그냥 넘어가면 그뿐인데, 다정도 병인
양 하여 오지랖을 떨다가 손해를 보는 경우가 너무 많습니다. 저
의 짧은 인생을 되돌아보니, 어쩌면 대부분이 '사족'으로 가득 찼
다는 생각을 하게 됩니다. 괜히 나섰다가 화살받이가 된 적도 많
았고, 희생양이 된 적도 이루 헤아릴 수 없이 많았습니다. "좀 약
게 살라"는 주문을 주변의 사람들에게 자주 듣는데 그것이 좀처
럼 되지 않습니다.

한국에서 미련 곰탱이처럼 살고 있는 친구 한 명이 있습니다.
조금만 약게 살면 참 좋으련만 도무지 생각이 없습니다. 이번에
도 쓸데없는 짓을 했다가 큰 곤욕을 치렀습니다. 듣기에도 모골

이 송연한 '죄목'을 뒤집어쓰고 옥고를 치르다가 간신히 무죄 판결을 받고 나왔습니다. 오랜 만에 전화를 통해 근황을 듣다가 제가 한마디 했습니다. "야, 바보야! 좀 약게 살아. 왜 쓸데없는 싸움을 해서 그렇게 온갖 고생을 다 치르냐?" 긴 시간 동안 전화통을 붙잡고 이야기를 나누다가 그 친구가 마지막으로 저에게 한마디 하고 전화를 끊었는데 계속 머릿속에 잔상이 남습니다. "바보야, 괜한 짓을 하는 사람들이 있어야 세상이 살만한 거야!" 생각해보니 그랬습니다. 모두가 약게 사는 세상이라면 이 세상처럼 재미없는 곳도 없을 것입니다. 괜한 짓을 하는 사람들이 있기에 세상에는 기적도 있고 풋풋한 정情도 있고, 너무도 뻔한 일상 속에서 신선한 감동이 일어나는 것 같습니다. 뻔한 짓만 하는 세상 속에 괜한 짓을 하는 사람들은 어쩌면 보물일지도 모른다는 생각이 들었습니다.

커피와 폭탄주

미국에서 살면서 경험하는 작은 기쁨들이 많이 있는데 그 중의 하나가 '커피coffee'입니다. 갓 볶아낸 신선한 커피 원두 1, 2에서 내린 다양한 향의 커피를 마시는 기쁨입니다. 단언컨대, 한국에 있었다면 평생 자판기에서 나오는 인스턴트커피를 빼먹는 것으로 만족하면서 살았을 것입니다. 속물처럼 좀 더 유복하게 살게 되었다고 주절대고 있는 것이 아닙니다. 적어도 커피의 원래 맛은 알고 생을 마감하게 되었다는 깨달음을 이야기하고 있는 것입니다. 막 뽑아낸 원두커피의 부드럽고 구수한 향과 맛은 커피를 즐기는 사람뿐만 아니라 그 옆에 있는 모든 사람에게 풍부한 감동을 선사합니다. 커피를 싫어하는 저의 아내도 그윽한 향기를 맡을 때면 "어휴, 정말 커피 냄새 너무 좋다" 하고 감탄사를 연발합니다. 커피는 언제나 마음의 여유와 너그러움을 갖게 하는 신비한 힘이 있습니다. 우리는 사람들에게 이런 말을 자주 합니다. "다음에 커피 한 잔 같이 합시다", "시간 날 때 커피 한 잔 사주세요." 군이 친한 사이가 아니더라도 따뜻하고 향긋한 커피를 나누다 보면, 저절로 마음의 빗장이 열리고 무장해제를 경험하게 됩니다.

커피와 함께 있으면 상대방의 이야기를 쉽게 경청하게 되고, 마음의 뚜껑을 편하게 열게 됩니다. 현대인들은 이제 커피 없는 세상은 상상도 할 수 없을 정도로 치명적인 중독에 걸려 있습니다. 여러 가지 향으로 채색된 묵은 커피콩이 아니라, 싱싱한 원두에서 갓 뽑아낸 커피는 언제나 사람을 순화시키고 차분하게 만듭니다. 부드러운 커피를 마시면서 욕설을 퍼붓고, 주먹다짐하는 사람들은 거의 없을 것입니다. 커피를 마시면 그윽해집니다. 그래서 이탈리아 역사상 최고의 작곡가로 불리는 주세페 베르디 Giuseppe Verdi는 커피를 '사랑스러운 작은 악마'라고 불렀습니다.

커피가 자기 자신에 대해 깊이 생각할 기회를 제공해주고, 사람과 사람을 이어주는 가교 역할을 한다면, 반대로 '폭탄주'라는 술은 이 모든 것을 단번에 폭파시켜버릴 수 있는 가공할 힘을 지닌 '마실 거리'입니다. 언제부터 이런 엽기적인 술이 우리의 역사속에 등장했는지는 알 수 없지만, 이 폭탄주는 한국 사람들의 밤문화를 지배하는 악의 도구입니다. 못된 것은 시키지 않아도 저절로 전염이 되나 봅니다. 우리가 살고 있는 이 이민 사회나 건전하지 못한 조직사회가 조성되어 있는 곳에서는 이 폭탄주가 언제나 유행처럼 퍼져갑니다. 폭탄주는 말 그대로 '폭탄'입니다. 함께 마시지 않으면 '폭파시켜 버리겠다'는 암묵적인 메시지가 이름 속에 담겨있습니다. 폭탄주는 항상 퇴폐적인 냄새를 풍깁니다.

잘못된 영화를 통해 부정적인 이미지를 주입받아서 그런지, 조폭 영화나 정치 풍자 영화 속에는 언제나 이 폭탄주가 등장합니다. 퇴폐적인 비밀요정이나 술집에서 조직폭력배 내지는 단체생활을 하는 사람들이 함께 모여 작은 소주잔들을 맥주잔들에 위에 연이어 거치시켰다가 환호성과 함께 차례대로 맥주잔 속에 이 작은 소주잔들을 밀어 빠뜨립니다. 그러면 소주와 맥주가 뒤섞이면서 허연 거품이 일어납니다. 마치 핵폭탄이 터질 때 일어나는 버섯구름 같습니다. 자신이 누구인지 스스로 정체를 폭로하는 순간 같습니다. 그래서 폭탄주가 등장하는 곳에는 언제나 싸움과 폭력이 있고, 음모와 모략이 난무합니다. 가끔 한국 신문을 읽다 보면 마약 밀매, 음주 단속, 뺑소니 차량 범죄 그리고 집단 폭력 싸움에 관한 기사가 게재된 것을 보게 되는데, 그 배후에는 어김없이 이 폭탄주가 등장합니다. 어떤 이유로 이 폭탄주를 만들어 마셨던지 폭탄주는 말 그대로 개인의 건강과 가정과 미래 그리고 꿈과 우정을 단 한순간에 폭파해버리는 파괴력을 가지고 있습니다.

사람들 중에도 커피 같은 그윽한 사람이 있는가 하면, 폭탄주 같은 사람이 있습니다. 함께하면 차분해지고 인생의 본질을 되새기게 되는 사람이 있는가 하면, 반대로 함께 있는 그 순간부터 부글부글 끓어오르게 만드는 절묘한 은사가 있는 분들이 있습니다. 부드러운 말과 아름다운 생각으로 상대방을 정화시켜주고 세상

사는 재미를 새롭게 일깨워주는 갓 볶아낸 커피 같은 사람들이 세상을 살만한 곳으로 만들어줍니다. 코를 찌르는 강렬한 휘발성의 알코올 냄새보다는 그윽하고 고소한 커피 향이 있는 곳에 언제나 사람 사는 재미가 있습니다. 누군가 부글부글 끓는 분노의 마음으로 폭탄주를 만들고 있다면 빨리 그 사람을 멀리하십시오. 그래야 당신의 심성을 아름답게 지킬 수 있습니다. 나 자신도 다른 사람들에게 폭탄주가 되지 않도록 노력해야 합니다. 항상 스스로 물어야 합니다. '나는 커피인가, 폭탄주인가?' 그 답은 내 옆에 있는 사람들의 얼굴에서 쉽게 찾을 수 있을 것입니다. 언제나 그윽한 향기를 풍기는 커피 같은 사람들이 됩시다.

체온유지조組

지난주 코스타리카 선교대회에 참석해서 유익한 시간을 보냈습니다. 여러 가지 열악한 장비와 인적 자원 속에서도 최선을 다해 사역을 감당하는 참가자들의 열정과 재능을 보면서 앞으로의 목회 방향을 새롭게 가늠해볼 수 있는 좋은 시간이었습니다. 재미난 일들도 많이 있었습니다. 첫날부터 아주 능청스럽게 말을 잘하는 젊은 목사님 한 분이 참가자들의 조 편성을 신속하게 해주었습니다. 그런데 연로하신 장로님 한 분이 그 목사님께 "목사님, 저는 몇 조입니까? 아직 조에 못 들어갔습니다" 하시면서 약간 불만에 찬 목소리로 말씀하셨습니다. 잠깐 동안 그 할아버지 장로님을 위아래로 훑어보던 목사님이 갑자기 부드러운 목소리로 음성을 바꾸어 말했습니다. "장로님은 저기 계신 다른 두 장로님과 함께 '체온유지조組'입니다. 병나시지 않도록 체온을 잘 유지하시면서 돌아다니며 일하는 사람들을 격려해주시는 사역입니다." 말을 둘러치는 솜씨가 개그맨 이상입니다.

'체온유지조'라는 말이 너무도 재미있게 들렸습니다. 자기 딴에
는 연세가 많으셔서 함께 일하기가 힘든 어른 장로님들이 소외되
지 않도록 적당하게 배려를 한 것입니다. 그 장로님이 다른 두 분
의 연로하신 장로님을 찾아가서 조를 확인하며 말씀하셨습니다.
"우린 체온유지조랍니다." 밀려난 것 같은 기분 때문에 충분히 기
분이 나쁠 수도 있었을 텐데 싱글벙글 웃으면서 소속된 조를 확
인하는 그 장로님의 천진난만한 모습이 너무도 보기에 좋았습니
다. 참 훌륭한 분입니다. 그 장로님들이 사역을 하는 지난 사흘 동
안 이곳저곳 돌아다니시면서 익살스럽게 재미난 말씀도 해주시
고, 따뜻하게 격려를 해주신 덕분에 자칫하면 밋밋하고 삭막해질
수 있는 분위기와 작업 현장을 웃음꽃이 피도록 도와주셨습니다.
비가 자주 와서 다소 쌀쌀한 기온이었는데, 이 어른들이 분위기
를 잘 돋워주신 덕분에 모두가 훈훈하게 기쁨과 감동을 지킬 수
있었습니다. '체온유지조'들의 헌신이 없었다면 정말 재미없는 선
교여행이 될 뻔했습니다.

　사흘 동안의 사역을 마치고, 마지막 시간에 코스타리카에 있는
커피 농장을 방문하는 문화체험의 시간이 있었습니다. 난생처음
으로 커피 농장이라는 곳을 가보았는데 신기하기 그지없었습니
다. 커피를 마실 줄만 알았지 커피가 얼마나 힘든 과정을 통해 우
리에게 주어지는지에 대해서는 전혀 알지 못했습니다. 커피에 대
한 많은 새로운 지식들을 배울 수 있었습니다. 너무 쉽게 자주 마

시고, 남은 것들은 식었다고 아무 생각 없이 버리는 커피가 사실은 최소한 20년의 세월 동안 공들여 재배된 커피 열매에서 추출된 결실이라는 것입니다. 게다가 열매를 건조하는 과정이 1년이 넘는다고 합니다. 또 정성스럽게 껍질을 벗기는 네 번의 공정을 거쳐야만 질 좋은 커피가 탄생한다는 것입니다. 한국의 인삼만 소중한 작물인 줄 알았는데 알고 보니 커피도 그 못지않게 손과 정성이 많이 가는 작물이었습니다. 무식하면 용감하다고 너무 흔하게 커피를 대하다 보니 그동안 너무 가볍게 '커피님'을 무시하고 하대했다는 후회와 반성의 마음을 갖게 되었습니다.

커피에 대한 존경의 마음을 갖게 되자 이전에는 보이지 않던 것들이 새롭게 보이기 시작했습니다. 우선 커피밭에 바나나와 핑크 사과Pink Apple같은 별 대수롭지 않은 작물들이 함께 심어져 있는 것이 신기했습니다. 가능하면 귀한 커피나무를 하나라도 더 심어야 수확이 많을 텐데, 안타깝게도 중간 중간에 바나나 같은 비수익성 잡목들이 많이 심어져 있었습니다. "여기 있는 사람들은 머리가 잘 안 도는 것일까?" 궁금해 하는데, 안내를 해주시던 분이 그 이유를 말해주었습니다. 커피 농사의 가장 큰 적은 '곰팡이균fungus'이라고 합니다. 잘 익은 커피를 순식간에 망쳐 놓는 것이 곰팡이들입니다. 그런데 주변의 무가치하게 심어진 바나나 같은 잡목들은 별 볼 일 없는 것 같아도 수분을 빨아들이는 능력이 뛰어나서 커피를 썩게 하는 물기들을 모두 흡수한다고 합니다. 그러고 보니 이 나무들은 커피를 지키기 위해서 함께 심어둔 '체온유지조'였던 것입니다. 세상에 필요하지 않은 존재는 하나도 없습니다. 그래서 실용도가 조금 떨어지고 부족해보여도 탓하거나 구박하지 않고 함께 품고 가야 합니다. 하나님이 만드신 세상은 저마다 존재 이유가 있습니다. 잘난 체 할 필요도 없고 못난 짓 할 이유도 없습니다. 모두 함께 가야 합니다.

선교지에서 돌아오자마자 토요일 아침 새벽예배를 드렸습니다. 특별히 'Back to school Morning Prayer'로 우리의 자녀들과 함께 예배를 드렸습니다. 잠깐 동안이었지만, 마음껏 게으를 수 있었던 방학을 뒤로하고 이제 긴장해서 다음 주부터 가방을 둘러매고 학교로 돌아가야 합니다. 다시 시작입니다. 예배가 끝나고 앞에 준비된 의자로 나아와서 아이들이 부모님들과 함께 상기된 모습으로 축복기도를 받았습니다. 목사님들이 아이들을 붙잡고 간절한 마음으로 새 학년을 잘 감당할 수 있도록 지혜와 건강을 달라고 하나님께 기도를 드립니다. 아버지 어머니들도 몸이 달아서 하나님께 매어 달립니다. 비록 언어와 문화적인 장벽 때문에 알게 모르게 우리 부모들과 자녀들 사이에 거리감이 있는 것은 사실이지만, 그래도 이 순간만은 진지합니다. 아이들이 볼 때는 영어도 잘 못하고 허드렛일만 하는 부모들이 무능하고 무력한 '체온유지조' 같이 느껴져도 아버지 어머니의 골진 손길에서 풍겨 나오는 사랑과 축복은 아이들에게 든든하고 따뜻한 체온을 충분히 제공해줍니다. 그렇습니다. 무가치한 체온유지조는 이 세상에 결코 존재하지 않습니다.

우리가 진정으로 만났는가? (1)
- 어린왕자

심상 수순을 하고 4년 동안 극심한 외로움에 시달리던 시절이 있었습니다. 방에 틀어박혀 박제 인형처럼 지내던 저에게 어느 날 친구 한 놈이 '생떽쥐베리Saint-Exupéry전집'을 사가지고 왔습니다. 심심할 때 읽으라는 것입니다. 글이 피카소의 추상화만큼이나 '현기증' 날 수 있다는 것을 이 '쌩떽 쥐벼룩'에게서 배웠습니다. 오랜 시간을 누워 있어야만 하는 무력한 신세가 아니었다면 결코 팔자에도 없는 문학책을 머리맡에 두는 일은 없었을 것입니다. 그의 책들은 삭막한 인생의 사막에서 만난 오아시스 같았습니다. 특히, '야간비행'은 칠흑 같은 암흑 속에서 어떻게 탈출해야 하는지를 저에게 가르쳐준 역경 극복 교과서 같았습니다. 실제로, 생떽쥐베리는 '야간비행'을 하다가 이 세상에서 영원히 실종되고 말았습니다. 어쩌면 아무런 흔적도 남기지 않고 인생 사막을 벗어난 것입니다.

그가 우리에게 남기고 간 최고의 업적이 있다면, 그것은 두말할 것 없이 『어린왕자Le Petit Prince』입니다. 이 책은 어느 비행사의 독백으로 시작됩니다. 이 비행사의 어렸을 때 꿈은 훌륭한 화가가 되는 것이었습니다. 어느 날 그는 코끼리를 삼킨 거대한 보아뱀을 그려 어른들에게 보여 주었는데, 그 그림을 본 사람들은 모두가 '보아뱀'이 아닌 '모자'라고 이야기합니다. 아이는 너무 큰 코끼리를 삼켜서 그렇게 보이는 것일 뿐이라고 주장했지만, 아무도 그의 말에 귀를 기울여주지 않습니다. 그래서 낙심한 아이는 화가의 꿈을 접고 비행사가 됩니다. 저는 왜 그가 비행사가 되었는지를 본능적으로 알았습니다. 하늘은 외로운 사람들이 자신의 비밀을 조용히 간직할 수 있는 '성역'이기 때문입니다.

어느 날 그는 비행기 결함으로 사막에 불시착하게 됩니다. 그리고 그곳에서 생애 처음으로 자신의 그림을 알아보는 한 소년을 만나게 됩니다. 그 아이는 이 조종사의 그림을 보자마자 "코끼리를 삼킨 보아뱀"이라고 말합니다. 비행사는 너무 기뻐하고, 둘 사이에는 '진정한 만남'이 일어납니다. 가식도 없고 꾸밈도 없습니다. 그냥 말하는 대로 믿어주고, 이해할 뿐입니다. 그는 B-612라는 소혹성에서 온 외로운 왕자였습니다. 이 『어린왕자』는 비행사에게 자신이 겪은 지난 일들을 이야기해줍니다. 그가 이 사막까지 오게 된 이유는 그가 소혹성에서 기르던 꽃 때문이었습니다. 외로운 별에 우연히 날아온 씨앗 하나는 이 고독한 왕자의 마음을 사로잡았고, 어린 왕자는 정성을 다해 이 씨앗을 돌보아주었습니다. 그리고 마침내는 아름다운 꽃을 피웠습니다. 그러나 꽃은 시간이 지나면서 말할 수 없이 많은 불평과 요구사항으로 이어린 왕자를 괴롭혔습니다. 실망한 왕자는 상한 마음을 달래려 여행을 떠나게 됩니다. 그리고 수많은 소혹성들을 지나쳐 지구로 오게 됩니다.

첫 번째 혹성에서는 모든 것을 자기 마음대로만 하려고 하는 권위주의적인 임금님을 만났고, 두 번째 혹성에서는 자기를 칭찬해 주는 말만 들으려고 하는 쪼다 같은 남자를 보기도 했습니다. 그리고 세 번째 별에서는 술을 마시기 때문에 부끄럽고, 또 부끄럽기 때문에 다시 술을 마시는 술고래 남자를 만나기도 하고, 다음 별에서는 소유에 눈이 멀어서 죽어라고 쌓아 모으기만 하는 부자 사업가를, 다섯 번째 별에서는 오직 명령에 따라서 아무 생각 없이 가로등을 켰다 껐다만 반복하는 단세포 남자를 그리고 여섯 번째 별에서는 현실과는 벽을 쌓고 오직 이론으로만 해박한 지식을 가지고 있는 멍청한 지리학자를 만났습니다. 그러나 이것은 단순한 '마주침'일 뿐 '만남'이 아닙니다. 그리고 마침내 일곱 번째 혹성인 지구를 방문하게 된 것입니다.

그런데 어린 왕자가 지구에서 제일 먼저 도착한 곳은 '외로운 사막'이었습니다. 그곳에서 처음 만난 뱀은 어린 왕자에게 이곳은 '사랑이 없기 때문에' 사막이라고 말합니다. 물이 없고, 너무 뜨거운 태양 때문에 사막이라고 말하지 않고 '진정한 만남과 관계가 없어서' 사막이라고 말하는 것입니다. 아마도 생떽쥐베리는 보아뱀을 보아뱀이라고 보아주지 않고, 자신들의 편견과 오만에 사로잡혀 자기의 생각만을 일방적으로 주입하는 이 세상을 사막이라고 말하고 싶었던 것 같습니다. 실제로 어린 왕자는 뱀과 헤어져 오랫동안 모래와 바위와 눈 위를 지나 마침내 5,000 송이가 넘는 꽃이 피어 있는 정원에 이르게 됩니다. 그리고 자신이 B-612 혹성에 있을 때, 세상에 둘도 없는 것으로 귀하게 여겼던 그 꽃과 똑같은 꽃들이 엄청나게 피어 있는 것을 보게 됩니다. 알고 보니 자신이 소중하게 여겼던 그 꽃은 흔하디 흔한 꽃이었습니다.

그러나 동시에 어린 왕자는 자신에게 있어서, 진정한 꽃은 자기의 혹성에 있는 그 꽃뿐이라는 것을 깨닫게 됩니다. 5,000 송이가 넘는 수많은 꽃들이 이 우주에 있어도 오직 자신의 '사랑'과 '관심'이 담겨 있는 것은 그 꽃뿐이었기 때문입니다. 조종사는 어린 왕자와의 만남을 통해 비로소 '진정으로 만난다'는 것의 의미를 되새기게 됩니다.

우리는 매일매일 수많은 만남을 경험하며 삽니다. 이 낯선 미국 땅에서 배우자를 만나고, 친구를 만나고, 수많은 이웃을 만나고 그리고 우리의 교회를 만납니다. 그러나 우리의 사랑과 애정이 담겨있는 만남이 아니면 그것은 진정한 만남이 아닙니다. 진정한 사랑으로 공감대를 가지고 하나가 되어야만 진짜 만남이 이루어지는 것입니다. 우리 교회에서 그 만남을 보고 싶습니다.

좋은 것만 배웁시다
- 東施效顰

'동시효빈東施效顰'이라는 말이 있습니다. 어떤 때는 그냥 '효빈'이라는 말로도 사용됩니다. '눈살 찌푸리는 나쁜 습관을 따라 한다'는 뜻인데, 남의 결점을 장점으로 알고 무턱대고 따라 하는 어리석은 모습을 일컫는 말입니다.

중국 춘추시대 말엽의 월나라에 '서시西施'라는 아름다운 여인이 살고 있었습니다. 그녀는 중국 역사상 '4대 미인' 중의 한 사람입니다. 그녀가 얼마나 아름다웠던지, 한번은 하늘을 날던 새들이 그녀를 보고 아름다움에 취해서 그만 날갯짓 하는 것을 잊어버리고 땅바닥에 떨어져 모두 떼죽음을 당했다고 합니다. 또, 그녀가 호숫가에 가면 헤엄을 치던 물고기들이 그녀의 미모에 넋을 잃고 바라보다가 그만 모두 물 밑바닥으로 가라앉았다고 합니다.

그런데 '서시'가 사는 마을 건너편에 '동시東施'라는 이름의 아가씨가 살고 있었습니다. 안타깝게도 '동시'는 기가 막히게 못생긴 처녀였습니다. 얼마나 못생겼던지 돼지들이 동시를 보고 나면 며칠 동안 입맛을 잃고 곡기를 끊었다고 합니다. 염소들도 탈이 나서 물똥을 싸고, 사나운 개들도 못 볼 것을 본 것처럼 몇 달 동안 짖지 않고 개집 밖으로 나오지 않았다고 합니다. 마을 사람들은 '동시'가 마을에 나타나면, 질겁해서 집 안으로 들어가 대문을 꽁꽁 걸어 잠그고 그녀가 지나갈 때까지 아무도 밖으로 나오지 않았다고 합니다. 가난한 사람들은 "동시 때문에 짜증나는 세상! 이곳에 더 살아서 무엇 하리!" 푸념하며, 처자를 데리고 아예 마을을 떠났다고 합니다.

얼굴 못지않게 머리도 우둔했던 '동시'는 왜 사람들이 자기를 싫어하는지 감을 잡지 못했습니다. 더욱이 건너 마을에 살고 있던 자기 또래의 '서시'에게는 남자들이 사족을 못 쓰고 좋아하는 모습이 질투가 나서 견딜 수가 없었습니다. 결국, 동시는 남몰래 서시의 집 근처를 배회하면서, 도대체 서시가 어떻게 생겨 먹었기에 남자들이 그리도 좋아하는지 관찰하게 되었습니다. 어느 날, 집 밖으로 산책을 나온 서시는 맞은편에 숨어서 주의 깊게 자기를 관찰하던 동시의 눈에 포착되고 말았습니다. 옛말에, 미인박명美人薄命이라는 말이 있는 것처럼, 아름다운 서시에게도 아주 치명적인 결함이 하나 있었습니다. 서시는 태어나면서부터 지독한 가슴앓이 병을 앓고 있었습니다. 길을 걷다가도 갑자기 통증이 몰려오면, 고통 때문에 제자리에 서서 오만상을 찌푸리며 괴로워했습니다.

그런데 "예쁜 사람은 똥도 예쁘다"라는 말처럼, 그녀의 찡그린 모습은 이미 한 폭의 예술작품이었습니다. 남자들의 애절한 동정심을 유발하기에 충분했습니다. 인생 참 얄궂습니다. 하필이면, '동시'가 '서시'를 숨어서 훔쳐보고 있을 때, 이 가슴앓이 증세가 일어나고 만 것입니다. 매의 눈으로 서시를 바라보고 있던 동시는 순간 깨달았습니다. "바로, 저거다! 저 걸로 남자들을 죽였구먼." 다음 날부터 동시는 얼굴을 최대한도로 꾸기고 다녔고 얼마 지나지 않아 마을은 아무도 살지 않는 폐허가 되었다고 합니다. 누군가가 웃자고 꾸며낸 과장된 이야기이겠지만, 우리 주변에는 실제로 이 '효빈' 고사처럼 남의 잘못된 점을 쉽게 배우는 사람들이 많이 있습니다.

로스앤젤레스에 살면서 가끔 "언제부터 우리가 이랬나?" 스스로 반성하던 시간들이 꽤 있었습니다. 형편없이 망가진 저 자신의 모습에 실망한 적도 많이 있었습니다.

애틀랜타 한인교회에 부임해온 지 이제 두 달이 되었습니다. 참으로 감사한 것은 한인교회에는 아름다운 신앙의 모습을 잃지 않고 소탈하고 겸손하게 살아가는 분들이 많이 있다는 사실입니다. 큰 도시의 사람들처럼 특출하게 자신의 학벌이나 경력을 과시하는 사람들도 없고, 재력이나 인맥을 뽐내보려는 사람들도 없습니다. 무엇보다도 겸손하고 헌신적인 신앙의 모습이 너무도 아름답습니다. 매일 아침마다 간절하게 기도하면서 하루하루를 열심히 살아가는 성도들을 볼 때마다, 그분들의 맑고 깨끗한 좋은 신앙이 계속 이어지기를 간절히 소망하게 됩니다. 최소한 우리 교회에서만큼은 '동시효빈'의 어리석은 모습이 재현되지 않기를 간절히 기도합니다.

이놈이, 지금 이세벨을 찾고 있구나!

섬기던 교회에 늦게까지 장가를 가지 못하는 청년이 있었습니다. 얼굴이나 외모도 준수하고, 성격도 좋고, 말도 상당히 잘합니다. 대기업의 대리까지 됐으니 어떻게 보면 고속 승진이라고할 수 있을 것입니다. 모든 조건이 완벽해 보이는데 이상하게 평생을 함께할 짝을 찾지 못했습니다. 이유가 정말 궁금했습니다. 한번은 청년 수련회를 따라갔다가 그 친구와 차 안에서 오랫동안대화를 나눌 수 있었습니다. "현욱 씨, 내가 보기에는 부러울 정도로 멋지게 생겼는데 왜 애인이 없어? 여자가 싫어?" 농담 반, 진담반으로 가볍게 말을 건넸습니다. 예상과는 달리 아주 적극적으로제 말을 받았습니다. "왜요? 소개해주시려고요?" 그는 이미 준비된 사람처럼 자신의 여성관을 이야기하기 시작했습니다. 자기는정말 평범한 여성을 만나서 사랑도 나누고, 결혼도 하고 싶은데, 여자들이 도무지 자기에게 관심을 주지 않는다는 것입니다.

그는 거의 한 시간 동안 쉬지 않고 푸념을 늘어놓기 시작했습니다. 자신의 여성상은 아주 소박하고 진솔하답니다. 절대로 잘나고 똑똑한 여자를 원하지 않는다고 합니다. '그냥' 배울 만큼만 배웠으면 좋겠답니다. 부유한 가정에서 태어난 여자를 선호하지도 않는답니다. '그냥' 너무 가난하지만 않았으면 좋겠답니다. 가정환경도 '그냥' 화목한 집안에서 자란 규수면 되고, 직업도 '그냥' 전문 직종을 가진 여성이면 괜찮을 것 같다고 합니다. 언뜻 뭉뚱그려서 들어볼 때는 분명히 평범한 여성을 찾는 것 같은데, 하나씩 곰곰이 되짚어 보면 모든 조건이 애매모호했습니다. '그냥'이 도대체 어느 정도를 말하는 것인지 궁금해졌습니다. 대부분 이런 경우, '그냥'이라는 말은 '그냥' 하는 것이고, 정말로 바라는 것은 따로 있습니다. 대부분의 남자는 여자의 외모에 관해서 물어보면, 어떤 여성을 원하는지 금방 답을 찾을 수 있습니다.

　"잘 알아들었고, 얼굴은 어떻게 생긴 여자였으면 좋겠어?" 여자의 얼굴 이야기가 나오자, 이 친구가 신이 나서 속마음을 쏟아 놓습니다. "목사님, 저는 그냥 평범한 여성이면 됩니다. 얼굴이 너무 예쁘지 않아도 됩니다. 그냥 '홍진영'처럼 명랑하고 수수한 타입의 여성이면 됩니다. 몸매도 뇌쇄적이고, 볼륨감 넘치는 섹시한 여성보다는 그냥 걸그룹 여가수 '혜리'같이 아담하고 귀여운 스타일의 여성이 좋습니다." 한껏 자기를 낮추는 그를 보면서 더더욱 애인이 없는 이유를 알 수가 없었습니다. '그냥' 평범한 여성을 찾는 것 같은데 왜 못 찾는 것일까요? 머릿속이 복잡해졌습니다. 갑자기 '홍진영'과 '혜리'가 어떻게 생긴 여자들인지 궁금해졌습니다.

그래서 두 이름을 머릿속에 잘 메모해두었다가 집에 와서 구글 이미지 파일로 찾아보았습니다. 그리고 모든 것이 분명해졌습니다. "이놈이, 지금 '이세벨'을 찾고 있었던 것입니다."

두 여자 모두 동화 속에 나오는 요정같이 예쁘게 생긴 연예인들이었습니다. '그냥'이라는 말이 우리가 생각하는 '그냥'이 아니었던 것입니다. 멋모르고 평범한 여성을 구한다고 해서 "내가 골라주마" 약속을 했는데, 죽었다 깨어나도 그것은 불가능한 일이라는 것을 알게 되었습니다. 물론 생각은 자기 마음대로 할 수 있으니까 함부로 나무랄 수는 없겠지만, 잠시 있다가 사라질 외모에 너무 편향된 호감을 갖는다면, 과연 자신이 꿈꾸고 소망하는 미래를 함께 이루어갈 수 있는 신실한 영혼의 동반자를 만날 수 있을까요?

구약시대에 '이세벨Jezebel'이라는 여인이 있었습니다. 그녀는 성경 전체를 통틀어 이스라엘에서 가장 잔인하고 무서운 '악녀惡女'입니다. 그녀는 원래 페니키아의 시돈 사람입니다. 바알 신전에서 제사장으로 일하던 '엣바알'의 딸입니다. 엣바알은 군사혁명을 일으켜 왕이었던 펠레스Pheles를 죽이고 시돈의 왕이 된 인물입니다.

그는 주변의 모든 나라들을 바알 신을 섬기는 나라로 만들고 싶어 했습니다. 특히, 건국이념부터 하나님을 섬기기 위해서 만들어진 이스라엘 동맹을 파괴하고 싶었습니다. 그래서 자신의 딸 이세벨을 북 이스라엘의 일곱 번째 왕이었던 '아합'에게 시집을 보냈습니다. 이세벨은 탁월한 미모의 소유자였다고 합니다. 특히, '살살 흘리는 눈웃음'은 웬만한 남자들의 영혼을 순식간에 마비시켰다고 합니다. 아합 왕은 원래 착한 사람이었습니다. 하나님을 두려워하고, 백성들을 사랑하는 성군의 자질을 갖춘 왕이었습니다. 그러나 이세벨을 만나는 순간부터 딴사람이 되고 말았습니다. 하나님을 버리고 바알을 섬기는 열혈 숭배자가 된 것입니다. 그는 하나님의 선지자들과 바른말을 하는 사람들을 닥치는 대로 죽였습니다. 이스라엘 전역에 바알 신상과 아세라 목상을 세우고 온갖 타락한 짓을 서슴지 않았습니다. 이세벨의 배후 조종을 받아 '나봇'이라는 사람을 모함으로 죽이고 그의 포도원을 강제로 탈취하기도 했습니다. 그는 온갖 악을 다 저지르다가 결국 전쟁터에서 처참한 최후를 맞고 말았습니다.

'이세벨의 눈 화장'이라는 말이 있습니다. 자극적인 눈 화장으로 요염하고 고혹적인 눈길을 만들어 아합을 쳐다보는 순간, 아합은 그 즉시 인생이 끝나고 말았습니다. 끈적끈적한 뜨거운 욕정의 눈길, 길고 윤기 있는 생머리, 고혹한 목덜미와 하늘하늘한 자태 그리고 칭칭 감기는 가녀린 손길로 남성을 휘감는 이세벨 같은 여성 앞에서 과연 살아남을 수 있는 남자가 이 땅에 몇 명이나 있을까요? "목사님, 저는 이성에는 흔들리지 않을 자신이 있습니다!" 목에 힘을 주며 자신을 과신하는 남자들이 있습니다. 바보들입니다. 아직 이세벨을 제대로 만나지 못한 것입니다. 가끔 눈 화장이 짙은 여성들을 보면 뇌쇄적인 이세벨의 눈길이 떠오릅니다. 어느 주일 아침, 일찍 교회에 가려고 서두르는데, 거울 앞에선 아내가 저에게 묻습니다. "여보, 나 좀 봐요. 눈 화장이 좀 진하지 않아?" 갑자기 짓궂은 생각이 들어 한마디 했습니다. "응, 정신 나간 이세벨 같아!" 김이 빠진 아내가 눈 화장을 지우며 한마디 톡 쏩니다. "이세벨은 아무나 하나? 아합이 있어야 하지!" 아닌 게 아니라 거울에 비친 머리털 빠지고, 배 나온 중년의 남자는 제가 봐도 아합과는 거리가 멀었습니다. 다행이다 싶으면서도 자존심이 상했습니다. 텁텁한 입맛을 다시며 아내에게 한마디 던졌습니다. "미안하다. 세벨아!"

우리가 진정으로 만났는가? (II)
- '나'와 '너'

한국에서 신학교를 다닐 때 많은 생각을 가지고 읽었던 책 중의 하나가 유대인 신학자 마틴 부버Martin Buber가 지은 『나와 너 Ich und Du』입니다. 이 책은 대학 진학을 위해서 소위 '주입식 교육'과 '사지선다형選多型' 찍기 훈련(?)만 받아온 단세포인 저에게 '사물들의 존재 방식'과 이들이 '만남Begegnung'이라는 '관계 형성'을 통해서 새로운 의미와 가치로 다시 거듭나는 것에 관한 새로운 삶의 지평을 열어주었습니다. 참다운 삶은 너와 내가 인격적인 관계로 만나 대화를 통해 상호작용하는 것임을 알려주었습니다. 아무리 생각해보아도 너무 소중한 책입니다.

우리가 사는 세상은 원래 1인칭의 '나'와 3인칭의 '그것it'으로만 구성되어 있습니다. '그것'은 아무리 많고 다양해도 나와는 전혀 상관이 없는 것들입니다. 내가 그 존재의 의미와 가치를 발견하기 전까지 '그것'들은 나에게 '없는 것nothing'과 별반 다르지 않습니다. 우리는 매일 아침신문과 뉴스 방송을 통해 수많은 사고와 사건들을 접하게 됩니다. 누군가가 비참하게 살해당했다는 비극적인 이야기를 들을 때도 사실 우리는 아무런 느낌이 없습니다. 제3인칭의 이야기이기에 그것은 허공에 울리는 메아리일 뿐입니다. 냉정하게 들리겠지만, 그 사건은 일어나든 일어나지 않든 처음부터 나와는 전혀 상관이 없는 일일 뿐입니다. 그러나 갑자기 그 사건이 나의 분노와 동정심을 유발하는 안타까운 문제로 '만나겼을 때', 비로소 그 사건은 가슴 아픈 나의 이웃의 죽음으로 다가서는 것입니다. 이것이 '관심의 미학'입니다. '관심'은 사물과 사건에 생명을 불어넣는 신비입니다.

이 세상에 있는 수많은 '그것들' 중에서 내가 어느 특정한 것과 '관계relationship'를 맺을 때, 그것은 놀랍게도 3인칭의 '그것'에서 2인칭의 '그대you'로 다시 태어나는 것입니다. '사물의 세계'에서 '의미와 가치'의 세계로 재탄생하는 것입니다. 예를 들어, 이 세상에는 수많은 '그녀들'이 있습니다. 아무리 예쁘고 잘난 그녀들이라 할지라도 '나'에게는 그냥 지나쳐가는 사물 중의 하나일 뿐입니다. 길가에 깔린 돌멩이들과 별 차이가 없습니다. 그러나 어느 날 정신 나간 큐피드의 화살에 인정사정없이 가슴을 찔려버린 '내'가 의미 없는 '그녀들' 중의 하나인 '아무개 양'에게 '관심'을 불어넣자 '그녀she'는 '그대you'로 새롭게 나의 인생 속으로 들어오는 것입니다. 깊은 관심과 사랑을 표현하기 전까지는 그것은 그냥 무의미한 사물로 존재하지만, 그것과 '관계'를 맺을 때 그것은 비로소 나에게 가치 있는 실체로 부각되는 것입니다.

관계는 존재를 새롭게 탄생시키는 '만남'입니다. 관계를 맺지 않으면 엄밀한 의미에서 그것은 존재하지 않는 것과 똑같습니다. 우리가 살아가는 이 애틀랜타에는 수많은 한국 상점들과 시설들이 있습니다. 그러나 내가 이용하지 않고, 관심을 기울이지 않으면 그것은 존재하지 않는 것과 마찬가지입니다. 내가 '관심'이라는 노력을 통해 '만나지 않으면' 그것은 영원히 존재하지 않는 '그것'에 불과한 것입니다.

우리 한인교회에는 매주 많은 새 가족들과 방문자들이 오고갑니다. 예배 후에는 다목적실에서 밥도 함께 먹고, 어떤 때는 가벼운 인사와 악수를 하기도 합니다. 우리는 이것을 '성도들의 만남'이라고 즐겨 부릅니다. 그러나 그렇지 않습니다. 우리가 그들의 이름도 모르고, 그들의 생각과 실존적인 삶의 문제도 모른 채, 그냥 지나쳐 가기만 한다면, 그것은 아직 제대로 만난 것이 아닙니다. 진정한 만남은 우리가 깊은 인격적인 관심을 가지고 그들을 불러주었을 때 비로소 시작되는 것입니다. 인생의 참된 가치는 '나와 그것'의 만남이 아니라, '나와 너'의 만남을 통해서만 일어날 수 있습니다. 오늘! 용기를 내서 교회에서 새롭게 만나는 새 가족들과 그리고 그동안 너무도 익숙하게 '그들'로만 남아 있던 사람들을 깊은 '관심'으로 만나 보시기 바랍니다. 새로운 삶이 열리게 될 것입니다.

내가 그의 이름을 불러주기 전에는 그는 다만 하나의 몸짓
에 지나지 않았다.
내가 그의 이름을 불러 주었을 때 그는 나에게로 와서 꽃이
되었다.

_ 김춘수의 〈꽃〉 중에서

우리가 진정으로 만났는가? (III)
- '거기'와 '여기'

'왕의 남자'라는 영화가 몇 년 전 한국에서 크게 '대박'을 내며 흥행에 성공했습니다. 지금 생각해보면 완전 '게이 무비'라고 할 만큼 동성애를 밑바탕에 깔고 있는 영화였는데, '이준기'라는 배우의 매력 때문에 관객 동원 1,200만 명이 넘는 엄청난 인기를 누렸습니다. 만약 지금 이 영화가 개봉되었다면 어떤 결과를 낳았을까요? 아마도 많은 사람들의 동성애 찬반 논란 때문에 결코 그런 좋은 흥행 기록을 남기지는 못했을 것입니다. 좋은 영화로 자리매김을 하기 위해서는 영화 자체의 우수성도 중요하지만, 그 못지않게 '때'를 잘 만나는 것이 중요한 것 같습니다.

영화 장면 중에 지금도 머릿속에 깊이 뿌리박힌 부분이 있습니다. 광대 '장생'과 '공길'이 맹인 흉내를 내면서 광대놀음을 하다가 서로 부딪치며 실랑이를 벌이는 장면입니다. 두 사람이 모두 화가 나서 고래고래 소리를 지릅니다. "야! 이놈아, 앞 똑바로 보고 다녀!" 서로가 맹인인지 모르고 화를 내던 두 사람은 시간이 지나면서 서로가 동병상련의 아픔을 지닌 맹인임을 확인하게 됩니다. '거기'와 '여기'에 서 있는 존재가 똑같은 아픔을 가지고 있는 장애인임을 확인한 그들은 기뻐하며 서로를 얼싸안고 하나가 됩니다.

　　손을 뻗으면 그렇게 금방 닿을자리에 있으면서도 뒷짐지고 거드름을 피우면서 '거기 있는 너' 눈 똑바로 뜨고, 정신 바짝 차리면서 살라고 불호령을 합니다. 영락없는 소인배의 모습입니다. 자존심 죽이고 손을 뻗어 손가락으로 서로를 만져보면 '거기' 있는 존재가 누구인지 금방 알 수 있을 텐데 말입니다. 말을 섞어 서로의 삶을 나누다 보면 차갑게 골진 아픈 사연도 알게 되고 서로에게 용기와 위로가 되는 만남을 경험할 수 있을 텐데, 그놈의 자존심과 열등의식 그리고 체면 때문에 사람들은 끊임없이 자기주장만 늘어놓다가 철저한 외톨이로 살아가게 됩니다.

　　'거기'에 있는 너를 느끼지 못하고, '여기'에 있는 나를 전하지 못하면 사람은 단절의 벽에 갇혀 버리게 됩니다. 사람만 그런 것이 아닙니다. 살아있는 모든 존재들은 자신을 나눌 수 있는 대상을 본능적으로 갈망합니다. 영화 중에서 왕으로 나오는 '연산군'에게도 '거기' 있어야 할 어머니가 없었기에 그는 그렇게도 광폭한 폭군이 되어 무너져간 것입니다. 광대들이 타는 '줄타기'를 보면서도 큰 교훈을 얻을 수가 있었습니다. 이 줄 끝에서 걷고 있는 '장생'과 저 줄 끝에서 걸어오는 인생의 단짝 '공길'이가 서로를 바라볼 수 있었을 때, 그들은 외롭고 두려운 '줄타기 같은 인생길'을 용기를 내어 걸을 수 있었습니다.

긴장과 두려움이 절정에 이르는 외줄의 한복판에서도 그들은 서로를 쓸어안고 함께 기뻐하며 '아직 살아있음'을 노래할 수 있었습니다. 그러나 있어야 할 서로의 존재가 느껴지지 않고, 보이지 않게 되었을 때, 그들은 마침내 외로운 절망의 줄에서 떨어질 수밖에 없었습니다. '여기'에 있는 '나'와 '거기'에 있는 '너'가 하나였던 것입니다. 그것이 바로 진정한 만남입니다.

신앙은 '여기'에 있는 '내'가 '거기'에 있는 '하나님'을 경험하는 '거룩한 만남'입니다. 호렙 산 위에 있는 하나님이 산 밑에서 양을 치던 '모세'와 만나는 사건입니다. 미디안 군인들을 피해 포도즙 틀에 숨어 밀을 타작하던 겁쟁이 청년 '기드온'이 전능하신 하나님을 만나는 순간입니다. 바벨론의 그발 강가에서 멸망한 조국 이스라엘을 떠올리며 눈물을 흘리던 시편 137편의 전쟁 포로가 여전히 살아 역사하시는 강군의 하나님을 새롭게 만나는 체험입니다. 기묘자이신 하나님이 시골의 보잘것없는 처녀 아이 '마리아'를 만나시는 역사적인 순간입니다.

'만남'이 없으면 신앙은 절대로 존재하지 않습니다. 어떤 방식으로든 주님과의 신비한 만남을 경험하지 못한 사람은 신앙이 주는 영적인 기쁨과 감격을 결단코 체험하지 못할 것입니다. 마지막에는 단지 무미건조한 종교인으로 인생의 막을 내리고 말 것입니다. 성도들 간의 교제도 삶의 애환을 함께 나누는 '신앙살이'여야만 합니다. '살이'가 되어 떡을 함께 떼고, 잔을 나누며, 함께 웃고 눈물 흘리는 인생살이 만남이 없다면 우리는 결코 만남의 진정한 감격을 맛보지 못할 것입니다.

수많은 사람이 오가는 파리의 지하철 벽에 붙어있는 '오르텅스 불루'의 시詩 「사막」은 수많은 인파 속에서도 사무치도록 외로울 수 있다는 사실을 우리에게 다시 한번 가르쳐줍니다. 하나님이 없고, 가슴을 나눌 수 있는 성도들이 없는 교회가 있다면, 아무리 교인들의 숫자가 많아도 그곳이 곧 외로운 사막이 되고 말 것입니다.

> 그 사막에서 그는
> 너무도 외로워
> 때로는 뒷걸음질로 걸었다
> 자기 앞에 찍힌 발자국을 보려고

쌩얼민낯

화장을 하지 않은 순수한 얼굴을 '쌩얼'이라고 부릅니다. 원래는 '민낯'이라는 말인데, 요즘 젊은이들이 부르기 쉽게 만들어낸 신조어新造語입니다. 쌩얼이 예뻐야 진짜 미인이라고 합니다. 요즘에는 가공할 만한 '화장술'의 도움과 뼈를 깎고 이물질을 피부 속에 삽입하는 고도의 '성형술' 덕분에 쌩얼 찾기가 쉽지 않다고 합니다. 예전에는 기형적인 얼굴이나 불의의 사고로 불구가 된 분들에게 시술하던 성형 수술이 이제는 좀 더 예뻐지려는 욕구를 가진 사람들을 위한 '변신 프로젝트' 상품이 되었습니다. 요즘 한국의 많은 병원들에서는 휴가철이 되면 '전신 성형' 또는 '부분 성형' 같은 성형수술을 '특별 세일 패키지'로 판매합니다. 이제는 쌍꺼풀 수술을 하거나 코를 조금 높이고 낮추는 따위는 '성형수술' 축에 들어가지도 못합니다. 적어도 턱을 잘라 붙이거나 얼굴과 가슴 전체를 손댈 때에야 비로소 그런 거창한 말을 사용합니다.

'화장'의 힘도 대단해서 '송장'같이 못생긴 사람에게 화장 전문가가 달려들어 잠깐 동안 '치장'을 해주면 '환장'하게 예쁜 사람으로 거듭납니다. 요즘에는 많은 사람들이 원래의 얼굴이 어떠했는지 잘 모를 정도로 '변장'을 하고 살아갑니다. 몇 년 전에 어떤 여성 인기 배우가 텔레비전에 나와서 자신이 양악 수술턱 수술을 받고 전신 지방 흡입 수술을 받았다고 시청자들 앞에서 눈물을 흘리며 참회하는 뉴스를 보았습니다. 평소 청순가련형의 이미지를 주면서 '국민 여배우'라는 찬사를 받았던 그녀의 외모가 실제로는 칼과 끌로 만들어진 인조인간이었다는 사실이 국민들에게 묘한 충격과 분노를 낳았던 것 같습니다. 마치, 청교도 정신이 지배하던 시대에 '딤즈데일' 목사가 자신의 부정을 높은 망대 위에서 시민들에게 눈물로 사죄하고 생을 마감하는 「주홍글씨」의 마지막 장면을 연상케 합니다. 자기 얼굴 가지고 난리를 부린 것을 다른 사람들이 '공인公人' 운운하면서 울그락불그락하는 모습이 참 기가막히기도 했지만, 그만큼 우리가 사는 이 시대가 순수함과 솔직함을 상실한 메마른 시대라는 것을 반증해주는 것 같았습니다.

옛날 로마 시대에는 배우들이 연극이나 드라마를 할 때 '가면Mask'을 썼습니다. 이 가면을 '페르소나Persona'라고 불렀습니다. 우리나라의 판소리처럼 배우들이 탈을 쓰고 자신을 숨긴 채 연기를 했던 것입니다. 일단 이 페르소나를 쓰게 되면 그 사람의 모든 모습은 철저하게 가면 뒤로 숨겨지게 됩니다. 그리고 그 가면이 상징하는 인물로 탈바꿈하게 됩니다. 아마도 당시의 사람들에게는 그 모습이 그렇게도 매력적이었나 봅니다. 이 페르소나_{Persona}에서 '사람'을 뜻하는 'person'과 인격을 뜻하는 'personality'가 나왔습니다. 가면을 두 개 가지고 있으면 이중인격자가 되고, 여러 개 가지고 있으면 다중인격자가 됩니다. 그리고 가면 뒤로 병든 인격을 숨기고 있으면 그는 '인격 장애자'가 됩니다.

그러니까, "어떤 가면을 쓰느냐?"가 자신의 정체성을 결정합니다. 그러니 잘 골라 써야 할 것입니다. 우리는 하루에도 수많은 페르소나를 씁니다. 그런 면에서 우리는 대부분 다중인격자들입니다. 조금 전까지 화가 나서 주먹으로 책상을 치다가도 중요한 사람이 지나가면 언제 그런 일이 있었느냐는 듯이 '방긋' 웃습니다. 접대용 얼굴과 생활 속의 얼굴이 다르고, 사람들과 있을 때의 얼굴과 혼자 있을 때의 얼굴이 천양지판으로 다릅니다. 얼굴이 일곱 가지로 변한다는 '칠면조七面鳥'도 우리를 보면 단번에 "형님!" 하면서 고개를 숙일 것입니다. 그래서 우리는 더욱더 쌩얼을 그리워하는지도 모릅니다. 얼굴은 '얼'이 담겨 있는 '굴'이라고 합니다. 그래서 얼굴은 끊임없이 바뀝니다. 얼굴은 우리가 어떻게 살아왔는지를 보여주는 인생 성적표라고 합니다. 오늘 거울 앞에서 자신의 참 쌩얼과 진지한 만남을 가져 보십시오.

걸레 예찬

걸레는 오직 한 가지 일만 합니다. 닦는 것입니다. 남을 닦아 깨끗하게 만드는 것이 걸레가 존재하는 유일한 이유입니다. 자기가 더러워질까 봐 두려워하지 않습니다. 더러운 것을 보면 본능적으로 그 자리가 자기 자리인 줄을 압니다. 잠시의 망설임도 없습니다. 상대방이 무엇이 되었던지 깨끗해질 때까지 자신의 몸으로 닦고 또 닦습니다. 남을 깨끗하게 닦아내려면 자신이 더러워서는 불가능합니다. 남의 오물이 자신에게 다 옮겨와서 더 이상 닦는 일을 할 수 없게 되면, 이번에는 물로 가서 자신의 몸을 닦습니다. 자신의 몸이 깨끗해지면 다시 와서 상대방의 남은 더러운 부분을 또 닦아냅니다. 자신의 몸이 헤어지고 닳아서 뭉개질 때까지 걸레는 더러운 것을 닦고 또 닦습니다.

사람들은 더러운 것을 보면 제일 먼저 걸레를 찾습니다. 걸레도 그러려니 합니다. "왜 나만 이런 더러운 짓을 해야 하냐?"라고 불평하거나 원망하지 않습니다. 처음부터 자기는 그 일을 위해

태어났다고 생각합니다. 자기보다 한 단계 높은 대우를 받는 '행주'라는 친구도 있지만, 부러워하지 않습니다. 항상 더러운 냄새가 나는 곳, 토사물이나 썩은 음식물이 있는 곳에는 어김없이 걸레가 맹활약을 합니다. 아무리 힘든 생을 살았더라도 삶을 마감하게 되면 어느 정도 좋게 평가해 주는 것이 세상의 이치인데, 걸레에게는 아무도 그런 인정을 베풀지 않습니다. 한국 사람들은 힘들고 고된 삶을 '개'에 비유해서 많이 표현합니다. '개 같은 인생', '개팔자', '개죽 쒔다'라고 말을 합니다. 하지만 걸레에 비하면 개는 상전 중의 상전입니다. 그들이 배설해놓은 대소변도 군말 없이 다 처리하는 것이 걸레입니다.

한번은 농장 근처에서 중년의 한 미국 남성이 천 조각들을 산더미같이 쌓아놓고 불태우는 것을 보았습니다. 뭐냐고 물어보았더니 공장의 기계들을 닦던 천 조각들이라고 합니다. 첫눈에 알아보겠습니다. 걸레들입니다. 생전에 얼마나 혹사를 당했을지 너털너털 남루해진 그들의 모습을 보면서 능히 짐작할 수 있었습니다. 일반 쓰레기와 함께 버리면 비용이 더 들기 때문에 이렇게 태워버리는 것이 훨씬 이득이라고 말합니다. 걸레는 그 수명을 다한 후에도 역시 걸레처럼 사라지는가 봅니다. 매캐한 연기와 함께 흔적도 없이 사라지는 걸레를 보면서 짠한 심정을 금할 길이 없었습니다. 걸레의 완벽한 헌신에도 불구하고 걸레의 이미지는 어느 한순간에도 아름답게 표현된 적이 없습니다. '걸레'라는 단어가 들어가면 무조건 기분 나빠합니다. 걸레라는 말은 항상 다시 회복되기 어려운 절망의 상태를 표현하는 용어입니다. '마더 테레사'와 같은 성자분들에게 '걸레같이 헌신을 하신 분'이라고 하면, 너무도 적절한 비유임에도 불구하고 대부분의 사람들은 그분을 모독하는 것처럼 받아들입니다. 걸레는 정말 이래저래 걸레 같은 대우를 받습니다.

　우리 주변에는 '선 긋기와 선 끊기'에 대단한 재주를 가지고 있는 사람들이 많이 있습니다. 이 눈치 저 눈치 보다가 이득이 되면 얍삽하게 앞으로 나서지만, 손해를 보거나 부담이 되면 멀찌감치 떨어져서 모르쇠로 일관합니다. 행여 자기에게 더러운 것이 묻을까 봐 몸 사리느라고 정신이 없습니다. 자기 이력에 흠이 될까 봐? 혹시, 잘못 나섰다가 다 뒤집어쓰지는 않을까? 자칫 오해를 받아서 미래가 막히지는 않을까? 분주하게 머릿속의 주판알을 올렸다 내렸다 하면서 계산을 합니다. 세상은 그것을 훌륭한 처세술이라고 가르쳐 주는지 모르겠지만, 만약 세상에 그런 사람들만 존재한다고 하면 세상은 금방 삭막해지고 더러워질 것입니다. 세상이 아무리 망가지고 더러워졌다고 해도 여전히 '살만한 곳'이 되는 이유는 바로 걸레 같은 사람들이 있기 때문입니다. 자기 이득보다는 남을 먼저 생각하고 공의를 위해 자신을 헌신하는 사람들입니다. 그분들의 향기로운 희생과 헌신 때문에 세상의 악취들이 희석되고 사라집니다.

요즘 연일 방송을 통해서 허리케인 '어마Irma'의 '어마어마한' 피해 상황을 듣고 있습니다. 며칠 안에 우리가 살고 있는 이곳 조지아까지 북상해온다고 합니다. 허리케인이 지나간 자리는 아무것도 남지 않습니다. 오직 폐허와 죽음의 흔적만이 있을 뿐입니다. '어마'가 지나간 캐리비안의 몇몇 나라들은 마치 핵폭탄이 터진 것 같은 처참한 모습입니다. 깊은 공포가 드리워져 있습니다. 그런데 그 폐허 속에서 개미 떼처럼 부지런히 움직이는 사람들이 있습니다. 세계 곳곳에서 모여든 '자원봉사자들'입니다. 그들이 걸레질을 하며 수해 지역을 묵묵히 복구하고 있었습니다. 야무지게 걸레질을 하는 그분들의 모습에서 '왜 초자연적인 자연재해도 세상을 망가뜨릴 수 없는지'를 알게 됩니다. 어쩌면 그분들의 손에 주어진 걸레가 그분들의 정체성이 아닐까 생각해봅니다. 자기를 내어주는 아름다운 사람들의 '걸레 같은 헌신'이 있는 한, 세상에서 희망의 촛불은 결코 꺼지지 않을 것입니다. 우리도 그 촛불을 지켜 나아가야 할 것입니다.

생각없이 Mindless
- 식사 12계명

사람이 뚱뚱해지는 가장 큰 원인은 '생각 없이' 먹기 때문이라고 합니다. '브라이언 윈싱크' 박사 Brian Wansink Ph.D. 는 자신의 책 『무심한 식사: 왜 우리는 생각보다 더 많이 먹는가? Mindless Eating: Why We Eat More Than We Think』에서 아무리 사람이 거뜬하게 먹어도 단 한 번의 식사 때문에 비만해지는 경우는 없다고 말합니다. 그보다는 차라리 자질구레한 것들을 끊임없이 먹기 때문에 살이 찐다고 합니다. 사람들은 보통 하루에 평균 250번 정도 '먹는 것'을 생각한다고 합니다. '아침을 먹을까 말까?', '커피 한 잔 마실까?', '테이블 위의 쿠키를 한 개만 먹어 볼까?' 등등, 의식하든 못하든 사람들은 끊임없이 먹는 문제를 생각하고 결정합니다.

자신은 물만 먹어도 살이 찌는 체질이라고 주장하는 사람들이 있습니다. 안타깝지만 사실이 아닙니다. 물은 칼로리가 제로이기 때문에 물만 먹어서는 절대로 살이 찌지 않습니다. 분명히 물과 함께 뭔가를 집어 먹었을 것입니다. 아무 '생각 없이' 먹었기 때문에 기억을 못 하는 것뿐입니다. 그러므로 체중을 줄이기 위해서는 제일 먼저 '생각'을 해야 합니다. 생각이 모든 것을 바꿉니다. 브라이언은 사람이 생각을 하면서 먹을 수 있다면, 하루 음식 섭취량 중에서 100~200칼로리 정도를 쉽게 줄일 수 있다고 말합니다. 매일 '생각'을 갖고 음식을 먹으면 별것 아닌 것 같아도 나중에는 엄청난 변화를 경험하게 됩니다.

그는 항상 먹을 때마다 '식사 12계명'을 기억하라고 조언합니다. 예를 들면, 한꺼번에 많은 음식을 식탁에 놓지 말 것, 음식을 담아 먹는 접시의 크기를 작은 것으로 줄일 것, 가능하면 작은 그릇과 날씬한 작은 잔을 사용할 것, 식사 순서에선 항상 꼴찌가 될 것, 이미 먹은 증거인 빈 접시들을 치우지 말 것 그리고 살찌는 음식들은 멀리 숨겨 놓을 것을 권합니다. 식사시간이기는 하지만, 먹는 것보다는 대화에 더 열중하라고 조언을 합니다. 그러나 정말로 미치도록 먹고 싶은 음식이 있다면, 너무 스트레스를 받지 말고 그냥 먹으라고 말합니다. 한 번의 포식으로 망가지지는 않는다는 것입니다. 오히려 참는 것이 더 큰 비만을 낳는 요인이 되기도 합니다.

아무튼 아무 '생각 없이' 편하게 먹는 습관이나 주전부리의 횟수를 줄여야 몸을 가볍게 유지할 수 있습니다. 그러고 보면, 아무 생각 없이 하는 것이 언제나 큰 문제인 것 같습니다. 아무 생각 없이 던진 말 한마디, 아무 생각 없이 저지른 행동 그리고 아무 생각

없이 세운 계획들이 결국 큰 문제를 낳게 됩니다. 생각은 어떤 결론이나 목적을 이루기 위한 관념과 사유의 과정입니다. 어떤 일을 이루려면 반드시 먼저 생각을 해야 합니다. 생각에서 인내심도 나오고, 꿈도 나오고, 미래를 향한 방향과 행동지침이 결정됩니다. 생각은 달팽이의 더듬이와 같습니다. 그 큰 덩치가 작은 더듬이를 따라 움직입니다. 모든 일이 생각하는 대로 될 것입니다. 좋은 생각, 큰 생각 그리고 열린 생각! 항상 생각하면서 먹고, 마시고, 행동하고, 꿈꾸는 삶을 살아야 할 것입니다.

가짜는 화려합니다

불안과 격변의 시대 20세기를 해학과 위트로 그리고 익살스러운 몸짓으로 사람들에게 끊임없는 웃음을 선사했던 희극 배우 찰리 채플린Charlie Chaplin은 역설적이게도 평생 동안 극심한 우울증에 시달렸다고 합니다. 그의 인생 배경을 살펴보면 당연한 결과인지도 모르겠습니다. 유아기 때 아버지와 어머니의 이혼, 극심한 가난 그리고 어머니의 정신 발작과 자살, 그로 인해 채플린은 유년 시절을 거의 다 고아원에서 보내야 했습니다. 열 살 때부터 본격적으로 극단에서 잡일을 하며 자라난 채플린은 그의 천부적인 자질과 재능을 인정받아 훗날 미국 무성영화 시대에 한 획을 긋는 큰 배우로 성장하게 됩니다. 그러나 성공하면 할수록 그의 우울증은 점점 더 심해졌다고 합니다.

한번은 습관적인 우울증에 시달리던 채플린이 무작정 차를 몰고 미친 듯이 달린 적이 있었습니다. 그러다가 어느 시골 마을에 이르게 되었는데, 때마침 그 마을에 축제가 열리고 있었습니다.

그 축제 중에서 가장 중요한 행사를 개최하고 있었는데, '채플린 흉내 내기 경연 대회'였습니다. 수많은 사람들이 참가해서 당시 최고의 희극 배우인 채플린을 흉내 내기 시작했습니다. 엄청나게 많은 사람들이 모두 배꼽을 잡고 웃느라고 난리가 아니었습니다. 갑자기 장난기가 발동한 채플린도 그 대회에 참가했습니다. 그는 최선을 다해서 채플린 흉내를 냈습니다. 자신이 자신을 흉내 내는 것이 우습기는 했지만, 그는 최선을 다해서 채플린답게 행동하려고 노력했습니다. 결국 그날 채플린은 3등을 차지했습니다. 진짜인 자기보다도 더 채플린처럼 행동하는 가짜들이 두 명이나 더 있었던 것입니다. 이 사건이 채플린에게는 참으로 신선한 충격을 주었다고 합니다.

우리가 사는 이 시대는 가짜들로 넘쳐납니다. 어떤 때는 가짜들이 진짜를 능가하기도 합니다. 어떤 여성분이 고급 백화점에서 명품 핸드백 하나를 구입했다고 합니다. 그런데 가짜였습니다. 기가 막혀서 반품을 하고 그 제품의 판매 경로를 역추적을 해보니까 이미 누군가에게 판매되었던 제품이었습니다. 스타일이 마음에 들지 않는다고 다른 것으로 바꾸어 갔는데, 아마 그때 가짜 모조품과 제품이 뒤바뀐 것입니다. 너무도 완벽한 모습이라 전혀 의심하지 못했다고 합니다. 실제로 진짜와 가짜의 차이는 종이 한 장보다 더 얇습니다. 또 우리가 거래하는 은행에는 진폐와 위폐를 구분할 수 있는 전문 요원들이 배치되어 있다고 합니다.

그들은 매일 엄청난 양의 지폐들을 보고 진짜와 가짜를 구분해냅니다. 어떻게 그 많은 지폐들 중에서 가짜를 골라낼 수 있을까요? 위폐 감별사들의 대답은 아주 단순합니다. "너무 화려하고 완벽한 것을 제일 먼저 눈여겨봅니다. 가짜일 가능성이 아주 높습니다."

　가짜는 자기가 가짜인 것을 감추기 위해서 진짜보다 더 진짜처럼 위장을 한다고 합니다. 색깔도 선명하고 종이의 질도 뛰어나게 좋습니다. 위폐들은 대부분 너무 화려하고 완벽해서 어딘가가 부자연스럽습니다. 반면에 진폐는 그냥 생긴 그대로 평범하고 자연스럽습니다. 새로 발행된 돈이나 오랫동안 사용했던 돈이나 그냥 편안합니다. 그게 진폐의 특징입니다. 제가 어렸을 때도 가짜들이 많았습니다. 그때는 나라 전체가 가난해서 그랬는지 대부분의 가짜들이 지금 생각하면 촌스럽고 유치한 것들뿐이었습니다. 꿀, 고추씨, 참기름 그리고 녹용 같은 것들이 주요 대상이었습니다. 공통점이 있다면 진짜보다 더 진짜 같았다는 것입니다. 어수룩한 시골 사람들이 서울에 왔다가 다시 고향으로 내려갈 노자路資를 빌려 가면서 담보로 맡기는 경우가 대부분이었는데 시간이 지나서 보면 대부분 가짜들이었습니다. 그 가짜들 앞에는 항상 '토종', '순종'이라는 말이 포장어처럼 붙어 다녔습니다. 더 진짜 같아서 속았던 것입니다. 지금은 거들떠보지도 않는 것들이 대부분이라 이 제품들은 더 이상 가짜가 존재하지 않습니다. 가짜는 귀한 것들일 때만 존재합니다. 그래야 많은 이득을 남길 수 있기 때문입니다.

오늘날에는 가짜 목사와 교인들이 많습니다. 가치가 있기 때문입니다. 얼마 전까지 한국에서 사회적인 주목을 받았던 사이비 스릴러 종교 드라마가 있었습니다. 〈구해줘〉입니다. 내용은 대충 깡패와 연관된 사이비 교주가 개인의 욕심을 채우기 위해서 거룩한 종교적인 힘을 이용해서 선량한 시골 사람들의 돈과 집 그리고 금품과 땅문서들을 갈취하는 내용입니다. 강간과 살인도 서슴지 않고 저지르고 경찰과 정치인들 같은 공권력까지 편안하게 우롱합니다. "어떻게 저럴 수 있을까?" 하면서도 요즘에 신문에 보도되는 종교 비리들을 생각해보면 하나도 낯설지 않습니다.

그 드라마를 통해서 제가 충격을 받았던 이유는 교주와 그 밑에서 작업을 벌이는 범죄자들의 모습이 기독교인들의 모습과 전혀 다르지 않았다는 것입니다. 처음에는 기독교를 폄훼하려는 어느 특정 방송국의 터무니없는 사회 고발 드라마일 것이라고 생각했는데, 이야기가 전개될수록 그들의 모습은 오늘날의 병든 우리 교회의 모습과 너무도 유사했습니다.

그러고 보니, 교주가 너무 처음부터 '거룩'했습니다. 가난하고 불쌍한 독거노인들과 노숙자들 그리고 병자들을 돌보는 일에 너무도 헌신적이었습니다. 분명히 화를 내는 것이 당연한 것인데도 오히려 자신의 부덕함을 탓하고 사람들에게 사죄하는 장면이 너무도 수상스러웠습니다. 드라마의 특성상 언제쯤 본색을 드러내려나 생각해 보았지만, 그의 악마적인 교활함은 거의 끝부분에 가서야 실체를 드러냈습니다. 참으로 잔인하고 악랄했습니다. 드라마니까 다행이다 싶으면서도 오늘날의 기독교에 대해서도 생각해볼 수 있는 묘한 여운을 남겼습니다. 극단적이고 황당한 몇몇 교리들을 제한다면, 오늘날의 교회와 별로 다를 바가 없었습니다. 사용하는 용어들이나 역겨운 행동들은 분명히 기독교를 비꼬는 듯했습니다. 참으로 부끄러웠습니다. 가짜들은 항상 부자연스럽고 뛰어난 모습을 가지고 다가옵니다. 사람이 사람의 냄새가 나야지 하나님의 냄새가 나면 대부분 가짜입니다.

　"항상 상석에 앉지 말고 말석에 앉으라"는 우리 주님의 말씀을 다시 한번 깊이 되새겨야 할 것입니다.

한국인은 의리!

의리義理라는 단어는 옳을 '의義'와 이치 '리理'라는 두 단어가 합쳐져서 만들어진 합성어입니다. 뜻은 '올바른 이치', 또는 '사람으로서 마땅히 지켜야 할 도리'라는 의미로 많이 쓰입니다. 그러나 현대에 들어서면서 조직폭력배나 건달들이 이 말을 자신들의 전유물인 양 사용해왔기 때문에, 일반적인 의미보다는 '특별한 상황'에 있는 사람들만이 사용하는 단어로 치부되어 왔습니다. 그러나 예로부터 동서양을 막론하고 '많은 선인들이나 문헌들은 인간이 인간으로서 지켜야 할 최고의 덕목으로' 이 '의리義理'를 손꼽아 왔습니다.

단테의 「신곡La Divina Commedia」에도 보면, 지옥의 마지막 단계인 제9지옥을 '신의'를 저버리고, 소중한 사람들을 배반한 사람들이 가는 제일 참혹한 장소로 묘사하고 있습니다. '의리'와 '신의'가 없이 달면 삼키고 쓰면 뱉는 사람들! 어제는 벗이었지만 오늘은 그가 처한 상황이나 환경이 나빠졌기 때문에 언제든지 그를 '적'이라고 규정하고 등을 돌릴 준비가 되어 있는 사람들이 모인 곳은 어쩌면 굳이 단테가 지옥이라고 설명하지 않아도 충분히 최악의 지하 감옥이 되고 말 것입니다.

성경에 나오는 대부분의 하나님의 사람들은 '의리'를 아는 사람들입니다. 다윗과의 신의를 소중히 여겨 자신의 왕위를 포기했던 '요나단', 고향의 우물물이 그립다는 다윗 왕의 말에 적진을 뚫고 그 물을 길어 온 심복들의 의리 그리고 그 물은 단순히 물이 아니라 부하들의 '피'라고 생각하여 자신이 물을 마시지 않고 그 물을 하나님의 단에 부어버린 다윗 왕도 신의가 깊은 사람이었습니다. 사도 바울을 위해서라면 자신의 목숨이라도 내어줄 수 있었던 '브리스길라와 아굴라' 부부도 빼놓을 수 없는 의리의 사람들이었습니다.

대부분의 사람들이 예수님의 잔당으로 몰릴까 봐 도망치고, 숨고, 부인하던 그때에 끝까지 당당하게 빌라도에게 예수님의 시신을 인계해줄 것을 요구하던 사람이 있었습니다. 그는 자신을 위해 준비해두었던 무덤도 예수님을 위해 내어주었습니다. 아리마대 사람 '요셉'입니다. 개인의 안위와 욕심을 위해서라면 의리 따위는 휴지조각처럼 버리는 이 시대에 요셉은 언제나 빛나는 보석 같은 인물입니다. 성경은 이 신의 있는 사람들이 엮어가는 신앙

이야기입니다. 곳곳에 숨어있는 이들의 이야기 때문에 성경은 언제나 따뜻하고 친근합니다.

　장자의 우화집에 보면, 한 금술 좋은 부부의 이야기가 나옵니다. 어느 날 남편이 중병에 걸려 시름시름 앓다가 죽게 되었습니다. 그에게는 꽃보다 아리따운 아내가 있었습니다. 오랜 병에 지치고 시달린 남편은 짜증스러운 목소리로 시간이 날 때마다 아내를 괴롭혔습니다. "너! 나 죽으면, 딴 놈에게 다시 시집갈 거지?" 매일 계속되는 남편의 투정과 불신에 지친 아내가 어느 날 큰 결심을 합니다. 부엌으로 들어가서 식칼과 세숫대야를 들고 남편이 누워있는 방으로 들어갔습니다. 그리고 남편이 보는 앞에서 자신의 변함없는 사랑을 확인시키며 자신의 예쁜 코를 칼로 잘라버렸습니다.

　이 처절한 아내의 사랑에 감동한 남편은 아내의 손을 잡고 통곡했습니다. 하늘도 감동했는지, 그날부터 남편은 믿기 어려울 정도로 빨리 회복되었습니다. 그런데 문제는 그다음부터였습니다. 다시 건강해진 남편은 코가 없어서 얼굴 정 중앙이 뻥 뚫린 추한 아내를 볼 때마다 구박하기 시작했습니다. 툭하면 욕하고, 손찌검하다가, 급기야는 다른 여자와 눈이 맞아 이 의리 있는 아내를 소박 놓아 친정으로 돌려보내고 말았습니다. 이것을 보고 화가 난 동네 사람들은 참다못해 결국 이 의리 없는 남편을 관가에 고발해버렸습니다.

자초지종을 다 듣고 난 고을 원님도 화가 나서 남편을 불러 크게 책망하고 칼로 그의 코를 잘라버렸습니다. 자신의 몰골이 추해지자, 그제야 남편은 크게 뉘우치고 다시 친정으로 가 아내를 데려다가 천생연분으로 알고 잘 살았다고 합니다.

예나 지금이나 '의리' 있는 사람들 찾기가 쉽지 않습니다. 작은 이득 때문에 아무렇지도 않게 등을 돌리고, 의견이 맞지 않는다고 해서 혈육같이 소중한 친밀한 관계들을 쉽게 접어버립니다. 우리 한국 사람들은 아무리 일확천금이 주어져도 그것이 사람이 갈 길이 아니라면, '황금도 돌 보듯이 외면해버리는' 의리가 있는 사람들입니다. 이 소중한 한국인의 기상을 신앙에 담아야 할 것입니다.

3장

시간 다 쓰셨습니다

언제고 하나님께서
내 인생을 향해서 "이제 그만! 시간 다 썼다" 하고
숨을 거두어가시는 날이 올 것입니다.

— 시간 다 쓰셨습니다 중에서

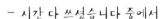

최선을 다합시다

우리 몸의 심장은 무게가 고작 300그램이지만, 하루에 8만 킬로미터 정도 펴져 있는 몸속의 혈관에 10만 번 정도 피를 뿜어냅니다. 초강력 모터입니다. 단 1초도 쉬지 않고 펌프질을 하는 심장 덕분에 우리가 생명을 유지합니다. 가볍게 여기는 혈관 속의 피 한 방울도 대단한 열정을 가지고 있습니다. 한 방울의 혈액이 보통 혈관을 타고 매일 약 2억 7천만 킬로미터를 오가며 양분과 산소를 우리 몸에 공급합니다. 자연 소멸하기 전까지 매일 달나라까지의 거리를 왔다 갔다 하는 것입니다. 그의 고단한 우주 여행 덕분에 우리가 목숨을 부지합니다. 이 세상 최고의 세일즈맨입니다.

뇌의 무게는 1,300그램입니다. 그 속에 140억 개의 신경세포가 들어 있습니다. 하루에 700만 개의 세포가 움직이며 활동하는 덕분에 우리가 생각하고 계획을 세우게 됩니다. 시신경은 약 70만 개의 섬유 신경세포로 구성되어 있는데, 눈에 들어오는 1억 3천

200만 개의 정보를 매일 뇌에 전달하고 기록하는 일을 합니다. 이 분들 덕분에 세상이 돌아가는 것을 보게 됩니다. 세상에 이 시신경들보다 더 열심히 일하는 사무직원들이 과연 어디 있을까요? 사람의 폐는 1분에 18번 정도 호흡을 하고, 하루 동안 2만 3,000번의 숨을 쉽니다. 한 번에 받아들이는 공기의 양은 약 3,000 CC입니다. 그러니까 생맥주 500cc 한 컵을 1분에 108번씩 쉬지 않고 들이키는 것과 똑같습니다.

혀의 길이는 보통 10cm이고 하루에 대략 48,000개의 단어를 말한다고 합니다. 잠자는 시간을 제하고 나면 분당 50~60개의 단어들을 쉬지 않고 말하는 양입니다. 말하는 것만으로는 일이 부족해서 그랬을까요? 혀는 자기의 표면에 있는 신경돌기 9,000개를 통해서 입에 들어오는 음식의 단맛, 신맛, 쓴맛, 짠맛을 분별해 냅니다. 그리고 우리 몸의 장기들 중에서 가장 부드러운 혀는 가장 딱딱하고 단단한 치아 사이를 누비면서 음식물들을 빻아 반죽하는 일을 합니다. 물론 자기 몸에서 직접 아밀라아제를 분비시켜 운임도 나오지 않는 멍청한 수고를 하는 것입니다. 종종 씹는 것과 말하는 것을 동시에 하다가 가장 많은 부상을 당하는 것이 바로 혀입니다. 그러나 이 혀의 중노동으로 사람은 생명을 유지하고 사는 보람을 느끼게 됩니다.

하나님이 만드신 우리 몸의 모든 장기는 매일매일 최선을 다해서 일을 합니다. 하루 24시간 반복되는 중노동의 결정체가 바로 우리 사람인 것입니다. 그래서 사람은 이미 그 존재만으로도 수고와 고생의 산물입니다. 그런데 참 신기하고 아이러니한 것은 그 엄청난 노동의 결과인 사람은 최선을 다하지 않는다는 것입니다. 기회만 있으면 게으름을 피우고, 놀려고 합니다. 정도를 걷기보다는 편법을 쓰려고 합니다. 편의주의만 추구하며 얄삽하게 살려고 합니다. 참으로 안타까운 일입니다. 만약 나태해지려는 생각이 든다면, 그때마다 왼쪽 가슴에 손을 대고 미친 듯이 뛰는 심장을 느껴보십시오. 아니면, 잠시 동안 눈을 감고 밝은 세상을 보게 하려고 몸부림치는 눈동자의 뻐근함을 느껴보십시오. 부끄러움을 느끼고 다시 제자리로 돌아오게 될 것입니다.

케냐 출신의 여자 마라토너 '하이브 응게티치'는 미국에서 열린 한 마라톤 대회에서 선두로 달리다가 37km 지점에서 탈진 증세로 쓰러지고 말았습니다. 그녀는 경기를 포기하라는 의료진들의 권유를 뿌리치고 무릎으로 기기 시작했습니다. 그녀는 5Km의 거리를 맨 무릎으로 완주했고 온몸이 엉망진창이 되었습니다. 이날 응게티치의 완주 기록은 3시간 4분 2초였습니다. 비록 우승권에서는 멀어졌지만, '최선을 다한다는 것'이 무엇인지를 세상 사람들에게 보여주는 위대한 일을 했습니다. 그녀는 인터뷰에서 "마라톤 선수는 죽더라도 끝까지 뛰어야 한다"라는 말을 남겼습니다. 일등을 하고 승리를 거두는 것이 아름다운 것이 아니라, 최선을 다하는 것이 진정한 아름다움입니다. 하나님이 우리의 몸을 그렇게 만드셨기 때문입니다.

　추수의 계절이 다가왔습니다. 끝까지 최선을 다해서 아름다운 열매들을 거두시기 바랍니다.

버려야 제대로 살 수 있습니다

사람들은 대부분 과거에 머물고 싶어 하는 마음이 있습니다. 몇몇 특별한 예외의 사람들도 있지만, 대부분의 경우는 그 과거가 아무리 절망적이고 고통스러운 것이었더라도 털어내지 못하고 마음 한켠에 접어두고 살아갑니다. 자신을 완전히 비워버리고 새로운 인생을 사는 것은 영화에나 나오는 이야기입니다. 새로운 변화를 위해 움직이기보다는 '집착'이라는 의자에 앉아서 여러 모양으로 자신을 합리화하고 정당성을 부여하면서 살아갑니다. "그때는 어쩔 수 없었다", "누구라도 그랬을 것이다"라는 이유를 대며 생존을 위해 부단히 노력하지만, 여전히 그 과거에 사로잡혀 있습니다.

꿈과 소망을 이야기하던 젊은이가 언제부터인지 '과거지향적인' 중년의 사람으로 바뀌어버립니다. 모이기만 하면 언제나 과거의 이야기를 합니다. 힘들었던 군대생활, 매웠던 시집살이, 서럽고 아팠던 기억들을 되씹고 곱씹습니다. 위로하고 치유한다는 빌미로 눈물을 흘리며 상처와 아픔들을 서로서로 나누지만, 나빴던 기억들은 나누면 나눌수록 생생하게 되살아날 뿐입니다. 짠 바닷물을 마시면 마실수록 갈증이 더 심해지는 것처럼, 아픈 과거에 집착할수록 아픔의 강도는 점점 더 심해집니다.

　과거를 잊는 최선의 방법은 '현재'에 집중하는 것입니다. 현재의 나를 제대로 바라보아야 합니다. 현재를 도외시한 막연한 미래를 이야기하는 것도 과거를 지키고 유지하려는 또 다른 거짓 행위에 불과합니다. 현재에 초점을 맞추어야 합니다. 현재를 똑바로 직시하려면 반드시 과거를 놓아야 합니다. 미국에 살면서도 그 옛날 한국에서의 생활만 이야기하고 그리워하는 사람들이 있습니다. 안타까운 일이지만, 그분들은 다시 한국으로 돌아가도 만족하지 못하고, 이번에는 반대로 미국 생활을 그리워하고 아쉬워하게 될 것입니다. 용단을 내려서 과거를 끊어버리지 못한다면, 미래에도 그 과거의 모습이 재현되고 말 것입니다.

　하나님이 우리에게 주신 유일한 시간은 현재입니다. 과거와 미래는 하나님만이 판단하시고 주관하실 것입니다. 우리는 하루하루 부여된 현재를 충실하게 살아내야 합니다. 이제는 용기를 내서 과거의 것들을 버리는 연습을 해야 합니다. 과거의 아팠던 것들은 현재의 상처로 기억될 것이고, 과거의 좋았던 것들은 현재에서는 현상 유지를 꾀하는 인생의 장애물들이 될 것입니다. 과거는 흘러간 것이니 흘려보내고 현재에만 집중해야 합니다. 무엇인가를 잃어버린다는 것은 반대로 다른 어떤 것을 얻을 수 있는 기회입니다. 과거의 것들을 붙잡고는 현재의 다른 것들을 얻을 수가 없습니다. 먼저 놓아야 합니다. 꼭 필요한 것이 아니면 버리는 연습을 해야 합니다.

어수선한 방을 보면서 언제고 날을 잡아 정리해야겠다는 생각을 자주 합니다. 그러나 막상 방 정리를 하려고 물건들을 추리다 보면 버릴 것이 하나도 없습니다. 애꿎은 마누라 물건만 죄다 내다 버립니다. 참으로 신기합니다. 정리하고 버리려고 마음먹으면 전부 다 필요한 것들뿐입니다. 심리학자들의 말에 의하면, 우리가 소유하고 있는 것들 중에서 사용하는 것들은 고작 15%를 넘지 못한다고 합니다. 나머지는 그냥 쌓아놓고 사는 것들입니다. 평생을 살면서 쓸 확률이 거의 없는데도 소유를 위한 소유를 합니다. 집으로 돌아가시면, 신발장과 옷장을 열어보십시오! 앞으로도 절대로 사용하지 않을 것들이 대부분일 것입니다. 그래도 버리지 못합니다. 그 속에 우리의 과거가 담겨 있기 때문입니다.

스페인에 가면 '산티아고 순례길'이 있습니다. 해마다 수만 명이 넘는 사람들이 이 길을 찾아옵니다. 800Km정도 되는 길인데 완주하는데 보통 40~50일 정도가 걸린다고 합니다. 얼마 전에 이 길을 완주하고 오신 연세 드신 목사님 한 분을 만났습니다. 그분은 이 외롭고 쓸쓸한 길을 걸으면서 자신이 얼마나 불필요한 것들로 가득 찬 인생을 살았는지 다시 한번 회개하셨다고 합니다. 작은 배낭 한 개, 지팡이 역할을 하는 스키 폴, 등산화 한 켤레 그리고 말벗이 되어주실 주님 한 분이면 족한 길입니다. 단 한 권의 책도 무겁고 불편해서 도중에 전부 버렸다고 합니다. 어떤 치장물이나 장식물도 사치가 되는 그 순례의 여정을 걸으면서 당신이 얼마나 욕심으로 가득 찬 삶을 살았는지 깨달았다고 합니다. "버려야만 제대로 살 수 있다"라는 그 목사님의 단호한 말씀을 들으면서 새해에는 다르게 살아야겠다는 결심을 하게 됩니다.

좋은 추억을 남기세요

시간은 공평하고 정확한 것이지만 그렇다고 누구나가 다 그렇게 경험하는 것은 아닙니다. 사람마다 시간의 비중이나 속도감을 다르게 느낍니다. 일하는 사람과 노는 사람이 느끼는 시간이 다르고, 버스 안에서 서 있는 사람과 앉아 있는 사람이 느끼는 시간이 분명히 다릅니다. 결혼을 하루 앞두고 있는 새신랑이 느끼는 시간과 군 생활을 막 시작한 이등병이 느끼는 시간은 같은 시간이라도 크게 다를 것입니다. 남편의 사랑을 받으며 행복에 겨워 사는 아내와 맨날 눈탱이가 밤탱이가 되도록 두들겨 맞는 아내가 경험하는 시간도 천양지판으로 다를 것입니다. 같은 시간인데도 누구에게는 시간이 화살처럼 빨리 날아가지만, 또 다른 누구에겐가는 굼벵이 기어가는 것처럼 느릿느릿할 것입니다. 똑같은 시간이라도 사뭇 다르게 느끼는 것을 보면 시간은 그 자체로 마술입니다.

연세 드신 어른들이 경험하는 시간과 파릇파릇한 젊은이들이 맞이하는 시간도 큰 차이가 있습니다. 오늘날의 버릇없는 젊은이들을 향해 많은 노인들이 푸념처럼 말합니다. "언제고 철이 들면 이해하겠지…." 망나니 같은 자녀들을 키우는 부모님들도 입버릇처럼 말합니다. "시간이 가면 부모의 은혜를 깨닫는 날이 오겠지…." 그러나 같은 시간대를 살고 있어도 두 세대는 다른 비중과 속도로 시간을 살기 때문에 두 세대가 서로 공감하면서 만나는 날은 거의 오지 않을 것입니다. 물론, 이전의 부모님 세대를 젊은 이들이 이해하는 날이 언제고 오기는 올 것입니다. 그렇지만 두 세대가 서로를 얼싸안는 날이 오기는 결코 쉽지 않을 것입니다. 시간의 속도가 다르기 때문입니다. 젊은이들의 시간의 속력이 줄어 지금의 연장자들이 느끼는 감정을 경험하려면, 생각보다 많은 시간이 필요하고, 그때까지 생존해 있을 연장자들은 그렇게 많지 않을 것입니다.

'아하! 내 아버지가 이렇겠구나', '어머니가 이런 마음이셨겠구나', '노년이 된다는 것이 바로 이런 것이구나' 하고 깨달을 때는 이미 기존의 연장자들은 존재하지 않는 다른 세상이 될 것입니다. 참으로 안타까운 일이지만, 앞으로 시간이 지나면 지날수록 두 세대 간의 거리감은 점점 더 멀어질 것입니다. 그래서 많은 철학자들은 "젊은 사람들에게 이해를 구하지도 말고, 그들을 이해하려고도 하지 말라"고 조언합니다.

저에게도 두 아들이 있습니다. 제 생각에는 아직도 아이들이 저의 품 안에 있는 두세 살배기 코흘리개 같은데, 그놈들은 자기가 스스로 자기 밥 먹고 큰 줄 압니다. 한 걸음 더 나아가서 언제부터인지 우리 두 부부를 케케묵은 골동품 대하듯 합니다. 곧 철들면 나아지리라 생각을 했는데, 솔직히 시간이 갈수록 간격이 점점 더 벌어지고 멀어지는 것을 느끼게 됩니다. 그들이 경험하는 세상의 속도를 제가 살아가는 세상의 속도로는 도저히 따라잡을 수 없기 때문입니다.

그러나 시간이 아무리 빠른 속력으로 지나간다고 해도 그 속도감이나 비중을 뛰어넘어 언제든지 쉽게 만날 수 있는 무중력의 장소가 있습니다. 물리학에서는 이곳을 블랙홀Black Hole이라고 부릅니다. 시간과 중력이 멈추는 곳입니다. 이곳에서는 모든 움직임이 멈추고 과거와 현재와 미래가 모두 한 자리에서 만납니다. 우리가 살아가는 이 세상에도 블랙홀이 있습니다. 그것은 '추억reminiscence'입니다. 시간이 많이 흘러서 부모와 자녀가 그리고 젊은 이와 연장자가 만날 수 없는 격차로 벌어졌다고 할지라도 아름다운 추억을 떠올리게 되면 언제든지 그곳에서 그리운 만남이 이루어집니다. 그 추억 속에서는 서로 간의 장벽과 갈등이 존재하지 않습니다. 이해와 사랑만이 존재합니다.

추억이라는 공간에서는 놀랍게도 죽음도 뛰어넘을 수 있습니다. 이미 고인이 되셨어도 추억이라는 공간에서는 부모와 스승을 언제든지 바로 눈앞에서 만나는 것처럼 경험할 수 있습니다. 추억 속에서는 거리낌 없이 젊은 아버지도 만날 수 있고, 소녀 같은 어머니도 만날 수 있습니다. 젊은 군복을 입고 있는 원로 장로님도 만날 수 있고, 미니스커트를 입고 배시시 웃는 소녀 같은 권사님도 만날 수 있습니다. 언제든지 아름다웠던 추억의 무대만 펼칠 수 있다면, 그때의 모습으로 되돌아가서 쉽게 그분을 만날 수 있습니다.

인생은 어찌 보면 아름다운 추억을 남기는 과정입니다. 좋은 추억, 감동적인 기억들을 많이 남기는 사람이 성공적인 인생을 산 사람들입니다. 사랑하는 자녀들에게 잔소리나 쓴소리보다는 좋은 추억을 남겨 주십시오. 행복했던 좋은 시간들을 심어주면, 그들이 음속Mach의 속력으로 멀리 달아났다 할지라도 언제든지 그 추억을 쉼터로 삼아 다시 돌아올 것입니다. 젊은이들에게도 좋은 기억을 남겨 주십시오. 재물이나 권세는 시간이 지나면 잊히지만 멋진 추억을 남긴 분들은 후세 젊은이들의 입술과 기억을 통해 언제든지 부활할 것입니다. 좋은 추억을 남기는 것이 멋진 인생을 사는 방법입니다.

천천히 그리고 바르게

머칠 전에 신문에 중국의 네 살 난 사내아이가 발을 꼰 채로 의자에 앉아서 담배를 피우고 있어서 화제가 되었습니다. 중국의 후난성 신화현에 사는 이 아이는 아직 머리에 솜털도 다 나지 않은 것 같은데 벌써 1년이 넘게 줄담배를 피우고 있습니다. 질경질경 무엇인가를 씹고 있어서 껌인 줄 알았는데 알고 보니 각성제입니다. 담배를 피우고 재를 떨어내는 모습이 영락없이 조폭영화의 깡패를 닮았습니다. 시골에 사는 아빠 엄마들이 돈을 벌기 위해서 무작정 도시로 떠났기 때문에 6,100만 농가의 아이들이 고스란히 심각한 위기에 방치되어 있다고 합니다. 갑작스럽게 경제 강국으로 부상하고 있는 중국이 겪고 있는 가장 심각한 사회 문제입니다. 자신들을 돌봐주는 부모들이 없어지게 되자 아이들이 갑자기 폭풍 성장을 시작합니다. 문제는 못되게 성장한다는 것입니다. 맛있는 음식을 먹고, 사랑을 받으면서 예쁘게 자라야할 아이들이 기형적인 성장을 하고 있는 것입니다. 참으로 안타까운 현실입니다.

요즈음 우리 교회에 아기들이 많이 태어납니다. 젊은 부부들이 많아졌다는 반가운 신호입니다. 엄마 아빠들을 닮아서 그런지 아기들이 똘똘하고 성숙해보입니다. 어른이 되어야 나올 만한 절묘한 표정을 이미 자유롭게 구사합니다. 부모들 중에는 자기 아이가 천재이거나 신동이라고 생각하는 사람들이 많이 있습니다. 옛날에는 아이들이 태어나면 보통 한 달 정도가 지나야 귀가 트였는데, 요즘에는 일주일 정도 지나면 약간의 소리에도 민감하게 반응합니다. 빨리 듣게 된 것입니다. 부모와 눈을 마주치는 것도 예전에는 백일 이후에나 가능했었는데 이제는 두 달 정도만 되어도 엄마, 아빠를 알아보고 배냇짓을 하면서 좋아합니다. 저와 같은 둔챙이들은 태어난 지 일 년이 훨씬 지나서야 비로소 두 발로 벽을 짚고 일어섰는데, 요즘 아기들은 열 달만 되면 대부분 일어서고, 심지어 첫 돌이 되면 뛰어다니는 놈들도 있습니다. 당연히 부모들이 볼 때는 천재처럼 보일 것입니다. '미운 일곱 살'이라는 말도 이제는 옛말입니다. 세 살, 네 살이면 미운 짓을 아주 자연스럽게 합니다. 세상이 엄청나게 빨라진 것입니다.

이런 농담이 있습니다. 네 살 먹은 남자아이가 세 살 먹은 여자아이의 손을 허락도 없이 잡았답니다. 난데없는 성추행(?)에 놀란 여자아이가 얼른 손을 뿌리치자 남자아이가 능글맞게 한 소리 했다고 합니다. "왜 이래? 한두 살 먹은 어린아이도 아니고!"

아이들만 그런 것이 아니라, 우리가 살고 있는 이 세상이 모두 다 빨라졌습니다. 어렸을 때 자주 들었던 용어들 중에 요즘에는 좀처럼 듣기 힘든 것들이 부지기수입니다. '뜸', '정', '여운', '서정', '기다림' 같은 말들은 그 의미가 거의 퇴색되고 말았습니다. 우리는 먹는 식물들을 빨리 자라게 하려고 성장촉진제와 성장호르몬 같은 것들을 과도하게 많이 사용합니다. 손님들이 크고 탐스러운 과일이나 농작물들을 선호하기 때문에 농부는 어쩔 수 없이 성장 촉진제들을 들어붓는다고 합니다. 물고기들을 사육하고 가축들을 기르는 사람들도 입장이 마찬가지입니다. 빨리 자라게 하고 흠집 없이 만들기 위해서 성장촉진제와 성장호르몬 그리고 항생제들을 무차별하게 사용합니다.

그 덕분에 모든 가축들이 '빨리빨리' 그리고 '크게 크게' 성장합니다. 옛날에는 상상도 할 수 없었는데, 이제는 병아리들도 한 달 안에 다 부화해서 이미 중닭이 되어 버립니다. 소, 돼지, 개 등 모든 가축들이 마찬가지입니다. 마치 새로운 '종'인 것처럼 후딱 커 버립니다. 그런데 문제는 그것들을 전부 사람이 먹는 것입니다. 자연히 아이들이 빨리 자랍니다. 아기들이 예전과는 비교할 수도 없는 속력으로 성장하는 이유는 대부분 성장호르몬 때문입니다. 산모가 섭취한 과다한 양의 촉진제들이 여과 없이 태아들에게 전이됩니다. 덕분에 아이들이 아기 때부터 성장 속도가 빨라집니다. "우리 애는 여덟 달 밖에 안됐는데 이렇게 잘 걸어요", "유치원에 들어가기 전에 벌써 한글을 다 깨쳤어요", "얘는 3개 국어를 해요. 애늙은이 같아요." 대부분의 부모들이 자랑스러워하며 은근히 자식 자랑을 합니다. 기쁜 일입니다. 그런데 꼭 알아야 합니다. "뭐든지 빨리하면 빨리 끝이 납니다." 인생은 항상 정해진 분량이 있기 때문입니다.

사람이 사람다운 사람으로 성장하려면 '뜸'이 들고, '철'이 들고, 시간이 지나야 합니다. 피, 땀, 눈물이 고이고 쌓여서 만드는 것이 '인생'인데, 그 인생을 슈퍼마켓에서 즉석으로 사 먹는 인스탄트 컵라면처럼 생각을 합니다. 참으로 딱한 일입니다. 못된 것을 먹으면 빨리 할지는 모르겠지만, 반드시 못된 짓을 하게 됩니다. 많은 사람들이 땀 안 흘리고 좋은 결과를 급하게 얻으려고 무리수를 둡니다. 당연히 무리가 따르고, 불합리한 일들이 끊임없이 발생합니다. 뭐든지 빨리하려고 기발한 방법으로 사기를 치고 도둑질을 합니다. 거짓말을 하고 일확천금을 꿈꿉니다. 그러나 결과는 항상 좋지 않습니다. 모두 폭풍 성장의 부작용들입니다. '속도'보다 더 중요한 것은 '방향'입니다. 그리고 그 방향은 언제나 '가치'와 '의미'를 담고 있어야 합니다. 빨리 하려는 욕심보다는 제대로 하려는 열심을 가져야 합니다. 과연, 이것이 바른 것인지?, 가치 있는 것인지? 그리고 주님이 기뻐하시는 것인지? 항상 물음을 던지며 '천천히' 그리고 '바르게' 하는 법을 연습해야 할 것입니다.

후회의 눈물

한국의 경상북도 울진에는 거대한 대왕문어가 삽니다. 서해나 동해에서 서식하는 피문어, 돌문어, 참문어, 왜문어들과는 달리 이 대왕문어는 말 그대로 거대한 크기를 자랑합니다. 몸 길이가 최하 2미터, 무게도 10킬로그램 정도는 되어야 그때부터 '대왕문어'라는 명칭을 붙여줄 수 있다고 합니다. 얼마 전에는 거의 10미터 크기에 몸무게도 60킬로그램을 육박하는 거대한 대왕문어가 잡혔다고 합니다. 바다에서 가장 무섭다고 하는 상어나 힘센 바다사자도 다 자란 대왕문어는 건드리지 않는다고 합니다. 잘못했다가는 문어의 거대한 다리에 휘감겨서 허리가 두 도막나던지 아니면 질식해서 죽는 일이 비일비재하다고 합니다. 문어의 다리에 있는 빨판들도 얼마나 접착력이 강한지 노련한 베테랑 잠수부들도 운 좋게 대왕문어를 발견했다고 하더라도 함부로 잡으려고 하지 않는다고 합니다. 잘못해서 대왕문어의 손아귀에 한번 잡히게 되면 그 강한 악력에서 벗어나지 못하고 질식하는 경우가 많기 때문입니다. 대왕문어는 한마디로 '바다의 저승사자'입니다. 슬슬 바다의 밑바닥을 기어 다니다가 먹이를 발견하게 되면 스멀스멀 다리를 뻗어 순식간에 먹이를 휘감아버리는데 영락없는 공포영화의 주인공입니다.

며칠 전에 우연히 '유튜브_{youtube}' 동영상 사이트에서 어부들이 대왕문어를 잡는 동영상을 보게 되었습니다. 과연 저렇게 크고 무서운 대왕문어를 누가 잡을 수 있을지 궁금했었는데 역시 정답은 '사람'이었습니다. 어부들이 갈고리 모양으로 생긴 줄낚시 바늘을 수천 개 바다 속에 드리워놓습니다. 각각의 갈고리 낚싯바늘에는 두툼하게 썰은 '돼지비계'가 걸려 있습니다. 대왕문어들이 광적으로 좋아하는 최고의 먹이가 돼지비계라고 합니다. 그 강렬한 냄새와 자르르 흐르는 기름기의 매력은 문어들이 결코 뿌리치지 못하는 유혹입니다. 문어들은 심장이 세 개라고 합니다. 두 개는 아가미 너머로 피를 공급하고, 나머지 하나는 온몸으로 피를 보낸다고 합니다. 심장이 세 개라서 그런지 배포가 두둑하고, 머릿속에 있는 뇌 외에도 다리 전체에 신경 뉴런 세포가 있어서 온몸으로 생각을 한다고 합니다. 그래서 연체동물 중에서는 머리가 가장 비상한 것이 문어입니다. 그런 문어를 잡는 것은 결코 쉬운 일이 아닙니다. 대왕문어들은 바보가 아니기 때문에 갑자기 줄지어 바다 속에 매달려 있는 돼지비계들을 보면 단박에 뭔가가 수상하다는 것을 눈치 챈다고 합니다. 처음에는 어슬렁거리며 냉철하게 돼지비계 미끼를 거부합니다. 그러나 그 부드럽고 강렬한 마력에 결국 문어는 돼지비계를 꽉 움켜쥐고 맙니다. 그리고 잠시 후 문어는 되물릴 수 없는 자신의 실수를 탓하면서 후회의 눈물을 흘리게 됩니다. 처절하게 발버둥치며 사방으로 검붉은 핏빛 먹물을 뿜어대지만 예리한 낚싯바늘에서 벗어나지 못하고 배 위로 서서히 끌려 올라가게 됩니다.

저는 낚시를 별로 좋아하지 않습니다. 대학을 다닐 때 잠깐 동안 광적으로 낚시에 빠져 있던 적이 있었습니다만, 한 사건을 경험한 이후로 완전히 흥미를 잃어버렸습니다. 교회의 친구들과 함께 학교 수업을 빼먹고 춘천의 한 저수지로 며칠 동안 낚시질을 떠난 적이 있었습니다. 일반적으로 낚시꾼들은 허풍이 세다고 하는데, 정말 어마어마하게 큰 '집채만 한 떡붕어'(?)가 제 낚싯대에 걸려들었습니다. 몸을 뒤틀며 하도 난리를 쳐서 처음에는 고래를 잡은 줄 알았습니다. 반시간 동안 사투를 벌였는데 결국 탈진한 놈이 두 손 두 발 다 들고 낚싯줄에 매달려 질질 끌려 나왔습니다. 큰 몸뚱이가 조그마한 주둥이에 걸린 바늘 때문에 운명을 달리하며 탈진한 채 온몸을 비틉니다. 거의 뭍으로 나왔을 때 바늘 때문에 심하게 찢어진 주둥이 사이로 붉은 핏빛이 보입니다. 쉬지 않고 뻐끔거리는 애처로운 모습을 보면서 갑자기 가엾은 생각이 들었습니다. 뭐 특별한 죄를 지은 것도 아닌데 대가가 너무 혹독합니다. 단지 본능에 이끌려 낚시 미끼를 일용할 양식으로 착각하고 입에 넣은 것뿐입니다. 단 한 번의 실수 때문에 삶을 마감해야 하는 떡붕어의 삶이 너무도 처량해보였습니다. 그날 붕어의 슬픈 눈동자를 본 이후 일찌감치 낚시를 접어 버렸습니다. 저렇게 자라기까지 엄청난 삶의 애환이 있었을 텐데 단 한 번의 입질로 최후를 맞는 모습이 너무도 가혹하게 느껴졌기 때문입니다.

그런데 그것이 '삶'입니다. 단 한 번의 유혹으로 언제든지 생을 마감할 수 있습니다. 어쩌면 이 숙명은 비단 저들만의 것이 아닙니다. 이 땅에 존재하는 모든 생물들의 실존적인 운명입니다. 고요해 보이고 평화롭게 느껴지는 세상이라도 도처에 우리가 알지 못하는 별의별 위험들이 복병처럼 숨어 있습니다. 잠깐이라도 편안하게 정신줄을 놓게 되면 언제든지 희생양이 될 수 있습니다. 아프리카 초원에서 풀을 뜯거나, 강에서 물을 마시는 초식동물들을 보면 항상 긴장해 있습니다. 눈알을 360도로 쉬지 않고 돌리면서 주변을 경계합니다. '저렇게 먹으면 불안해서 아무 맛도 느끼지 못할 텐데!' 딱한 생각이 들기도 하지만, 육식동물들의 먹이 거리가 되지 않으려면 어쩔 수 없는 일입니다. 늘 긴장하고 살아야 합니다.

인생도 별로 다르지 않습니다. 언제나 살얼음판을 걷는 것과 비슷합니다. 전혀 예상하지 못했던 위험들이 항상 우리의 주변에서 똬리를 틀고 숨어 있습니다. 언제든지 기회를 보다가 스멀스멀 다리를 뻗어 우리를 휘감을 수 있습니다. 그러므로 성경은 우리가 늘 깨어서 조심하고 근신할 것을 권면합니다(살전 5:6; 벧전

1:13; 4:7). 늘 조심하지 않으면 어느 한순간에 치명적인 재난이 우리의 삶을 통째로 삼켜버릴 수 있습니다. 사람들은 언제나 '자기는 특별할 것'이라는 생각을 가지고 살다가 어느 한순간의 방심 때문에 '자신도 평범한 사람들 중의 하나'라는 것을 알게 됩니다. 항상 겸손한 마음으로 긴장의 줄을 쥐고 살아야 합니다. 그래야 후회의 눈물을 막을 수 있습니다.

요강에 밥 담아 먹는 마음으로

어렸을 때 다니던 교회의 목사님께 들은 이야기입니다. 포항에서 목회를 하시는 연세 드신 목사님 내외가 있었습니다. 두분이 거주하시는 허름한 사택 마루 밑에 오랫동안 쓰지 않던 스테인리스 '요강'이 있었습니다. 이제는 한국이나 미국이나 화장실이 모두 집 안에 있기 때문에 요강은 더 이상 필요 없는 애물단지가 되었습니다. 그러나 얼마 전까지만 해도 밤마다 가장 요긴하게 사용되던 보물이 바로 요강입니다. 추운 겨울날이나 모기들이 떼거지로 덤벼드는 무더운 여름에 자다가 일어나서 잠을 방해받지 않고 번거로운 '배출 의식'(?)을 가장 잘 치를 수 있는 방법이 요강을 사용하는 것이었습니다. 아마도, 두 내외분에게 손때 묻은 애장품이라서 차마 버리지 못하고 마루 밑에 놔두었던 것 같은데, 어느 날 제철공장에서 작업 과장으로 일하는 박 권사가 목사님 댁에 놀러 왔다가 이 요강을 발견했습니다. 그는 목사님께 "더 이상 사용하지 않을 것이라면, 그 요강을 자기에게 달라"고 부탁을 했습니다. 목사님 내외는 아쉬웠지만 쾌히 승낙을 했고, 요강은 그렇게 사택에서 종말을 고하고 말았습니다.

　몇 달 후, 박 권사는 목사님과 사모님께 예쁜 상자에 담긴 밥그릇 선물 세트를 가지고 다시 찾아 왔습니다. "목사님, 사모님, 여기에 진지를 담아 드시고 건강하시라고 제가 가지고 왔습니다." 박 권사가 흐뭇한 얼굴로 내미는 상자를 받아 열어보니 거기에는 예쁜 문양을 새겨 넣은 앙증맞은 스테인리스 밥그릇과 국그릇 세트가 담겨 있었습니다. 목사님 내외는 너무도 기분이 좋았습니다. 그래서 아들 같은 박 권사에게 "사택에 온 김에 밥이나 먹고 가라"고 권하고 함께 식사를 했습니다. 두 부부는 새 식기에 밥을 담아 먹었는데, 밥맛이 훨씬 더 좋았습니다. 한참 맛있게 식사를 하는데 갑자기 박 권사가 묘한 질문을 했습니다. "목사님, 그 밥그릇과 국그릇, 사실은 제가 직접 만든 것입니다. 제가 무엇으로 만들었는지 아세요?" 두 부부가 식사를 멈추고 멀뚱멀뚱 서로를 바라보다가 박 권사에게 한마디 던졌습니다. "그것을 어떻게 아나? 자네가 사 온 것이 아닌가?" 그러자 박 권사가 짓궂은 표정으로 다시 말을 받았습니다. "사실은 제가 목사님 댁에서 지난번에 가져갔던 요강을 녹여서 만든 것입니다. 정말 기가 막히게 잘 만들었지요?"

　목사님 내외는 갑자기 밥맛이 십 리만큼 뚝 떨어져서 멀리 달아나는 것을 느꼈습니다. 얼마 전까지 한밤중에 대소변을 보던 더러운 요강이었는데, 지금은 밥그릇과 국그릇으로 거듭나서 자신들의 상 위에 놓여 있다는 것이 끔찍하기까지 했습니다. 더 이상 쓰지 않던 고물 요강이 용광로에 들어갔다 나오니까 이제는 사람들의 음식을 담당하는 그릇으로 용도가 바뀐 것입니다. 하수도 담당에서 상수도 담당으로 족보를 바꾼 것입니다.

갑자기 이사야서에 나오는 '진흙과 토기장이의 비유'(사 45:8 이하)가 생각났습니다. 주님은 우리를 빚으신 토기장이이십니다. 당신의 계획과 의지에 따라서 언제든지 우리를 요강으로 만들기도 하시고, 다시 밥그릇과 국그릇으로 용도를 변경하시기도 합니다. 요강의 입장에서는 기분이 더러울 수도 있지만, "어디에 쓸 것인가?"를 결정하는 것은 오직 하나님의 몫입니다. 지음 받은 물건의 임무는 주어진 용도에 따라 최선을 다해 쓰임 받는 것뿐입니다.

'퍼세식에서 수세식으로' 화장실이 바뀌면서 요강의 수명이 다한 것처럼, 머지않아 스테인리스 식기 세트도 새로운 소재의 그릇에 떠밀려 그 명을 다하는 날이 곧 올 것입니다. 그냥 용도에 맞춰 열심히 살면 그뿐입니다. 이전에 섬기던 교회 옆에 한때 미국 최고의 거부였던 하워드 휴즈Howard Hughes의 쇼핑센터가 있었습니다. 라스베이거스와 미국 도처에 엄청난 부와 힘을 쥐고 있던 그였지만, 부러워할 만한 멋진 삶을 살지 못하고, 별의별 추문을 남기고, 해괴한 짓만 하다가 결국 대인기피증에 걸려 혼자 독신으로 가난뱅이처럼 삶을 마감했습니다. 191센티미터의 장신이었지만, 죽을 때는 체중이 41킬로그램 밖에 나가지 않았고, 도인같이 긴 머리카락 그리고 엽기적으로 긴 손, 발톱 때문에 신원도 확인하기 어려웠다고 합니다. 화려한 금식기에, 금수저를 쥐고 태어났지만, 살아간 모습은 결코 요강 수준을 뛰어넘지 못했습니다. 그러므로 자기의 인생이 요강이라고 넋두리하면서 살 필요도 없고, 예쁜 밥그릇이라고 목에 힘줄 필요도 없습니다. 용도에 맞게 최선을 다해 살면 그뿐입니다. 요강이 밥그릇 되고, 밥그릇이 요강 되는 날이 언제든지 일어날 수 있습니다. 요강 때 최선을 다하지 못한 사람이 밥그릇이 된다고 달라지지 않습니다. 오락가락, 왔다갔다 하는 세상에서 항상 '요강에 밥 담아 먹는 심정으로' 열심히 살아야 할 것 같습니다.

후회 없는 삶을 위하여

어느 노인의 회고담입니다. 그는 젊었을 때 누구보다도 열심히 일했습니다. 덕분에 그는 주변의 사람들에게 사랑과 인정을 받았습니다. 65세가 되었을 때는 당당하게 박수를 받으면서 은퇴할 수 있었습니다. 세 명의 자녀들도 그의 수고 덕분에 사회에서 일찍 자리를 잡을 수 있었습니다. 은퇴를 하면서 그는 자신의 인생에 만족했습니다. 이제는 할 만큼 했고 충분히 쉴 자격이 있다고 생각했습니다. 스스로에게 만족했습니다.

그러나 30년의 세월이 흘러 95번째 생일을 맞이하던 날, 그는 후회의 눈물을 흘렸습니다. 65세에 은퇴할 때, 이제는 인생의 황혼이라고 스스로 생각을 접은 것입니다. 남은 인생은 그냥 덤으로 산다는 마음을 가졌습니다. 그런데 30년이나 더 살게 될 줄은 몰랐던 것입니다. 그는 분명히 65세까지는 스스로에게 자랑스럽고 떳떳했습니다. 그러나 그 후의 30년은 너무도 느슨하고 맥 빠진 삶이었습니다. 인생의 삼분의 일을 허망하게 보낸 것입니다.

돌아보니 은퇴를 하던 그때부터 무엇인가를 다시 시작해야 했습니다. 이제 나이가 95세가 되었는데 아직도 정신이 또렷또렷하고 움직이는 데 지장이 없습니다. 남들은 다 살았다고 말들 하지만, 앞으로도 10년 이상은 더 살 것 같습니다. 잘못하면 20년을 더 살지도 모릅니다. 그래서 그는 고령의 나이에 다시 긴장해서 남은 시간을 살기로 결심했습니다. 증손자들이 보는 영어책을 다시 붙들고 공부를 시작했습니다. 건강이 허락된다면, 대학도 가기로 마음먹었습니다. 어쩌면 10년 후, 105살의 나이에 맞이하게 될 자신의 인생 앞에서 두 번 다시 후회의 눈물을 흘리지 않기 위해서입니다.

종종 90살이 넘은 나이에 대학을 진학하거나 박사학위를 받으시는 노인들의 이야기를 접하게 됩니다. 텔레비전에도 나와서 사각 졸업 모자를 쓰고 해맑게 웃고 있는 노인들을 보게 됩니다. 대단하다는 감탄사를 넘어서 위대하다는 느낌마저 듭니다. 우리는 50살만 넘어도 기억력이 감퇴하고 건망증이 심하다는 넋두리를 자주 늘어놓습니다. 마치 세상을 정리할 사람처럼 생각합니다. 그런데 우리가 살아가는 이 시대는 이미 초고령화 시대에 접어들었습니다. 며칠 전에 일본의 105살 된 '미야자키 히데키치'라는 노인이 100미터를 42초 22에 돌파해서 기네스북에 올랐다는 기사가 신문에 났습니다. "기록이 안 좋아서 암만해도 은퇴를 못 하고 앞으로도 계속 뛰어야 할 것 같다"라는 말까지 했다고 합니다.

일본의 5인조 할아버지 아이돌 그룹 '지팝'이 일본에서 최절정의 인기를 누리고 있다고 하고, 105살 먹은 현역 의사가 이제는 무의촌에 가서 봉사하겠다고 선언을 하기도 했습니다. 90살 먹은 여성분이 래퍼로 데뷔를 하기도 하고, 고령의 나이에도 계속 공무원으로 일하는 분들이 미국에도 수두룩합니다. 마지막 순간까지 최선을 다해 후회 없이 살겠다는 각오들이 대단합니다.

우리 교회도 매주 수요일이면 살롬대학에 오시는 연장자들이 많이 계십니다. 서예나 그림을 멋지게 그리시고, 악기도 열심히 배웁니다. 젊은이 못지않게 땀을 뻘뻘 흘리며 탁구도 치시고, 라인 댄스도 추십니다. 나이라는 것이 정말 숫자에 불과하다는 느낌이 들만큼 대단한 노익장의 소유자들입니다. '나도 저렇게 나이 들어야겠다'는 도전을 줍니다.

하지만 우리는 신앙인으로서 한 걸음 더 나아가서 이 땅에서뿐만 아니라 하나님의 나라까지 염두에 두고 열심히 살아야 합니다. 이 땅에서는 잘 살았는데, 하나님의 나라에서는 부끄러운 모습으로 후회의 눈물을 흘리게 된다면 결국에는 안타까운 인생으로 최종의 삶을 마감하게 될 것입니다.

새 것과 옛 것

사람들은 항상 새로운 것을 좋아합니다. 새로운 것이 자극적이면 자극적일수록 더욱더 만족합니다. 하지만 그 새로운 것은 머지않아 너무도 익숙한 헌것으로 바뀌고 맙니다. 그렇게 되면 금방 식상해버리고 아무런 감흥도 느끼지 못하게 됩니다. 그래서 사람들은 끊임없이 더 발전되고 진화된 새로운 것들을 추구해 왔습니다. 덕분에 세상은 변화에 변화를 거듭해 왔습니다. 예전에는 전화기를 들고 다니면서 통화를 하는 날이 올 것이라고 아무도 상상하지 못했습니다. 전화 교환원을 두고 간신히 대화를 하던 수준에서 다이얼 전화기가 나오고, 버튼식 전화기로 진화하더니 급기야는 여러 모양의 휴대폰을 거쳐 '스마트폰'이라는 우리 시대 최고의 걸작품이 탄생하였습니다.

이제는 스마트하지 않은 사람들도 스마트폰을 사용합니다. 길거리에서 구걸을 하는 거지들도 스마트폰을 사용합니다. 이제는 전화기 기능만으로는 만족하지 못해서 스마트폰 안에 모바일 뱅

킹, 일기예보, 카메라, 길 찾기 프로그램 그리고 대부분의 컴퓨터 기능들이 다 탑재되어 있습니다. 공간적 개념으로 생각한다면, 큰 창고 몇 채에 채워 넣을 수 있는 엄청난 양의 데이터베이스들이 손바닥 위에 앙증맞게 올라와 있는 것입니다. 이렇게 엄청난 별천지 세상이 펼쳐졌는데도 만족을 모르는 사람의 욕망은 끊임없이 새로운 다른 것들을 요구합니다. 덕분에 해마다 더 새로워지고 발전된 기종의 스마트폰들이 계속 쏟아져 나오고 있습니다. 거기에 장사꾼들의 상술까지 더해지면서 사람들은 2년이 멀다하고 계약을 통해 새로운 모양과 기능의 스마트폰을 바꾸어가며 소유하고 있습니다.

스마트폰만 그런 것이 아니라, 우리 시대에 존재하는 모든 것들이 끊임없이 진화와 발전을 거듭하고 있습니다. 미래학자들은 이미 앞으로 어떤 새로운 것들이 나오게 될지 예측을 포기한 상태입니다. 상상을 초월하는 것들이 새로운 모양과 개념으로 우리들의 눈앞에 나타날 것입니다. 그런데 문제는 이런 새로운 변화의 개념을 사람들에게도 적용하는 것입니다. 각종 소셜 네트워킹 서비스_SNS, Social Networking Service를 통해서 새로운 사람들과의 만남을 선호하고 기존의 알고 있던 사람들은 너무도 소홀하게 생각하는 것입니다. 이미 알고 있는 사람들에게는 별로 흥미나 관심을 두지 않습니다. 너무 익숙하기 때문에 아무런 설렘이나 긴장이 없습니다. 항상 똑같은 말투, 목소리, 행동 양식 그리고 표현방식에 이르기까지 전혀 자극을 주지 못하기 때문에 있으나 마나 한 권태로운 존재로 취급해버리는 것입니다.

그러나 사람은 물건이 아닙니다. 물건은 새로운 것이 좋을지 모르겠지만, 사람은 결코 그렇지 않습니다. 인생의 한순간 또는 매 순간을 함께 겪으면서 살아온 사람들은 어쩌면 또 다른 '나'이기 때문입니다. 사람은 세월 속에 깊이를 더해 갑니다. 새로운 사람은 나에게 긴장감이나 신선한 짜릿함을 제공해 줄지는 모르지만, 그 앞에서는 항상 가식적인 태도나 위선적인 행동을 해야만 합니다. 깍듯한 예의범절도 차려야 하고 마음에도 없는 소리 또는 반응을 보여야만 합니다. 하지만 이미 나를 알고 있는 사람은 묵은 된장 같은 존재입니다. 있는 모습 그대로 보여도 문제가 없습니다. 만날 때 씻지 않고 나가도 되고, 가식을 떨지 않아도 됩니다. 언제나 속마음을 편안하게 드러낼 수 있습니다. 그래서 사람은 묵을수록 좋은 것 같습니다.

그러고 보면 물건도 마찬가지입니다. 새로운 것은 신선한 자극을 주는지 모르겠지만, 항상 위험부담을 전제로 합니다. 어떻게 그것을 작동시키는지 익숙하지 않아서 배우는 데 많은 시간을 들여야 하고, 골머리를 썩어야 합니다. 게다가 익숙해지면 곧 싫증이 나게 되는 악순환의 연속입니다. 항상 새로운 것을 추구하는 사람들은 세련되고 발전적인 사람처럼 보일지는 모르겠지만, 어딘가 신뢰감이 떨어집니다. 반면에 옛것을 고수하는 사람들에게서는 언제나 깊은 안정감이 배어 있습니다. 그렇다고 해서 너무

옛것에만 집착하면 사람이 고리타분하고 고집이 센 사람으로 보일 것이고, 반대로 너무 새것만 추구해도 변덕스럽고 무책임한 사람으로 비쳐질 것입니다.

빨리 돌아가는 세상 속에서 적절한 자기만의 시간 개념을 가지고 본질적인 것과 비본질적인 것을 잘 구분하고 조절하는 지혜가 필요할 것입니다.

시간 다 쓰셨습니다

손석희라는 아나운서가 있습니다. 그는 권력자들에게 바른 말을 잘하고, 개인의 불필요한 욕심을 채우려고 하지 않아서 젊은이들에게 많은 인기를 누리고 있는 방송인입니다. 털어서 먼지 안 날 사람이 있겠습니까만, 그는 적어도 아직은 자기가 한 말에 대해서는 지키려고 노력하는 사람입니다. 도를 넘는 행동을 자제하고 방송인 본연의 자세를 유지하려고 애씁니다. 지금이라도 정치판에 뛰어들면 높은 자리 하나는 꿰찰 만한 인물인데도 그는 자신이 약속한 대로 아직은 진흙탕 같은 권력 싸움에 발을 들여놓지 않았습니다. 그래서 그는 많은 사람들에게 여전히 권위 있는 언론인으로 자리를 지키고 있습니다.

예전에 그가 진행하던 〈100분 토론〉이라는 프로그램이 생각납니다. 사회에서 뜨거운 관심과 논쟁의 대상이 되고 있는 문제나 인물들을 불러서 변론하고 반박하는 생방송 프로그램이었습니다. 대화자들이 서로 반대되는 입장에 있는 사람들이었기 때문에 격렬하게 공방을 벌이다 보면 당연히 토론의 시간이 부족했습니다. 자신들에게 주어진 발언 시간이 이미 끝났는데도 좀처럼 손에 쥐고 있는 마이크를 놓으려 하지 않았습니다. 그때마다 마치 전설적인 중국의 재판관 '포청천'처럼, 근엄하고 단호한 목소리로 날카롭게 시간 관리를 하던 그의 모습이 떠오릅니다. "1분만 더 드리겠습니다. 빨리 마무리해주십시오", "본인의 입장만 말씀해 주시기 바랍니다." 그리고 마침내는 서릿발 같은 목소리로 선언합니다. "이제 그만! 시간 다 쓰셨습니다."

핏기 하나 찾기 힘든 차갑고 메마른 얼굴로 매몰차게 마이크를 거두어가는 그의 모습은 영락없이 죽음의 사신 '하데스'를 닮았습니다. 저는 개인적으로 토론 프로그램들이 마치 짜고 치는 고스톱 같아서 좋아하지 않습니다. 발언 내용이나 순서들 그리고 너무도 뻔한 결과들을 볼 때면 실망감 때문에 좀처럼 보고 싶은 마음이 들지 않습니다. 게다가 녹화방송의 경우는 대부분 방송 분량을 맞추느라고 뺄 것은 다 빼고, 애먼 것만 덧붙여서 시청자들을 혼란케 하는 것 같아서 시간 낭비라는 생각을 자주 했었습니다. 그러나 손석희 아나운서가 진행하는 방송만큼은 항상 즐겨 보았습니다. 손석희라는 사람의 개인적인 매력과 신뢰 때문이었습니다. 말도 안 되는 변명을 늘어놓으면서 거짓말로 점철된 논리를 펴는 사람에게 손석희 아나운서가 "이제 시간 다 쓰셨습니다" 하고 대화를 닫아 버리는 모습을 볼 때면, 통쾌함을 넘어 모골이 송연한 전율을 느끼게 됩니다.

언제고 하나님께서 내 인생을 향해서도 "이제 그만! 시간 다 썼다" 하고 숨을 거두어가시는 날이 올 것입니다. "아직 할 일이 남았는데요" 하고 이의를 제기해도 아랑곳하지 않고 목숨줄을 거두시는 날이 올 것입니다. 지난 열흘 동안 카자흐스탄, 키르기스스탄 그리고 우스또배 같은 선교지를 다니면서 의미 있는 시간들을 보냈습니다. 중앙아시아와 유라시아 선교를 위해서 헌신하시는 분들의 아름다운 모습을 보면서 많은 감동과 도전을 경험했습니다. '언제쯤 집으로 돌아가나?' 하는 조바심도 있었지만, 그날은 걱정하지 않아도 금방 다가왔습니다. 이제 좀 적응할 만하고 함께 간 사람들과도 친해질 만하니까, 시간이 금방 다 지나간 것입니다. 참 빨랐습니다. 우리 인생도 이럴 것이라는 생각이 불현듯 머리를 스쳤습니다.

인생이 너무 힘들고 공정하지 않다고 하소연할 필요도 없고, 순풍에 돛 단 듯이 술술 풀린다고 해서 목에 힘을 줄 필요도 없습니다. "인천항에 배 한 번만 뜨면 내 인생 확 바뀝니다" 너스레를 떨 필요도 없습니다. 금방 지나가기 때문입니다. 우스또베에서 사역하시는 박희진 선교사님이 그곳에 머무는 동안 계속해서 감사의 말씀을 하셨습니다. "나는 김 목사님이 오셔서 마치 주님을 만난 것 같습니다. 애틀랜타한인교회 성도들에게 꼭 감사하다고 전해주세요." 연세도 많으시고, 건강이 안 좋아서 걸음걸이도 시원찮으신 분이 자꾸 고마워하시니 도리어 제가 미안하고 부끄러운 생각이 들어 견딜 수가 없었습니다. "선교사님, 그런 소리 그만하시고, 건강관리나 잘하세요. 이제는 누릴 것은 좀 누리세요."
그러자 선교사님이 얼굴에 아기 같은 미소를 띠시며 한마디 던지
셨습니다. "이제 시간을 거의 다 썼습니다. 금방 끝납니다. 그러면
곧 주님께로 갈 겁니다." 해맑은 그분의 눈망울을 보면서 자꾸 부
끄러운 생각만 들었습니다. 남은 시간을 잘 써야겠습니다.

그냥 하면 됩니다

컴퓨터 에니메이션 영화 〈꿀벌 대소동Bee Movie〉의 첫 장면에 이런 대목이 등장합니다. "벌들은 절대로 날 수 없다. 통통한 몸에 비해서 날개가 너무 작기 때문이다. 하지만 벌들은 잘 날아다닌다. 왜냐하면 벌들은 인간이 뭐라고 말하든 신경 쓰지 않기 때문이다." 며칠 전, 위암 말기로 고생하고 있는 젊은 집사님 한 분에게 이 글을 텍스트로 보냈습니다. 의사가 뭐라고 검사 결과를 말해주던 신경 쓰지 말고 그냥 열심히 살면 된다고 너스레를 떤 것입니다. 솔직히 너무 답답하니까 말 같지도 않은 말로 위로를 건넨 것입니다. '식자우환識字憂患'이라는 말처럼, 뭔가를 알기 때문에 미리 절망하고 자포자기해서 남은 시간을 무력하게 맞이하는 일이 다반사입니다. 차라리 처음부터 '그러려니' 생각하고 자신에게 부여된 일을 끝까지 잘 하다보면 오히려 예상치 못한 좋은 결과를 낳는 경우도 많이 있습니다.

제 아내의 할아버지는 인후암 환자셨습니다. 하지만 '생명의 주인은 오직 하나님뿐이시다'라는 생각을 가지고 일체의 흐트러짐 없이 열심히 최선을 다해 사셨습니다. 나중에 30년을 더 사셨는데 돌아가실 때 사망 원인이 인후암이 아니라, 교통사고였습니다. 오래 사는 것도 축복이지만, 그보다 더 중요한 것은 하나님이 주신 생명을 그분께 가기 전까지 열심히 살아내는 것입니다. 그래서 '생生'은 '명命'인 것입니다.

한국 속담에 "모르는 게 약이다"라는 말이 있습니다. 어떤 경우에는 모르는 것이 오히려 도움이 되기도 합니다. "아는 것이 힘이다"라는 말도 있지만, 실제로는 안다고 해서 모든 것이 힘이 되는 것은 아닙니다. 알기 때문에 주눅이 들고, 좌절하게 되고, 포기하게 되는 경우도 비일비재합니다. '열린문Open Doors' 선교회를 만든 네덜란드의 선교사 '브라더 앤드류Brother Andrew'가 지은 자서전적인 책 『하나님의 밀수꾼God's Smuggler』에는 정말 깊은 공감을 주는 한 구절이 등장합니다. "돌아올 생각을 하지 않는다면 모든 문은 열려 있다." 죽을 각오로 하면 이 세상에서 불가능한 일은 없다는 것입니다. 예수님을 알지 못하던 사람이 어떻게 주님을 영접하고, 복음 불모지의 땅인 공산진영에서 목숨을 걸고 사역하는 선교사가 되었는지에 대한 놀라운 이야기들이 이 책에 가득 담겨 있습니다. 절대 불가능한 상황 속에서도 인생의 주도권을 쥐시고 우리를 이끌어가시는 하나님의 기적적인 섭리와 은혜를 이 책은 생생하게 증언하고 있습니다. 어제나 오늘이나 동일하신 하나님은 구약이나 신약성경에서 하셨던 것과 동일한 방법으로 변함없이 역사를 이루어 가십니다. 그런데 문제는 그 엄청난 일들을 목도하고 받아들일 수 있는 '믿음'이 없는 것입니다.

우리는 힘들고 절망스러운 어떤 현실을 만나게 되면 그것을 회피할 수 있는 핑계와 이유를 찾기에 급급합니다. 두터운 현실의 벽 앞에서 돌파보다는 자기 합리화를 모색하게 됩니다. "하나님도 내가 이것을 하는 것을 원치 않으실 거야" 하며 나름대로 정당성을 부여합니다. 그러나 앤드류 선교사가 말하는 것처럼, "돌아올 길을 포기해 버린다면" 세상이 달리 보일 것입니다. 좀더 하나님의 능력을 신뢰하게 될 것이고, 하나님의 이끄심을 눈으로 보게 될 것입니다. 그냥 하면 됩니다!

베드로와 그의 형제들이 만약 가지고 있던 배와 그물을 버리지 않고 적절하게 처리할 방법을 찾았다면, 그들은 결코 죽을 때까지 예수님을 따르지 못했을 것입니다. 급하게 배를 매매할 사람을 찾는 것도 쉽지 않았을 것이고, 적당한 가격으로 흥정하는 일도 만만치 않았을 것입니다. 그물을 배에 끼워서 팔아야 할지 아니면 따로 팔아야 할지 복잡한 문제가 한둘이 아니었을 것입니다. 그런데 앞뒤 가리지 않고 버리고나니까 간단해졌습니다. 성경은 이 과정을 딱 한 줄로 설명합니다. "배와 그물을 버리고 따르니라!"

성경에 나오는 대부분의 사람들은 이와 같은 과정을 겪었습니다. 그냥 먼저 주님께 마음을 정하니까, 그 다음은 모든 일들이 저절로 해결되었습니다. 너무 논리적이려고 하지 마십시오. 너무 명확하고 분명한 답을 얻으려고 하지 마십시오. 자칫하면 하나님의 성령이 역사하실 자리마저 잃어버리게 될 것입니다.

어렸을 때 많이 듣던 이야기 중의 하나가 '수신제가 치국평천하修身齊家 治國平天下'였습니다. '먼저, 자신의 몸과 마음을 닦고, 집안을 정제한 다음, 나라를 다스리고 천하를 평정하라'는 뜻입니다. 이론으로는 참 멋진 말입니다. 그러나 현실은 그렇지 않습니다. 거꾸로 생각을 해보십시오. 천하를 평정하기에 손색이 없을 만큼 나라를 다스릴 수 있는 사람이 어디 있으며, 나랏일을 할 수 있을 만큼 가정을 잘 이끌 수 있는 흠이 없는 사람이 어디 있습니까? 그리고 가정을 잘 건사하는 전제 조건이 자기의 몸과 마음을 충분히 잘 수련하는 것이라면, 아마도 평생 동안 결혼 한 번 못해보고, 처녀, 총각으로 늙어죽을 사람들이 수두룩할 것입니다. 그냥 하는 겁니다! '수신修身'하면서, 동시에 '제가齊家'하는 것이고, '치국治國'하는 것도 같이 하는 것입니다. 그리고 다른 나라의 일에도 관심을 갖고 함께 '평천하平天下'해 나아가는 것입니다. 부족하고 모자라지만, 함께해 나아가는 것입니다. 그러면 신실하신 주님께서 우리를 인도해 나아가실 것입니다. 그것이 믿음입니다. 저는 그렇게 믿습니다.

왜 사자가 강한가?

많은 사람들이 질문합니다. "왜 사자가 정글의 왕인가?" 대부분의 사람들은 사자를 생각하면 무서운 이빨과 날카로운 발톱 그리고 근육질의 단단한 몸으로 으르렁거리며 포효하는 모습을 떠올립니다. 쏜살같이 뛰어올라서 얼룩말이나 물소의 목을 물어뜯는 사나운 맹수의 모습이 연상됩니다. 물론 사자는 분명히 그런 동물입니다. 힘이 세고 빠르며 용맹스러워서 언제든지 마음만 먹으면 어떤 동물이라도 사냥할 수 있는 강자라고 생각을 합니다. 그러나 그런 이유 때문에 사자를 동물 중의 최고의 강자라고 뽑는다면 그것은 잘못된 선택입니다.

우선 사자는 사냥에 성공하는 경우보다 실패하는 경우가 더 많습니다. 열 번 시도하면 한두 번 밖에는 성공하지 못한다고 합니다. 그래서 그들은 혼자 사냥하기보다는 모여서 연합으로 약한 동물들을 사냥하는 것이 거의 대부분입니다. 너무 나이가 많이 들거나 무리로부터 따돌림을 당하게 되면 대부분의 사자들은 혼자서 돌아다니며 죽은 동물이나 아주 작은 동물들을 찾아다니다가 굶어 죽는다고 합니다. 그렇지 않으면 하이에나 같은 맹수 무리를 만나 목숨을 잃는 경우도 많이 있다고 합니다. 그러니까 사자의 강인한 외모만 보고 동물의 왕이라고 말하는 것은 착각입니다.

게다가 아무리 사자라고 해도 코끼리나 코뿔소 그리고 악어 같은 무서운 동물을 만나게 되면 대부분은 도망치기에 급급합니다. 실제로 우리는 〈동물의 왕국〉이라는 프로그램을 통해서 이런 모습을 자주 보아 왔습니다. 요즘에는 물소들이 집단으로 달려들어 사자를 살해하는 장면도 종종 목격되고, 풀을 뜯고 있던 기린에게 달려들었다가 발에 채여 죽기도 하면서 사자의 체면을 구기기도 합니다. 성난 코뿔소에게 생각 없이 접근했다가 코뿔소의 뿔에 받혀 즉사하는 것도 보았고, 헤엄쳐서 강을 건너다가 악어에게 물려 처참하게 물속에서 생을 마감하는 것도 방송을 통해 보았습니다. 그런 모습을 보면서도 과연 우리가 사자를 동물의 왕이라고 부를 수 있을까요?

우리가 정작 사자를 밀림의 왕이라고 부르는 이유는 따로 있습니다. 사자들이 무섭게 사냥을 하는 모습에서 우리는 그의 강인함을 찾는 것이 아니라, 오히려 그들이 유유자적하면서 쉬는 모습에서 최강의 포식자라는 것을 느끼게 됩니다. 사자는 사람들처럼 삼시 세끼를 먹는 동물이 아닙니다. 그들은 배가 고프면 사냥을 해서 먹고, 나머지 시간은 거의 잠을 자는 동물입니다. 과도하게 많이 먹으면 사흘 동안 밤낮으로 잠만 잔다고 합니다. 그런데 신기하게도 보초를 서는 놈이 없습니다. 대부분 무리를 지어 사는 동물들은 전체의 안전을 위해서 자기 전에 꼭 파수를 보는 보초병을 세우는데 사자들은 아무런 생각 없이 그냥 잡니다. 한 놈만 자는 것이 아니라, 열외 없이 모든 사자들이 잠을 잡니다.

자는 모습을 봐도 세상에 무서운 것이 없습니다. 이미 배가 불렀고 자기들을 건드릴 수 있는 존재가 이 지구상에 없다고 믿는 것 같습니다. 다시는 눈을 뜨지 않을 것처럼 뻗어서 잡니다. 아무리 거대한 코끼리라 할지라도 무리 중에는 반드시 깨어서 교대로 파수를 보는 놈이 있습니다. 심지어는 다른 맹수들의 습격이 염려되어 눕지 않고 눈을 뜨고 서서 자는 동물들도 한둘이 아닙니다. 자다가도 어디에선가 바스락거리는 소리가 나면 신경을 곤두세우고 민첩하게 반응을 보입니다. 오직 사자만이 다른 동물을 신경 쓰지 않고 편안하게 잠을 잡니다. 사자가 동물 세계의 최강자임을 보여주는 증거입니다.

사람들 중에서도 자신이 강자임을 보여주는 증거는 일하는 모습에서가 아니라 쉬는 모습에서 찾을 수 있습니다. 대통령의 휴식은 어느 나라나 요란합니다. 그만큼 대통령의 직무가 중요하다는 뜻일 것입니다. 대통령이 한 번 휴가를 가려고 하면 밑에 있는 사람들은 난리가 납니다. 대통령에게 최고의 편안함을 선사하기 위해서입니다. 그래야 국정으로 돌아갔을 때 많은 정적들로부터 국가를 지키고 국정을 올바르게 이끌어갈 수 있습니다. 다른 사람은 난리 법석을 떨지만, 정작 대통령은 천진난만하게 정해진 기간 동안 휴식을 갖습니다. 대통령의 휴식에 대해 왈가불가하는 국민은 하나도 없습니다. 대통령의 엄청난 힘을 볼 수 있는 장면입니다.

기업의 총수들이나 재벌들도 보면, 바쁘게 일하는 그들의 모습에서 강자로서의 면모가 드러나는 것이 아니라, 오히려 호화롭게 휴식을 취하는 모습에서 강자로서의 자부심과 자만심이 여지없이 드러납니다. 무더운 여름이나 살을 에는 추운 겨울에도 어김없이 편안한 휴식을 갖습니다. 작은 것에 연연하지 않아도 되는 축적된 힘을 느낄 수 있습니다. 반면에 약자들은 일 년 내내 쉬지 않고 일을 합니다. 편안하게 다리 뻗고 누웠다가는 내일을 기약할 수 없기 때문입니다.

우리가 미국에 유학을 오고, 이민을 온 이유는 강자가 되기 위해서입니다. 또 우리 자녀들에게 최고의 교육 환경과 기회를 제공하려는 이유도 그들을 강자로 키우기 위해서입니다. 최고의 강자만이 멋진 휴식을 취할 수 있습니다. 그렇다면 우리의 자녀들에게 안식일에는 안식하는 법을 가르치고, 휴식할 때는 사자처럼 쉬는 모습을 보여주십시오. 반드시 강자로 성장해 나아갈 것입니다.

싸이렌의 자존심

옛날 지중해의 한 섬에 아름다운 목소리를 가진 '싸이렌Siren' 이라는 바다의 요정들이 살고 있었습니다. 매혹적인 소녀의 얼굴로 감미로운 노래를 부르는 이 아리따운 요정들은 사실 그 섬 근처를 오가는 배의 선원들을 유혹해서 배를 좌초시키고 그들의 인육을 뜯어먹는 무서운 식인 괴물들이었습니다. 날카로운 새의 발톱을 가진 이 괴물 요정들은 자부심이 아주 강했습니다. '자신들의 아름다운 미모와 매혹적인 목소리에 넘어가지 않을 남자들이 없을 것'이라고 믿었습니다. 그러나 그 자신감은 '오디세우스'라는 한 영웅의 등장과 함께 처참하게 무너지고 말았습니다. 오디세우스는 자신에게 부과된 임무 때문에 이 싸이렌들이 살고 있는 죽음의 지역을 통과할 수밖에 없었습니다. 그는 마녀 '키르케'의 조언을 받아 선원들에게 밀랍으로 귀를 틀어막게 하고 자신은 배의 기둥에 몸을 묶어 만약의 사태에 대비하면서 선원들을 지휘했습니다. 귀를 틀어막아 아무 소리도 들을 수 없었던 선원들은 싸이렌의 고혹적인 노랫소리를 뚫고 무사히 지중해를 통과할 수 있었습니다. 선원들이 귀를 틀어막고 있었던 것을 알지 못하는 싸이렌들은 자존심이 몹시 상했습니다. "어떻게 자신들을 그냥 지나칠 수 있는지" 몹시 분노한 싸이렌들은 화를 이기지 못하고 바위에 자신의 몸을 던져 자살하고 말았습니다. 자존심이 목숨보다 훨씬 더 귀했던 것입니다.

미국에서 가장 높은 커피 판매율을 올리고 있는 커피점은 '스타벅스Starbucks'입니다. 1971년에 이 커피점이 탄생하기 전까지 커피는 당연히 집에서만 마시는 음료였습니다. 커피를 밖에서 사 먹는 날이 올 것으로 생각한 사람은 아무도 없었습니다. 그러나 영어 교사였던 '제리 볼드윈', 역사 과목 교사였던 '제프 시글' 그리고 작가 '고든 보커'가 함께 꿈을 꾸면서 동업으로 시애틀에 이 스타벅스 커피 전문점을 시작하면서 커피의 역사가 바뀌게 되었습니다. 훗날 유명한 '하워드 슐츠'가 이 스타벅스 커피 사업에 함께 동업하면서부터 스타벅스 브랜드는 전 세계를 휩쓰는 커피전문점으로 자리를 굳히게 되었습니다. 이들의 경영철학은 전 세계에 '집'과 '일터' 그리고 '스타벅스 커피점'을 하나로 연결시키는 생활공간을 만드는 것이었습니다. 이 세 공간을 사람들이 매일 살아갈 수밖에 없는 장소로 묶는 것입니다. "아무도 스타벅스 커피점 앞을 그냥 못 지나치게 하자"라는 야무진 꿈을 꾼 것입니다. 당시에는 황당한 이야기였지만, 얼마 되지 않아 그들의 꿈은 현실이 되었습니다. 공교롭게도 스타벅스의 로고는 바다의 요정 '싸이렌'입니다. 그 자존심 강한 전설의 주인공이 다시 스타벅스를 통해서 부활한 것입니다. 스타벅스 커피점이 존재하는 모든 곳에는 이 요정 싸이렌이 자신만만한 표정으로 스타벅스 간판 속에 똬리를 틀고 지나가는 사람들을 도도하게 내려다봅니다.

통계에 의하면 스타벅스는 미국 커피 시장의 52.5%를 이미 점유하고 있으며, 세 사람 중의 한 명은 이 스타벅스 커피와 함께 하루를 시작한다고 합니다. 다른 회사의 커피에 비해 유독 향과 맛이 강해서 한번 스타벅스 커피를 마시게 되면 다른 회사의 커피는 맛이 싱겁고 밋밋해서 거들떠보지도 않게 된다고 합니다. 한국 사람들 중에도 이 스타벅스 커피를 즐기는 사람들이 많습니다. 소위 '별다방', '쓰벅이'로 통하는 이 스타벅스 커피점에도 한국 사람들이 끊이지 않는 것을 보면 스타벅스에 대해 섬뜩한 느낌이 들 때가 있습니다.

저도 애틀랜타로 내려온 이후에 스타벅스 커피의 광팬이 되었습니다. 날씨 때문인지 더욱 스타벅스 커피에 빠져들게 됩니다. 여름에는 냉커피 그리고 겨울에는 따뜻한 커피를 마시게 됩니다. 스타벅스 커피점을 들어갈 때마다 요정 싸이렌의 로고를 다시 한번 보게 됩니다. 물론 살을 뜯어 먹히는 것은 아니지만, 이미 그녀의 마력에 중독된 것 같은 생각이 듭니다. 얼마 전에는 위염이 있으니 커피를 마시지 말라는 의사의 조언을 들었지만, 그럼에도 불구하고 그녀의 집 앞을 그냥 지나치지 못합니다. 요정 싸이렌의 자존심이 스타벅스 커피점을 통해서 다시 한번 그 위력을 과시하는 것 같습니다.

가끔 세상의 빛과 소금이라는 기독교인의 자존심에 대해서 생각해 보곤 합니다. 세상의 커피 전문점도 저렇게 자존심을 걸고 커피 한 잔을 만드는데, 세상에 맛과 빛을 전한다는 교회가 너무 자존심 없이 산다는 생각을 해봅니다. 어떤 때는 세상의 논리를 따라 이리저리 초라하게 휘둘리는 것 같습니다. 요즈음 스타벅스 앞을 지날 때마다 요정 '싸이렌'이 예전보다 더 커 보이는 이유가 그 때문일까요?

하나님 앞에서 진실하게

대부분의 사람들이 객관적으로 이해하고 공감할 수 있는 실제적인 일이나 사건을 '사실fact'이라고 합니다. 눈으로 직접 인지할 수 있고, 논리적으로 명확하게 입증할 수 있어야만 사실이라고 말할 수 있습니다. 그런 면에서 '사실'은 철저하게 객관적인 성격을 전제로 한 단어입니다. 그러나 외형적으로 드러난 객관적인 사실의 뒷면에는 항상 감추어진 속사정이나 표현되지 못한 마음이 있습니다. 그 내면의 숨겨진 사실을 어떻게 '해석'하느냐에 따라서 전혀 다른 결과를 얻을 수 있습니다. 이 주관적으로 해석된 사실을 우리는 '진실truth'이라고 부릅니다. 진실은 객관적으로 드러난 사실보다도 그 사실을 해석하는 사람의 주관적인 관점이 더 중요합니다. 우리는 자주 이 '사실'과 '진실'이라는 단어를 같은 뜻의 단어인 것처럼 혼동하지만, 실제로는 이 두 단어가 전혀 다른 결과를 낳을 수도 있다는 것을 알아야 합니다.

어떤 사람이 살인이라는 치명적인 범죄를 저질렀다고 합시다. 그가 살인범이라는 것은 객관적으로 명백한 '사실'입니다. 그는 법에 따라 심판을 받아야 합니다. 그러나 그를 처벌한다고 해서 모든 문제가 해결되고 다시는 그와 같은 범죄가 일어나지 않는 것은 아닙니다. 살인밖에는 도무지 답을 찾을 수 없도록 만든 더 나쁜 사람이나 조직이 따로 존재하기 때문입니다. 그래서 우리가 어떤 영화나 드라마들을 보게 되면 이런 대사가 나오는 것을 자주 보게 됩니다. "그가 살인범이라는 것은 명백한 사실입니다. 그러나 그 살인을 저지른 진범은 따로 있습니다. 그가 살인을 저지를 수밖에 없도록 만든 진짜 살인범은 바로 '국가'입니다. 이것이 진실입니다." 이런 가상의 이야기가 아니더라도, 우리는 일상생활 속에서 사실과 진실의 차이를 자주 경험할 수 있습니다.

우리 한국 속담에 "보이는 것이 전부는 아니다"라는 말이 있습니다. 달리 말하면, 사실과 진실이 다를 수 있다는 말입니다. 눈으로 볼 수 있는 '사실' 이면에 숨겨진 '진짜 사실', 즉 '진실'이 존재할 수 있다는 말입니다. 거짓과 음모가 난무하는 세상에서 살다 보니 자연스럽게 시간이 갈수록 눈에 보이는 사실보다는 숨겨진 진실에 더 초점을 맞추게 됩니다. 겉으로는 존경하고 사랑하는 것처럼 행동하지만, 실제로는 다른 의도를 갖고 있는 경우가 많이 있습니다.

얼마 전에 사랑하는 연예인 여자 친구에게 배신을 당한 한 어리석은 남자가 앙심을 품고 기자들 앞에서 그 여자 친구의 성형 수술 전 사진을 내보이면서 그녀의 외모에 대한 진실을 폭로한 적이 있었습니다. "여러분이 보시는 것처럼, 그녀가 예쁘다는 것은 사실입니다. 그러나 그녀는 성형미인입니다. 이 사진들이 바로 그 진실입니다." 진실이 겉으로 보여지는 사실 뒤에 얼마든지 가려져 있을 수 있다는 것을 주장한 것입니다.

우리가 사는 이 세상은 질서와 평화를 유지하기 위해서 눈에 보이는 객관적인 사실에 초점을 맞추어 모든 일들을 처리합니다. 어느 한 개인의 주관적인 상황이나 사정은 고려의 대상이 아닙니다. 그래서 진실은 파묻히고 객관적인 사실만 드러날 때가 많이 있습니다. 우리가 살아가는 이 시대의 비극 중의 하나는 눈에 보이는 사실만 지나치게 의존한다는 것입니다. 그래서 많은 범죄자들이 객관적인 사실을 잘 조작하고 은폐해서 자신은 그 범죄에 전혀 연관 없는 것처럼 멋지게 선을 긋습니다. 그러면 세상에서는 언제나 무죄입니다. 그런데 우리의 주님은 사실보다는 진실에 더 많은 애정과 관심을 갖고 계신 분입니다. 예수님은 언제나 제자들에게 "내가 진실로 진실로 말한다"라고 하셨지, "내가 사실로 사실로 말한다"고 하지 않으셨습니다. 머리의 사실보다는 가슴의 진실을 더 들으려고 하신 분이 주님이십니다.

한번은 알몸의 한 여인이 간음을 하다가 현장에서 끌려왔습니다. 두 눈을 질끈 감은 그녀는 이미 살 수 있는 희망을 포기해버 렸습니다. 간음한 여인은 돌을 던져 살해하는 것이 당시의 법이 었기 때문입니다. 사람들은 오직 사실 이외에는 관심을 두지 않 습니다. 율법사들과 종교지도자들은 예수님께 나아와서 "이 간악 한 음녀를 어떻게 해야 하나?"라고 묻습니다. 종교지도자들은 마 치 자신들이 하나님의 법을 지키기 위해서 이 땅에 온 정의의 사 도들인 것처럼 행동합니다. 그러나 그들의 마음은 딱 하나, "예수 님을 제거하는 것" 밖에는 관심이 없습니다. 이것이 '진실'입니다. 전하는 말에 의하면, 그들의 속마음을 꿰뚫어보신 예수님께서 이 렇게 말씀하셨다고 합니다. "너희 중에 죄 없는 자가 먼저 돌로 쳐 라." 그들은 당당하게 양쪽 손에 날카로운 돌들을 거머쥐고 있었 지만, 그들의 속마음은 자신들의 눈앞에 있는 벌거벗은 여인의 알몸을 탐하면서 상상의 날개를 펴고 있었습니다.

돌에 맞아 죽어야 할 사람은 그녀만이 아니라, 그녀에게 돌을 던지려고 준비하고 있는 자신들도 해당된다는 것을 스스로 알 게 된 것입니다. 벌거벗은 그녀가 바로 자신들의 마음속에 숨겨 진 간음죄의 증거물이었던 것입니다. 숨겨진 진실을 보게 된 사 람들은 하나, 둘씩 손에 쥐고 있던 돌을 내려놓고 물러갑니다. 사 실적인 측면에서 보면 그들은 깨끗했지만, 진실이라는 면에서 가 늠해 보면 자신들도 그녀와 똑같은 죄인이었던 것입니다. 사람이 아무리 겹겹이 싸매고 덮는다 할지라도 주님 앞에서는 모든 것이 환하게 드러납니다. 이것이 진실입니다. 주님 앞에서는 감추어진 진실이란 결코 존재하지 않습니다.

억울한 누명을 쓰고 긴 시간 동안 옥고를 치른 사람들이 나중에 결백이 입증되어 다시 세상의 빛을 보게 되면, 방송 인터뷰를 통해서 꼭 하는 말이 있습니다. "진실은 반드시 밝혀진다"라는 것입니다. 그들이 몸으로 직접 배운 세상의 이치가 이렇다면, 하물며 전지全知하신 하나님 앞에서야 어떻겠습니까? 눈에 보이는 사실만 염두에 두고 얍삽하게 살기보다는, 비록 눈에는 잘 띄지 않을지라도 하나님 앞에서 진실하게 살아가려는 마음을 가져야 할 것입니다.

배움에는 때가 없습니다

늙기 시작하는 순간은 배움을 멈추는 순간입니다. 아직 배워야 할 것이 많다고 생각하면 여전히 젊은 사람입니다. 이미 다 배울 만큼 배웠다고 생각하면 더 이상 젊은 사람이 아닙니다. 노인의 특징을 한 가지만 이야기하라고 하면 저는 제일 먼저 이 사실을 지적할 것입니다. 노인은 배우는 것을 귀찮아합니다. 누군가가 새로운 것을 가르치려고 하면 '버럭' 화부터 냅니다. 노인들의 대화의 시점은 언제나 과거에 머물러 있습니다. 추억과 회고담이 대화 내용의 전부입니다. 어린아이들의 대화 시점은 미래입니다. 대화의 내용이 꿈과 희망으로 가득 차 있습니다. 아이들은 배우는 것을 너무 좋아합니다. 모든 것이 신기하고 놀랍고 새롭습니다. 그러나 배우기를 멈춘 기성세대는 "모든 배움에는 때가 있다"라는 말로 분명한 선을 긋습니다. 자신들의 배우지 않는 태도를 합리화하고 정당화하려는 행동입니다. 그렇게라도 스스로에게 면죄부를 주려는 것입니다.

배움에는 때가 없습니다. 나이가 들면서 배우는 방법이 달라질 뿐입니다. 눈으로 배우고 몸으로 배우던 것이 귀로 배우고 촉각으로 배우게 될 뿐입니다. 사람은 죽는 순간까지 배웁니다. 배움을 포기하는 것은 외적인 노쇠 때문이 아니라, 본인 스스로가 마음의 문을 닫아버렸기 때문입니다. 더 이상의 배움이 필요 없다고 빗장을 채우는 순간, 그때부터 노화 현상이 시작됩니다. 늙기 시작하는 것입니다. 귀찮고 짜증나니까 편하게 지내려고 자신을 닫아버린 것입니다. 새롭게 들어오는 것이 없고, 익숙한 것만 가지고 살아가려고 하니 점점 약해지고, 초라해집니다. 서서히 뇌 세포들도 죽어갑니다. 배움을 계속하는 사람은 치매에 걸리지 않습니다. 치매는 뇌 세포가 더 이상 새로운 것을 받아들이지 못할 때 생기는 질병입니다. 구르는 돌에는 이끼가 끼지 않듯이 배우는 뇌는 언제나 건강합니다. 고인물처럼 두뇌가 새로운 것을 받아들이지 않으면 뇌 조직이 굳어지고 궤사하게 됩니다.

이 세상에서 제일 멋진 것 중의 하나는 나이와는 상관없이 배우는 사람들의 이야기입니다. 러시아의 '키릴 파트라힌' 할아버지는 나이가 90살입니다. 올해 초, 러시아의 '페름 주립대학'에 신입생으로 입학했습니다. 같은 반 친구들과 최소한 70살 이상의 나이 차이가 납니다. 귀가 어두운 할아버지가 매일 강의실의 맨 앞자리에 앉아서 서툴게 컴퓨터를 두들기며 열정적으로 강의를 듣습니다. 그 반에서 제일 '나이든 젊은이'입니다. 한국의 심윤식 할머니는 한 경로당에서 배운 컴퓨터 교육을 바탕으로 열심히 공부해서 74세의 나이에 글로벌 사이버대학교에 수석으로 입학을 했습니다. 우수한 성적으로 졸업을 하고, 올해부터는 '감정 노동관 지도자' 자격증을 획득해서 교수 생활을 시작했습니다. 강의를 할 때마다 십 대 소녀처럼 늘 떨린다고 이야기를 합니다. 103세에 대학을 졸업한 할머니, 97세에 새롭게 사업을 시작한 할아버지 등등, 세계 도처에서 나이의 벽을 깨고 새로운 인생을 시작하는 놀라운 어른들의 이야기가 많이 있습니다.

우리 옛 속담에 "우물을 파도 한 우물을 파라"는 말이 있습니다. 이 노인들은 단호하게 "아니요NO"라고 배격합니다. 그렇게 한 우물을 팠더니 결국 그 우물이 자신의 무덤이 되더라는 것입니다. 교토삼굴狡兎三窟이라는 말처럼, 토끼도 자기 집을 지을 때 항상 굴을 세 개를 파는데, 하물며 사람이 자기 인생을 살아가면서 한 가지만 해서 되겠냐고 의문을 제기합니다. 놀라울 정도로 열정적입니다. 이분들은 언제든지 배우고 익히면 새로운 인생을 다시 시작할 수 있다는 진리를 몸소 가르쳐주고 있습니다. 젊은 정신의 소유자들입니다. 반면에 아침 늦게 일어나서 하루 종일 빈둥거리는 젊은이들이 있습니다. 좀처럼 새로운 것을 배우지 않습니다. 밤에는 세상의 모든 걱정 근심을 혼자 다 지고 가는 사람처럼 술에 취해 살아갑니다. 부시시한 머리와 흐트러진 옷매무시로 늦게 일어나는 젊은이들을 보면 영락없는 노인들입니다. 나이는 젊은데 이미 초로初老에 접어든 것입니다. 딱하기 그지없습니다.

게으른 사람들은 "하지 않던 짓을 하면 죽는다"라는 말을 자주 합니다. 그렇지 않습니다. 오히려 하지 않던 짓을 해야 건강하게 잘 살 수 있습니다. 현대 노인 질환의 가장 무서운 복병인 치매를 막는 가장 좋은 방법은 '하지 않던 것을 하는 것'이라고 합니다. 늘 다니던 길로 가지 않고 다른 길로 가는 연습을 해야 합니다. 늘 먹던 음식이 아닌 다른 것을 먹는 연습을 해야 합니다. 의도적으로 다른 인생을 살아보겠다고 다짐을 하고 행동으로 옮겨야 합니다. "나는 평생을 그렇게 살지 않았다!"라고 자랑스럽게 말씀하면서 인생 외고집을 주장하시는 분들이 생각보다 많이 있습니다. 절대로 자랑이 아닙니다. 이제는 다르게 살아야 합니다. 그래야 건강합니다.

예전에 섬기던 교회에 장로님 한 분이 청바지를 입고 교회에 오셨습니다. 팔순 가까운 분이 흰 운동화에 청바지를 착용하신 것입니다. 파격이었습니다. 처음에는 많은 분들이 헛웃음을 치며 비웃었습니다. 하지만 머지않아 많은 연장자들이 청바지나 티셔츠를 따라 입게 되었고, 모임 전체가 젊게 사는 분위기로 바뀌었습니다. 익숙한 것을 털어버리고 새롭게 시작하는 연습을 해야 합니다. 새로운 것을 배우는 데는 때가 없습니다.

인생의 시험은 실패하지 않기를

오십 중반이 되었는데도 가끔 대학교 교실에서 시험을 보는
꿈을 꿉니다.

시험관이 나누어준 큰 사절지 시험 답안지에 서술형의 답
을 기입합니다. 주어진 시간은 50분이고 문제는 네 개입니
다. 한 문제당 25점씩입니다. 처음부터 답안지를 앞뒤로 꽉
채울 작정을 합니다. 어차피 예리한 답을 정확하게 집어낼
능력이 없으니 처음부터 양으로 승부하리라 다짐을 합니다.
답안지의 앞장에 두 문제 그리고 뒷장에 두 문제를 절반씩
적으려고 계획을 합니다.

그러나 시원치 않은 답을 주절주절 나열하는데도 우둔한 머
리가 배배 꼬입니다. 서론, 본론, 결론이 뒤죽박죽이 됩니다.
게다가 느려터진 손가락이 협조를 하지 않습니다. 손바닥에
서는 땀이 나고, 마음은 급하고, 적절한 단어는 떠오르지 않

고, 시간은 고속 모터를 달았는지 전투기 같은 속력으로 날아갑니다. 이제 두 문제 풀었는데 시험 감독관 조교가 말합니다. "10분 남았습니다." 그러면 그때부터는 신들린 무당이 됩니다. 볼펜을 쥔 손이 사시나무 떨듯이 떱니다. 교실 여기저기서 "10분만 더 주시면 안 됩니까?" 하는 소리가 메들리로 들립니다. 드디어, "볼펜 내려놓으세요. 두 손을 머리 위로 올리세요" 하는 저승사자의 목소리가 들립니다. 어떤 여학생은 울상이 되어 시간 좀 더 달라고 애원을 합니다.

그러나 시험관은 인정사정없이 매몰차게 답안지를 낚아챕니다. 저는 항상 세 문제 반을 풉니다. 마지막 네 번째 문제의 절반쯤을 쓰고 있을 때 어김없이 주어진 시간이 끝이 납니다. 왜 똑같은 실수를 시험 볼 때마다 반복하는지 모르겠습니다. "이럴 줄 알았으면 1번 문제를 조금 덜 쓰고 다음 문제로 빨리 넘어갈걸", "바보처럼 3번에 쓰면 좋을 답을 2번에 다 썼네…." 이런저런 푸념을 내뱉으며 하릴없이 고개 도리질을 칩니다. 그리고는 "그래, 시험이란 것이 다 그렇지. 다음에 잘하면 되지!" 스스로 위로하며 미련을 접습니다.

이미 30년이 다 지났는데도 이렇게 낑낑대며 시험을 치르는 꿈을 꾸는 것을 보면 아직도 시험에 대한 공포증이 남아 있는 것 같습니다. "시간을 더 달라"고 말하는 것은 "나는 시간 관리에 실패했습니다"라고 말하는 것이고, 꿈속이지만 오락가락하며 헷갈리는 답을 쓴다는 것은 아직도 정리가 되지 않았다는 뜻입니다. 항상 불편하기만 했던 시험 시간의 흐릿한 공포는 아직도 진행 중인 것 같습니다. 그래도 교실에서 치르는 시험은 항상 다음을 기약할 수 있었기에 부족해도 배짱을 부릴 수 있었습니다. 어떤 때는 '비록 시험은 망쳤지만, 제출할 때만큼은 사나이답게 멋지게 주자' 하는 마음으로 오기가 나서 큰 소리로 '만점!'을 외치면서 호쾌하게 답안지를 건네기도 했습니다. 물론 만점인 적은 거의 없었습니다.

교실에서 치르는 시험은 고통스럽기는 했지만, 다음을 기약할 수 있었습니다. '망치면, 다음에 잘 보면 된다'라는 생각으로 스스로를 위로하며 버틸 수 있었습니다. 그러나 우리가 인생을 살아가면서 경험하게 되는 수많은 인생의 문제들은 결코 오기나 객기를 부릴 수가 없습니다. '다음next time'이 보장되지 않기 때문입니다. 정신 바짝 차리고 실수하지 않고 풀어야 인생 전체를 그르치지 않기 때문입니다. 겸손할 수밖에 없고, 조심하지 않을 수 없습니다. 주님의 도우심과 은혜도 간절히 구할 수밖에 없습니다. 한 번밖에 살지 못하는 인생이기에 일생이라고 부릅니다. 그르치면 단번에 어긋나는 것이 인생입니다.

어느 날, 주님께서 "이제 그만, 손 머리 위에!"를 외치시는 날이 올 것입니다. 태연하고 담대하게 잡고 있던 인생의 볼펜을 내려놓고 삶을 접을 수 있다면 그는 정말 축복받은 사람일 것입니다.

"주님, 조금만 더 시간을 주십시오", "제가 아직 쓰지 않는 것들이 많이 있습니다", "죄송해요, 지워야 하는 잘못된 답이 있거든요" … 아무리 울부짖어도 소용이 없습니다. 주님께서 주신 시간을 제대로 사용하지 못한 사람은 결국 인생뿐만 아니라 영혼 관리까지 실패하는 딱한 사람이 되고 말 것입니다.

어제 그동안의 방학을 정리하고 다시 학교로 돌아가는_{back to school} 아이들을 위해서 '특별 새벽기도회'를 드렸습니다. 최선을 다해 한 아이씩 기도를 해주면서, "이 아이들이 비록 시험은 실패하는 한이 있더라도, 절대로 인생은 그르치지 않았으면 좋겠다"라는 간절한 마음을 되새겨 보았습니다. 그리고 앞으로 40년 뒤에는 나처럼 자면서 밤새 시험을 치르는 짜증나는 일이 없었으면 좋겠다는 생각도 해보았습니다.

"주님, 우리 아이들을 축복해주십시오."

'마지막' 하는 것처럼

매사를 마지막 하는 것처럼 하면, 많은 것들이 바뀌게 될 것입니다. '오늘'이 나에게 남은 '마지막 날'이라고 생각한다면, 절대로 '내일'이 있는 사람처럼 가볍게 살지 않을 것입니다. 모든 것이 새로울 것이며, 작은 것 하나하나가 깊은 의미를 줄 것입니다. 쉽게 화내는 일도 없을 것이며, 작은 이득을 위해서 얍삽하게 일하지도 않을 것입니다. '남을 위해서 한다'는 핑계도 대지 않을 것이고, 되는 대로 영혼 없이 일하는 어리석음은 절대로 없을 것입니다. 매사에 최선을 다해서 깊이 음미하면서 모든 일을 수행할 것입니다.

오늘만 장사한다는 마음으로 가게를 지킨다면, 모든 손님들에게 친절할 것이며, 지금 만나는 사람이 마지막 만나는 사람이라고 생각한다면 대하는 태도나 마음가짐도 사뭇 달라질 것입니다. 오늘 돌리는 '맷돌질'과 일구어내는 '밭갈이'가 마지막 노동이라고 생각한다면, 부당한 노동이라고 괜스레 푸념하거나 게으름 부리는 일들도 없어질 것입니다. '오늘'이 주인께서 내게 허락하신 마지막 날이라고 생각하는 일꾼이라면, 절대로 자신의 달란트를 땅에 묻는 바보 같은 짓을 하지 않을 것입니다. 오늘 이 아침에 드리는 예배가 이 땅에서 주님께 드리는 마지막 예배라고 생각한다면, 예배에 늦지도 않을 것이며, 예배 중에 딴전을 피우지도 않을 것이고, 은혜를 받지 못하는 일은 더더욱 없을 것입니다. '마지막'이라는 단어는 항상 우리를 깨워주는 영혼의 자명종입니다.

어떤 초년병 목사님이 설교 때문에 참 고생을 많이 했다고 합니다. 별의별 노력을 다 해도 교인들에게 감동과 은혜를 줄 수가 없었습니다. 일주일 내내 설교 연습을 하기도 하고, 설교를 잘한다는 목사님의 원고를 그대로 복사해서 따라 해 보기도 했습니다. 자기의 '어눌한 발음 때문에 그러는지' 고민도 하면서 웅변학원에도 다녀보았지만, 소용이 없었습니다. 교인들 중의 절반은 항상 깊은 잠에 빠져 있거나 졸면서 설교에 집중하지 못했습니다. 많은 사람들이 정신은 이미 딴 곳으로 출장 나간 채, 빨리 예배가 끝나기만을 기다리는 표정이었습니다. 매주마다 너무 힘들게 주일예배를 인도하던 이 젊은 목사님은 더 이상 견디다 못해 평소에 자신을 돌보아 주시던 은퇴하신 목사님을 찾아가 상담을 했다고 합니다. 그의 고충을 다 들은 노인 목사님은 이 젊은 목사에게 이렇게 충고해주었다고 합니다. "강단에 오를 때마다 이것이 마지막 설교라는 마음을 가져라."

그다음 주일부터 이 젊은 목사님은 오늘이 마지막 예배라는 마음을 가지고 강단 위로 올라갔다고 합니다. 모든 것이 새롭게 느껴졌습니다. 가볍게 놓칠 수 있는 것이 하나도 없었습니다. 사람이나 사역이나 모든 것들이 다 감격스럽고 사랑스러웠습니다. 아쉽고 안타까운 순간의 연속이었습니다. 그날, 설교말씀 뿐만 아니라 예배의 모든 순서 순서가 다 감격스러웠습니다. 이 세상의 모든 일들이 마지막 하는 것처럼만 하면, 일 전체가 송두리째 바뀌는 기적을 경험하게 될 것입니다.

목회를 하다 보면, 인생의 마지막 시간들을 보내고 계시는 중환자들을 자주 보게 됩니다. 그분들의 한결같은 고백은 "이렇게 될 줄 알았다면, 좀 더 잘했을 것이다"라는 때늦은 후회와 "모든 것이 새롭다"라는 색다른 경험 이야기입니다. 오늘 만나는 사람들, 지금 하는 일들 그리고 현재 누리고 있는 시간들이 내가 부여받은 '인생의 마지막 순간들'이라고 여기면서 살아간다면 우리는 모든 분야에서 새로운 변화들을 경험하게 될 것입니다. 지금 이 순간을 멋지게 살아가는 지혜가 있어야 할 것입니다.

황당한 이야기

무굴제국의 다섯 번째 왕이었던 '샤 자한Shah Jahan'은 그의 아내였던 '뭄타즈 마할'을 광적으로 사랑했다고 합니다. 나라의 일도 뒷전으로 미루고 하루 종일 그녀의 치마폭에 싸여서 그녀 얼굴만 바라보며 지내는 일이 많았습니다. 그러던 어느 날 상상도 하지 못했던 큰 불행이 닥쳐왔습니다. 그녀가 아기를 낳다가 숨을 거둔 것입니다. 샤 자한은 몇 달 동안 식음을 전폐하고 슬픔에 잠겼습니다. 그의 아픔이 얼마나 깊었던지 짧은 시간에 그의 머리카락이 전부 하얗게 희어지고 말았습니다. 그는 어느 날 결심하게 됩니다. 사랑하는 왕비 '뭄타즈 마할'을 위해서 역사에 길이 남을 아름다운 무덤을 만들기로 한 것입니다.

1631년부터 시작된 이 무덤 공사는 1653년까지 무려 22년 동안 지속되었습니다. 총 공사비로 4백만 루피가 소요되었습니다. 그 당시의 화폐가치로 약 7천억 원이니까 요즘으로 환산하면 거의 천문학적인 건축비가 사용된 것입니다. 매년 동원된 인부가

20만 명이 넘었고, 1,000마리의 코끼리가 매일 동원되었다고 합니다. 이것이 '세계 7대 불가사의' 건축물 중의 하나인 '타지마할 무덤'입니다. 이 무덤이 완공되자, '샤 자한'은 건축의 총감독을 담당했던 건축가의 목을 칼로 쳤다고 합니다. 그리고 건축에 동원된 장인들의 손가락을 모두 잘라버렸습니다. 이 세상에 '타지마할' 같은 건축물은 오직 하나이어야만 한다는 생각 때문이었습니다.

덕분에 오늘날에 이르기까지 이 '타지마할' 무덤의 설계 공법은 여전히 비밀 속에 묻혀버렸습니다. 그 정교한 대칭 구도나 곡선미는 현대 과학으로도 흉내 낼 수 없는 가공할 만한 기술이라고 합니다. 주변의 여러 나라로부터 가지고 온 거대한 대리석이나 루비, 사파이어, 진주, 청옥 같은 엄청난 보석들은 이제는 구경하기도 힘든 보물들이 되었습니다. 한 개인의 병적인 사랑이 이처럼 엄청난 조형물을 만들어낼 수 있었다는 사실이 놀랍기만 합니다. 그러나 이 무덤을 만들기 위해서 희생되었을 수많은 백성들의 피눈물과 잃어버린 세월들을 생각하면 세계 최고의 문화재라고 무조건 경탄해 마지않거나 떠받들 것만은 아니라는 생각이 들었습니다.

그런데 이 타지마할 무덤에 관한 웃지 못 할 비화 하나가 있습니다. 그것은 22년의 긴 세월 동안 이 타지마할 무덤을 짓는 데만 혈안이 되어 있어서 정작 이 무덤의 주인인 '뭄타즈 마할' 왕비의 시신이 어디 있는지를 몰랐다는 것입니다. 조금만 공사가 늦어지거나 계획된 대로 되지 않으면 무차별하게 인부들을 살해해버렸기 때문에 공사에 참여한 사람들은 다른 일에 신경을 쓸 수가 없었던 것입니다. 여왕의 시신이 들어 있던 나무 상자 관은 인부들이 가져다가 돌들을 나를 때 사용하는 발판으로 사용했다고 합니다. 하루에도 수만 명이 넘는 사람들이 그 관을 밟으면서 일을 했고, 밥을 먹을 때도 그 상자 위에다가 음식을 차려 놓고 식사를 했고, 쉬는 시간에는 그 상자 위에 올라가서 춤을 추고 노래를 부르며 오락을 즐겼다고 합니다.

훗날 '타지마할'이 완공되고 왕비의 시신을 그 무덤 속에 안치시키려고 했을 때, 모든 대신과 관료들이 무서움에 벌벌 떨어야만 했습니다. 그 어느 곳에도 왕비의 시신이 없었기 때문입니다. 그들은 왕이 알기 전에 왕궁을 샅샅이 뒤졌는데, 간신히 이 더럽고 남루해진 상자 속에서 말라비틀어진 그녀의 시신을 찾을 수 있었습니다. 22년이라는 긴 세월 동안 최고의 무덤을 준비하고 있던 그녀는 말로 표현할 수 없는 최악의 천대를 받았던 것입니다.

가장 중요한 본질을 제쳐두고 형식과 껍데기에만 신경 쓴 결과입니다. 우리도 살다 보면 어떤 일에 최선을 다한다고 하면서, 정작 그 일을 하는 소중한 이유를 잊어버릴 때가 많이 있습니다. 비본질적인 것만 붙잡고 무의미한 낭비를 하는 것입니다.

가족들을 위해서 돈을 버는 것인데, 돈 버느라고 정신이 없어서 가족들을 희생시킵니다. 하나님과 이웃을 섬기겠다는 거룩한 마음으로 일을 시작했는데 그 일에만 집착하느라고 하나님과 이웃을 내팽개쳐 버립니다. 세상에 빛과 소금이 되겠다는 마음으로 성공을 추구한 것인데, 정작 성공에만 집중하다가 세상의 암적인 존재로 전락해버립니다. 주님을 잘 믿기 위해서 교회가 필요한 것인데, 교회를 잘 운영하기 위해서 주님을 외면해버립니다. 신앙생활을 잘 해보겠다고 봉사활동을 시작했는데, 봉사활동에 시험이 들어서 신앙을 떠납니다. 우리의 삶은 어리석고 황당한 일들의 연속입니다.

주객이 전도되고 안과 밖이 뒤바뀌게 되면 인생 전체가 허무해지고 혼란스러워집니다. 내가 하는 일들을 깊이 생각해보고, 꿰뚫어볼 수 있는 혜안慧眼을 길러서 본질을 잃어버리지 않도록 조심해야 할 것입니다.

추수 때의 얼음 냉수 같은 교인

사람을 어떤 부류로 싸잡아 묶는 것은 무식하고 비합리적인 일일 것입니다. 그러나 어떤 때는 일리가 있다는 생각이 들기도 합니다. 며칠 전에 묵은 책들을 정리해서 버리려다가 맨 밑바닥에 놓인 빛바랜 어느 목사님의 수상록을 다시 읽어보게 되었습니다. 글 중에 교인들을 특성에 따라 재미있게 분류해 묶은 글이 있었습니다. 이미 식상할 정도로 많이 들어왔던 내용이었지만, 요즘 구역회의Charge Conference를 준비하다 보니 교회를 위해 열심히 일할 수 있는 일군들이 아쉬워서 그랬는지 색다른 감회를 가지고 다시 한번 그 글을 읽어 보게 되었습니다. 수긍이 가기도 했고, 웃음이 터져 나오기도 했습니다.

세상에서 못 쓴 감투를 교회에서 쓰려고 애쓰는 '감투 교인', 항상 심방을 가서 끌어내야만 교회에 나오는 '인력거 교인', 요 핑계, 저 핑계 돌려대며 살살 빠져나가는 '미꾸라지 교인', 친목회나 야유회 같은 노는 모임은 기가 막히게 잘 찾아 먹는 '친목 교인', 교회를 그렇게 오랫동안 다녔는데도 불구하고 기도는 전혀 할 줄 모르는 '벙어리 교인', 목사님의 설교 비평과 교인들 험담에 탁월한 은사를 가진 '삐딱선 교인', 이 교회 저 교회를 왔다 갔다 하면서 기웃기웃하는 '유람선 교인', 사업상 교회에 나오는 것이 좋을 것 같아서 다니는 '주판알 교인', 이상하게 예배만 시작하면 조는 '닭병 교인', 한 가정에서 대표로 한 사람만 나오는 '국회의원 교인', 부모님 장례식을 준비하기 위해서 교회에 나오는 '상조회 교인', 성경과 찬송을 항상 안 가지고 다니는 '비무장 교인', 부흥회나 특별한 행사가 있을 때만 집중해서 오는 '소나기 교인', 예배시간 내내 옆 사람과 재잘대며 수군거리는 '참새 교인', 교회에 헌금 내러 오는 '납세 교인', 반짝반짝 종잡을 수 없는 '크리스마스 츄리 교인' 그리고 은혜란 은혜는 혼자 다 받아서 뜨거워졌다가 금방 식는 '양은 냄비 교인' 등등 많은 교인들을 부류 별로 열거해 놓았습니다.

수많은 교인들을 대하면서 그들 때문에 경험했을 목사님들의 '희로애락'이 묻어 있는 익살스러운 글이었습니다.

구약성경 잠언 25장 13절에 보면, "믿음직한 일꾼은 그를 보낸 주인에게 무더운 추수 때의 시원한 냉수와 같아서, 그 주인의 마음을 시원하게 해준다"라는 말이 있습니다. 늦더위가 기승을 떠는 초가을에 첫 수확물을 거두기 위해서 구슬땀을 흘리다가 잠깐의 휴식 시간에 마시는 시원한 '얼음냉수'에 대한 기록이 있습니다. 타는 듯한 갈증 때문에 입안에 침도 돌지 않고, 비 오듯이 흐르던 땀방울도 다 말라버려서 앞이 흐려질 찰나에 들이키는 차디찬 얼음냉수는 농부에게 당장 죽어도 좋을 기쁨과 만족을 선사할 것입니다. 믿음직스러운 일꾼은 그런 얼음냉수와 같은 존재라는 것입니다.

많은 부류의 사람들이 교회 안에 있겠지만, 하나님이 진정으로 원하시는 사람들은 '추수 때의 얼음냉수 같은 일꾼들'일 것입니다. 항상 묵묵하고 우직하게 자신의 자리를 지키면서 힘이 되어 주는 사람들! 주인의 피로와 갈증을 한 번에 해갈시켜 줄 수 있는 청량제 같은 사람들입니다. 이런 일꾼들이 많은 교회는 현재의 형편이나 처지와는 상관없이 축복받은 교회임에 틀림없을 것입니다.

잠깐이지만 글을 쓰다 보니, "나는 과연 주님께 그런 일꾼이었는가?" 스스로 질문하게 됩니다. 항상 핑계와 게으름으로 점철된 모습이 저의 현주소입니다. "내가 먼저 심기일전해서 추수철의 얼음냉수 같은 일꾼이 되어 보리라" 부끄럽지만, 다시 한번 마음을 다져 먹습니다.

시각의 차이

옛날 어느 한 젊은이가 과거 시험을 치르려고 한양에 갔습니다. 큰 시험을 준비하다가 보니까 너무 긴장되어서 그랬는지 며칠 동안 계속 같은 꿈을 반복해서 꾸었습니다.

첫 번째는 밭에다 심어야 하는 배추를 벽에다 심는 꿈을 꾸었습니다. 두 번째는, 장대비가 쏟아지는데 그 빗속에서 두건을 쓰고, 비옷을 입고, 우산을 쓰고 있는 꿈이었습니다. 그리고 세 번째는, 이 젊은이에게 사모하는 처자가 있었는데, 그녀와 등을 맞대고 누워 있는 꿈을 꾼 것입니다. 마주보고 누워있어도 시원찮을 판인데, 등을 지고 누워있는 것이 이상했습니다. 그런데 문제는 이 세 가지 꿈을 매일 반복해서 꾸었다는 것입니다. 너무 꿈이 불길하고 심상치 않아서 한양에서 아주 용하다는 점쟁이를 찾아가 꿈 이야기를 하고 상담을 했습니다. 그러자 점쟁이는 혀를 차며 말했습니다.

"젊은이 참 안됐네. 배추를 벽에다 심었다는 것은 되지도 않을 일에 헛된 짓을 한다는 뜻이고, 비 오는 날, 두건을 쓰고, 비옷을 입고, 또 우산을 받쳐 쓰고 빗속에 서 있었다는 것은 한마디로 헛수고를 한다는 뜻이네. 그리고 세 번째로, 사랑하는 여인과 등을 지고 누웠다는 것은 이미 둘 사이의 관계가 '끝장났다'는 뜻일세. 그러니, 이번 과거시험은 완전히 물 건너간 것 같네. 헛수고하지 말고 빨리 낙향해서 미래를 준비하게나."

그럴듯한 점쟁이의 말에 젊은이는 크게 낙심했습니다. 그래서 이튿날 아침 일찍 짐을 꾸려 여관을 떠나려다가 마당에서 '여관 주인'과 마주치게 되었습니다. 여관 주인은 내일 있을 과거시험을 미리 포기하고 무작정 고향으로 내려가는 젊은이가 의아해했습니다. 그래서 이유를 묻자, 젊은이는 낙심해서 자신이 꾼 꿈 이야기를 해 주었습니다. 꿈 이야기를 다 들은 여관 주인은 크게 웃으면서 전혀 다른 해석을 해 주었습니다.

"축하허이, 자네 이번에 장원급제하겠구먼! 배추를 벽에 심었다는 것은 '자네의 이름이 벽보의 합격자 명단에 크게 적힌다'는 뜻이고, 비 오는 날, 두건을 쓰고, 비옷도 입고, 게다가 우산까지 받쳐 썼다는 것은 '이번 시험을 위해 이중, 삼중으로 철저하게 준비를 했다'는 뜻일세. 그리고 사랑하는 연인과 등을 지고 누웠다는 것은 몸만 돌리면 그 여인을 품에 안을 수 있는 자리에 있다는 뜻이니, 아주 쉽게 뜻을 이룰 것이 분명하네. 자네는 이번에 분명히 장원급제하겠구먼."

여관 주인의 말에 다시 힘이 난 젊은이는 정신을 번쩍 차리고 다음 날 과거시험에 집중해서 장원급제를 할 수 있었다고 합니다. 같은 일인데 정반대의 해석이 나올 수 있다는 것이 참으로 놀랍습니다. 실제로, 일어난 일fact보다도 그 일을 해석하고 바라보는 시각perspective이 훨씬 더 중요합니다. '어떤 시각에서 바라보느냐?'에 따라 천양지판의 결과를 빚기 때문입니다.

'그리스도인'이란 말은 '내 생각과 판단으로' 모든 일을 바라보고 처리하는 것이 아니라, '그리스도의 시각으로' 삶을 바라보는 사람입니다. 결국 '신앙생활'이라는 말은 나의 눈을 주님의 눈으로 바꾸는 '개안 작업'을 의미합니다. 우리가 하루하루 경험하는 삶을 내 입장에서가 아니라, 주님의 입장에서 바라보게 되면 분명히 달라지는 것들이 많이 있을 것입니다.

많은 믿음의 선배들이 절망의 돌산에서 희망의 다이아몬드를 일구어내는 놀라운 기적을 이룰 수 있었던 것은 자신의 눈이 아니라 주님의 눈으로 삶을 바라보는 영적인 혜안이 있었기 때문입니다.

"주님, 우리의 눈을 열어 주소서!"

우리가 평생 드려야 할 기도일 것입니다.

시간이 말해 줄 것입니다

엠페도클레스Empedocles, 493~430 BC라는 철학자가 있었습니다. 그는 고대 그리스의 대표적인 철학자 중의 한 사람이었습니다. 과학적인 지혜와 언변 그리고 천재적인 예술 재능으로 인해 사람들은 그를 '눈으로 볼 수 있는 신A visible god'이라고 극찬했습니다. 실제로 엠페도클레스 자신도 어떤 때는 스스로를 신이라고 생각하기도 했습니다. 전하는 말에 의하면, 엠페도클레스가 가장 두려워했던 것이 훗날 자신이 죽은 후에 세상 사람들이 "엠페도클레스도 한낱 사그라지는 인생에 불과했다!"라고 말하는 것이었다고 합니다.

그는 자신의 시체를 이 땅에 남기지 않았습니다. 조용히 증발함으로써 자신이 신이었다는 사실을 후세에 믿게 하고 싶었습니다. 그래서 그는 에트나Etna 화산으로 올라가 뜨거운 분화구에 자신의 몸을 던졌습니다. 고통은 잠시뿐이고 영원히 신으로 기억될 것이라고 믿었습니다. 모든 것이 완벽했습니다. 그런데 안타깝게도 화산에 뛰어들 때, 그만 신발이 벗겨지면서 그의 야심도 수포로 돌아가고 말았습니다. 훗날, 엠페도클레스의 신발을 분화구 입구에서 발견한 사람들은 그를 '신발도 제대로 못 신는 철학자'로 기억하게 되었습니다.

시간은 진실을 드러내는 심판자입니다. 시간이 지나면 모든 것들이 명백하게 밝혀집니다. 굳이 수고하고 노력하면서 허위와 진실을 밝히려고 노력하지 않아도 시간이 지나면 대부분의 것들은 그 실체를 드러냅니다. 순간의 억울함과 답답함 때문에 가슴 치며 안타까워할 필요가 없습니다. 결국 시간이 지나면 모든 것들의 진위가 가려질 것입니다.

인류역사상 300년 이상 외면된 진실은 거의 없습니다. 아무리 당대에는 정설right opinion로 자리를 잡았어도 그것이 거짓이라면, 다음 세기에서는 시간의 메스surgical knife 앞에서 인정사정없이 난도질당하고 발가벗겨집니다.

이번 주일부터 대강절Advent이 시작됩니다. 대강절은 성탄절이 시작되기 4주 전부터 시작됩니다. 하나님의 아들이신 아기 예수께서 메시아로 오신 날을 준비하는 기간입니다. 이 대강절을 잘 지내는 사람만이 성탄절을 의미 있고 풍성하게 맞을 수 있습니다.

오늘날, 기독교인들을 포함해서, 많은 사람들이 아기 예수님의 동정녀 탄생이나 성탄 이야기를 믿으려고 하지 않습니다. 부풀려진 신화나 동화 이상으로 생각하지 않습니다. 아무리 기독교의

근본 교리가 예수님을 성령으로 잉태하신 하나님의 아들이라고 고백해도 이성의 시대를 사는 사람들은 좀처럼 그것을 믿으려 하지 않습니다. 그러나 이 또한 시간이 지나면 '명약관화'하게 드러나는 날이 올 것입니다. 시간은 진리가 인간의 관념이나 논리 속에 파묻히는 것을 결코 허락하지 않을 것입니다.

대강절을 잘 준비하지 못하는 사람은 절대로 축복된 성탄을 맞을 수 없을 것입니다. 그리고 성탄의 기쁨을 경험하지 못한 사람은 부활의 감동도 맛보지 못할 것이고, 오순절 다락방의 성령의 역사도 제대로 느끼지 못할 것입니다. 그러고 보면 모든 신앙의 출발은 이 성탄절에서 비롯되는 것 같습니다. 준비된 마음과 노력으로 축복된 성탄절을 잘 준비하는 의미 있는 대강절이 되시기를 기도드립니다.

'똥'을 '인광석'으로

지지리도 못사는 나라였는데 어느 날 갑자기 엄청난 부를 누리게 된 나라가 있습니다. 적도 부근에 위치한 태평양의 작은 섬나라 나우루 공화국Republic of Nauru입니다. 한때 1인당 국민소득이 세계에서 가장 높았던 나라입니다. 1981년 미국의 1인당 국민소득이 73,500달러일 때 이 나우루는 20,000달러를 넘었습니다. 나우루 공화국이 슈퍼 울트라 초강력 부자 나라가 된 이유는 '앨버트로스Albatross'라는 새의 '똥' 때문입니다. 이 새는 날 수 있는 새들 중에서는 가장 날개가 큰 새입니다. 나는 모습이 신선神仙을 닮았다고 해서 '신천옹信天翁'이라고 불리는 새입니다. 이 새는 한번 날면 좀처럼 땅에 내려앉지 않는 신비로운 새입니다. 이 앨버트로스 새들이 언제부터인지는 모르겠지만, 산호초 위에 똥을 싸기 시작했습니다. 그리고 그 똥들은 쌓이고 쌓여서 섬이 되었습니다. 한국의 섬 '울릉도'의 삼분지 일에 해당하는 똥으로 만들어진 작은 섬 공화국입니다.

앨버트로스의 똥은 시간이 지나면서 '인광석'이라는 양질의 화학비료 원자재가 되었습니다. 역시 언제인지는 모르겠는데, 인근에 있는 미크로네시아 섬 주민들이 이곳으로 이주하면서 '나우루 공화국'의 국민들이 되었습니다. 이 섬은 누구에게도 주목을 받지 못하는 보잘것없는 곳이었습니다. 그러나 이곳에 무궁무진하게 매장되어 있는 인광석을 탐낸 많은 침략 국가들이 세계 1차 대전과 2차 대전을 통해 이 섬에 들어와 쉬지 않고 노략질을 해갔습니다. 영국, 독일, 일본 그리고 오스트레일리아 같은 강대국들이 극히 적은 노동비를 주고 나우루의 원주민들을 고용해서 쉬지 않고 배로 이 인광석을 실어 날랐습니다. 당시 순박하고 배우지 못해 무지했던 원주민들은 자신들이 무슨 짓을 하는지도 모른 채, 침략자들에게 자신들의 재산과 미래를 빼앗겼습니다. 극심한 가난에 시달리던 나우루는 1968년 독립국가가 되면서 갑자기 부자 국가로 탈바꿈하게 되었습니다. 인광석을 채취해서 파는 수익금이 모두 국가의 재산이 되었기 때문입니다.

나우루 공화국은 보잘 것 없었지만 국가를 만드는 헌법과 조직을 구성하고 나름대로 최고의 복지 시설을 갖추어가기 시작했습니다. 인광석 때문에 모든 국민은 최고의 복지 혜택을 누리게 되었습니다. 모든 학비가 무료였고, 집도 국가에서 무상으로 지어주었습니다. 물론 세금은 면제였고, 병원이나 양로시설들도 모두 무료였습니다. 직장을 갖고 일을 하지 않아도 정부로부터 매달 생활비가 지급되었습니다. 그들은 하루 삼시 세끼를 모두 외식으로 해결했습니다. 나우루의 국민들이 할 수 있는 유일한 일은 가만히 쉬면서 놀고먹는 것뿐이었습니다.

100년 전의 나우루 조상들은 근육질의 몸매를 유지하고 있었고, 활력도 넘쳐 보였습니다. 그러나 잘살기 시작한 나우루의 국민들은 비만과 각종 질병에 시달리게 되었습니다. 어떤 사람은 너무 살이 쪄서 혼자 움직이는 것은 물론이고 숨도 쉴 수 없게 되었습니다. 당연히 국가가 달려들어 그를 무상으로 돌봐주고 엄청난 국고를 들여 재활 훈련을 시켜 주었습니다. 그러나 정상인이 되어 집으로 돌아온 그는 다시 예전처럼 아무 일도 하지 않고 가만히 앉아서 먹고 놀다가 다시 비만으로 병원에 입원하는 사회적인 요요현상이 끊임없이 일어났습니다. 대부분의 국민들의 삶이 이와 같았습니다.

그러나 시간이 지나면서 나우루 공화국의 정치 지도자들은 국가의 미래를 걱정하기 시작했습니다. 언제고 인광석이 바닥이 날 것이라는 위기의식 때문이었습니다. 작은 섬 전체에서 행해진 채굴 작업 때문에 환경은 완전히 파괴되었고, 도로도 회복이 불가능할 정도로 울퉁불퉁하게 되었습니다. 그러자 뒤늦게 지도자들은 국회를 소집하고 미래를 위한 여러 가지 투자를 생각했습니다. 그러나 안타깝게도 이미 적절한 시기를 놓치고 난 후였습니다. 인광석은 거의 바닥을 드러냈고, 경제는 밑바닥으로 곤두박질치기 시작했습니다. 궁여지책으로 나우루는 돈을 벌기 위해 세계 각국에서 흘러들어온 '검은돈'을 보관해주거나 불법적인 돈세

탁을 통해 생계를 유지하게 되었습니다. 나우루는 악명 높은 '조세 피난처 국가'가 되었습니다. 결국 '유엔'은 나우루를 세계 경제를 혼란스럽게 만드는 불법 국가로 규정했고, 철퇴를 맞은 나우루는 몰락하고 말았습니다. 인근에 있는 큰 국가인 오스트레일리아로부터 약간의 도움을 받으면서 근근이 살아가는 가난한 나라가 되고 말았습니다.

일본인 작가 '후쿠타 야스시'가 간단한 삽화와 함께 쓴 작은 책 『앨버트로스의 똥으로 만든 나라, 나우루 공화국』을 읽다 보면 가벼운 마음으로 책 표지를 열었다가 무거운 마음으로 마지막 페이지를 덮게 됩니다. 지구상에 있는 한 국가의 만화 같은 이야기이지만 분명한 역사적 사실입니다. 새의 똥으로 만든 나라에서 바닥 생활을 하다가, 그 똥 덕분에 엄청난 부를 누리다가, 결국 그 똥이 사라지자 다시 역사의 기억에서 지워지는 가난한 나라로 전락해버린 것입니다.

나우루 사람들에게 돈은 무엇일까요? 당연히 '똥'일 것입니다. 나우루 공화국의 이야기는 돈의 본질을 여과 없이 그대로 보여줍니다. 실제로 돈은 오랫동안 손에 쥐고 있으면 똥 냄새가 납니다. 돈을 많이 소유하면 힘이 생기지만 탐욕스러워 보입니다. 돈을 오직 나의 영화를 위해서 사용하면 비만에 걸린 나우루 국민처럼 삶의 모든 활력을 잃어버리지만, 마음을 열어 이웃과 하나님을 위해서 사용하면 남을 세워주고 축복하는 최고의 비료 '인광석'으로 바뀌게 됩니다. 돈은 본질적으로 '똥'과 '인광석'의 두 면모를 가지고 있습니다.

　2017년 한 해를 마감하는 추운 연말이 되었습니다. 어려운 사람들에게 축복을 베풀어 똥을 인광석으로 만드는 멋진 '돈 마술'을 해보시면 어떨까요?

4장

지름길과 에웅길

사람들은 언젠가 에움길에서
하나님을 만납니다.
— 지름길과 에움길 중에서

시간 사냥

오래된 짐들을 정리하다가 '결혼 예식'이라고 쓰인 빛바랜 비디오테이프 하나를 발견했습니다. 가물가물한 기억을 되짚어 보니 제 것인 것 같았습니다. 묘한 궁금증을 가지고 테이프를 틀어보았더니, 탱탱한 젊음을 가진 '과거의 낯익은 젊은이'가 상기된 표정으로 결혼식을 치르고 있었습니다. 상대는 제가 '지금 살고 있는 여자'의 젊은 시절 모습입니다. "그래, 우리 마누라가 저렇게 생겼었지!" 갑자기 웃음이 터져 나왔습니다. 촌스럽고 어색하기만 한 몸짓이 영락없는 숙맥 촌부의 모습이었습니다.

우리는 이미 많이 시들어버렸는데, 과거의 영상 속에 사로잡힌 파릇파릇한 두 부부는 조금도 변함없는 싱그러운 모습으로 활짝 웃고 있었습니다. 지나간 과거는 대부분 흐릿한 기억 속으로 잊혀져 버렸는데 용케도 카메라 속에 사로잡힌 과거의 두 부부는 영원히 늙지 않을 것처럼 해맑게 웃고 있었습니다. '사람들이 이래서 사진을 찍고 비디오를 촬영하는 데 목숨을 거는가 보다' 하는 생각이 들었습니다. 과거라는 시간의 한 공간이 '영원한 현재' 속에 사로잡힌 것 같았습니다. 가난했지만 때 묻지 않은 순수했던 우리 부부의 젊은 자화상이 고스란히 사진 속에 담겨 있었습니다.

사람들은 자신들이 늙어간다는 사실을 본능적으로 두려워합니다. 그래서 영원한 현재를 만들고자 시간을 사냥하는 방법을 찾아왔습니다. 카메라나 비디오로 아름다운 순간의 영상들을 담기도 하고, 녹음기에 젊은 목소리를 저장하기도 합니다. 연인들은 돌멩이에 자신들의 이름을 새겨 넣으며 영원한 사랑을 소망합니다. 주름살 제거 화장품을 바르고, 보톡스 주사를 맞고, 칼로 자르고, 톱으로 썰면서 성형수술이라는 처절한 몸짓 절규를 통해 시간과의 사투를 벌입니다. 현재의 아름다운 녹색지대를 삽시간에 회색지대로 변질시켜버리는 시간의 공포 앞에서 사람들은 끊임없이 시간을 붙들어 얽어매려는 노력을 멈추지 않습니다.

일본 사람들은 '삼세三世의 정신'을 가지고 꽃을 가꾼다고 합니다. 삼세는 과거, 현재 그리고 미래를 의미합니다. 꽃꽂이를 하거나 정원을 꾸밀 때도 반드시 이 시간들이 함께 조화를 이루도록 만듭니다. 그중에서도 분재盆栽의 기술은 잔인할 정도로 이 삼세의 정신을 잘 반영하고 있습니다. 한번은 한국의 인사동 화방에서 200년이 넘은 소나무를 조그마한 화분에 담아 놓은 것을 보았습니다. 어느 일본 화가가 기르던 것이라는데 참으로 신기했습니다. '미래에도 현재와 같은 모습을 유지하고 있을 과거의 나무'를 보면서 시간을 작은 화분에 붙잡아 놓은 그들의 지혜와 욕심에 감탄을 금할 길이 없었습니다.

목회를 하다 보면, '과거의 시간'을 붙잡고 살아가는 사람들을 자주 보게 됩니다. 그분들이 붙잡고 있는 시간들이 좋은 기억들이라면 그것들을 나눌 때마다 세상사는 기쁨과 감동이 더해지게 됩니다. 그러나 힘들고 어려웠던 아픔의 순간들이라면 당사자가 느꼈을 충격과 고통을 고스란히 끌어안게 됩니다. 깊은 깨달음을 주는 미담이나 덕담을 들을 때면 더 듣고 싶은 생각이 간절하지만, 앵무새처럼 개인의 황당한 영웅담이나 비련의 주인공 같은 신파극 원고를 끊임없이 반복할 때면 어디론가 아주 멀리 도망가고 싶을 때가 많이 있습니다.

과거의 힘들었던 순간을 분재로 만들어서 그 상황을 늘 곱씹으며 살아가는 것은 어리석은 짓입니다. 잊어버릴 것과 붙잡을 것을 잘 분별해서 아름다운 현재와 밝은 미래를 열어갈 수 있는 지혜가 있어야 할 것입니다.

어렸을 때 어머니가 시루에 콩나물을 기르시던 모습이 참 인상적이었습니다. 시루 중간에 체를 놓고 그 위에 콩나물 콩을 깔아 놓습니다. 그리고 천으로 시루를 가린 뒤 시간마다 자주 물을 주면 물이 체를 거처 밑으로 다 빠져나갑니다. 물이 한 방울도 남지 않고 다 빠져나가는 것을 보면 허탈하기 그지없지만, 몇 주 뒤에 천을 헤치고 시루 안을 들여다보면 노오란 콩나물이 가득한 것을 보게 됩니다. 참으로 감동스럽습니다. 버릴 것은 버리고 취할 것은 취해서 새로운 미래를 열어가는 콩나물을 통해 큰 지혜를 배우게 됩니다. 의미 있는 시간들을 분별해서 사냥하는 지혜가 있어야 할 것입니다.

생각 관리

생각은 품는 대로 나옵니다. 어두운 생각을 품으면 어두운 것이 나오고, 밝은 생각을 품으면 밝은 것이 나옵니다. 그래서 관리하는 것이 중요합니다. 사람들은 많은 것들을 관리합니다. 재정 관리, 인사 관리, 물품 관리, 시설 관리, 식단 관리, 체중 관리, 인맥 관리 그리고 심지어는 남편 관리에 이르기까지 거의 모든 분야에 걸쳐서 '관리'라는 말을 즐겨 사용합니다. 그 만큼 관리가 중요하다는 뜻일 것입니다. 실제로 관리하는 것과 관리하지 않는 것은 엄청난 차이가 있습니다. 요즘 저는 가끔 아내의 얼굴 마스크 팩을 꼽사리 껴서 사용합니다. 예전에는 체면과 자존심 때문에 상상도 할 수 없는 일이었습니다. 그러나 세월 앞에 장사가 없습니다. 축 처지고 황폐해진 얼굴이 안쓰러웠던지 아내가 피부관리를 해주겠다고 선심을 씁니다. 가만히 침대에 누워 있으랍니다. 제 얼굴에 달팽이 오일로 만들었다는 마스크 팩을 붙여줍니다. "뭔 짓이냐" 하고 난리를 피워보지만, 속으로는 이상하게 싫지 않습니다. 그냥 못 이기는 척하고 마스크 팩을 얼굴에 붙이고 잠이 듭니다. 그런데 아침에 얼굴 상태를 보니까 많이 달라졌습니다. 신선해 보입니다. 관리의 중요성을 다시 한번 절감합니다. 며칠 있다가 신문을 읽고 있는 아내 앞을 그냥 왔다갔다합니다. 한번 더 해달라는 소리입니다. 아내가 묻습니다. "뭐 필요해요?" 답답한 마누라를 보면서 퉁명스럽게 한마디 던집니다. "달팽이 또 있나?"

대학 졸업을 한 해 앞두고 있는 막내아들은 '시간 관리'를 잘 해야 할 것 같다고 푸념을 잔뜩 늘어놓습니다. 줄기차게 놀더니 드디어 마음이 급해졌나 봅니다. 중년의 선배 목사님들 모임에 가 보면 항상 하는 말들이 '노년 관리'입니다. 얼마 전까지 영성 관리, 목양 관리라는 주제를 놓고 이야기 했는데, 이제는 슬슬 내려오실 준비를 하는 것 같습니다. 어디를 가든지 '관리'라는 말을 너무도 당연하게 사용합니다. 그런데 신기한 것은 '생각 관리'라는 말을 사용하는 사람들은 거의 없습니다. '생각'은 관리의 대상이 아닌가 봅니다. 생각은 보이지 않아서 그런지 좀처럼 관리하려고 하지 않습니다. 사람들은 '어떤 생각을 가지고, 어떻게 다른 것들을 관리할까?'에만 집중을 하지, 정작 '생각' 자체를 관리하는 것에 대해서는 관심이 없습니다. 생각을 관리의 주체라고 생각하지, 관리의 대상이라고 보지 않는 것 같습니다. 그러나 분명히 알아야 합니다. 관리 중에서 가장 중요한 관리는 '생각 관리'입니다. 모든 관리를 효과적으로 할 수 있도록 만드는 것이 생각이기 때문입니다. 생각이 잘 관리되고 조절되지 않으면 결단코 좋은 인생을 펼칠 수 없습니다. 닭이 알을 품으면 병아리가 나오고, 뱀이 알을 품으면 독사가 나오는 것처럼, 사람이 생각을 품으므로 현실이 나옵니다. 생각하는 그대로 현실이 펼쳐집니다. 생각을 우습게 생각하면, 반드시 생각하지 못한 결과를 맞이하게 될 것입니다.

　사람은 잡념이 많은 존재이기 때문에 생각을 잘 관리하지 않으면 허황된 인생을 살게 됩니다. 남이 보지 않는다고 해서 황당한 생각을 하게 되면 마침내는 그가 생각하던 사람이 현실로 튀어 나오게 됩니다. 외설스럽고 야한 생각만 하는 사람은 머지않아 '미투Me too' 캠페인의 주인공으로 등장하게 됩니다. 미움과 증오 속에서 매일 원수 갚는 생각만 하게 되면 곧 오렌지색으로 '깔맞춤'한 단체복을 입게 됩니다.

　반대로 멋지고 큰 생각을 하는 사람은 그 생각대로 이루어지는 놀라운 마술의 주인공이 될 것입니다. 옛 어른들이 왜 맨날 자신의 자녀들에게 "야망을 가지라"는 둥, "큰 꿈을 꾸라"는 말을 했는지 비로소 깨닫게 됩니다. 생각이 곧 인생이기 때문입니다. 꿈이 곧 생각입니다. 생각은 마치 인생의 나침판과 같아서 그 가리키는 방향으로 집중해서 나아가게 되면 반드시 생각한대로 이루는 놀라운 일을 경험하게 됩니다.

　우리는 종종 사람들에게 "조심하라"는 말을 자주 사용합니다.

"건강 조심하십시오", "운전 조심하십시오" 그리고 "말 조심하십시오" 같은 표현들을 자주 사용합니다. 이 '조심操心'이라는 말은 한문으로 '잡을 조操' 자에 '마음 심心' 자를 합친 것입니다. 먼저 마음을 잡는 것 즉 마음을 다스리고 통제하는 것을 '조심'이라고 합니다. 영어의 'control조절'에 해당하는 단어입니다. 모든 불행과 실패가 마음을 잡지 못하는 것에서부터 비롯됩니다.

우리는 언제나 행동으로 옮기기 전에 먼저 생각을 합니다. 모든 행위는 생각의 결과입니다. "아무 생각 없이 나도 모르게 이런 실수를 했다"라고 변명하는 사람들이 있는데, 절대로 그렇지 않습니다. 반드시 생각이 먼저 선행한 후에 그 생각의 길을 따라 행동이 일어납니다. 자신이 기억하지 못하는 것뿐입니다. 내면의 세계에 깊이 잠재되어 있던 생각인데 의식하지 못하는 순간에 현실로 드러난 것뿐 있습니다. 분명한 것은 생각이 먼저 선행하지 않고 행동으로 일어나는 경우는 거의 없다는 것입니다. 그래서 생각을 잘 관리하는 것이 가장 중요합니다.

성공적인 목회를 해서 후배들에게 귀감이 되는 목사님이 한 분 계셨습니다. 항상 차분하시고, 성실하고, 열정적이어서 결국 큰 규모의 목회를 하게 되었습니다. 본인 스스로도 자신의 얼굴과 외모가 인생에 비협조적이라고 믿었기 때문에 쓸 데 없는 곳에 관심을 접고 오직 목양에만 전념했습니다. 그러던 어느 날 그분의 인생을 몽땅 바꾸어 버리는 충격적인 사건이 일어났습니다.

'늦바람'의 주인공이 되신 것입니다. 결국 가족과 교회로부터 버림을 받고 느지막하게 선교사의 길을 걷게 되었습니다. 표현은 못했지만 항상 생각 속에 그 '팜므파탈femme fatale'이 숨어 있다가 어느 날 갑자기 용트림하며 현실로 튀어나온 것입니다. 그 목사님은 선교지를 찾는 후배들에게 꼭 이 이야기를 하십니다. "생각을 잘 지키세요. 생각이 무너지니까 결국 현실도 무너집니다." 지금 내가 하고 있는 생각이 곧 펼쳐지게 될 미래의 내 모습입니다. 생각을 잘 지킵시다!

탓, 척, 챗, 후

어떤 분야에서든지 성공적인 인생을 살려면 반드시 버려야 할 네 가지 한 글자가 있습니다.

첫째는 '탓'입니다. 어떤 경우에든 탓하지 말라는 것입니다. 세상 탓하고, 남을 탓하고, 운명 탓하다 보면 주체적인 모습의 자기 인생을 살 수 없습니다. 모든 것은 자신이 책임진다는 마음으로 살아가야 당당하고 자신감 있는 인생을 살 수 있습니다. 매사에 핑계거리를 찾다보면 자신의 실수와 실패에 지나치게 관대해지고, 주변의 다른 사람이나 환경에서 그 이유를 찾으려고 하기 때문에 주위에 한 사람도 남지 않게 될 것입니다. '탓'하는 자세는 언제나 자신을 정당화하고 합리화하기 때문에 자기 발전이란 존재하지 않습니다. 탓하는 사람은 마지막 순간까지도 원망과 불평 그리고 넋두리에서 결코 자유롭지 못할 것입니다. 탓하는 사람 중에 성공적인 인생을 산 사람은 역사에 단 한 사람도 없습니다.

두 번째는 '척'하지 말라는 것입니다. 모르면 모르는 대로, 없으면 없는 대로 자기가 가지고 있는 것을 펼치면 됩니다. 자기가 가지고 있는 것 이상의 것을 보여주려고 하면 반드시 '척'하게 되어 있습니다. 척하는 사람들은 항상 피곤합니다. 없는데 가지고 있는 것처럼 하려니 얼마나 힘이 들겠습니까? 위선과 기만으로 점철된 거짓 인생은 언제고 무너지는 날이 올 것입니다. 높이 쌓아 올리면 올릴수록 그 무너짐이 심할 것입니다. 조선 유교문화의 최고 취약점은 '척'하는 태도입니다. 냉수를 마시고도 이쑤시개로 이를 쑤셔댑니다. 온 가족이 굶고 주리는데도 남의 이목이 두려워서 고기를 먹은 것처럼 가증을 떠는 것입니다. 딱하고 처량하기 그지없습니다. 척하는 태도는 나라를 말아먹을 때까지 결코 끝나지 않습니다. 솔직하고 진실하게 자기 자신을 들여다보는 시간을 가져야 할 것입니다.

셋째로, '챗'하지 말라는 것입니다. 교만한 사람은 남의 말을 듣지 않습니다. 남을 무시하고 자신을 우상화합니다. 남에게 좋은 대접을 받고자 한다면, 먼저 그 사람을 인정하는 태도를 가져야 합니다. 한국의 전통 민속 경기인 씨름에서는 상대방을 넘어뜨리기 위해서 먼저 자신의 무릎을 구부려야 합니다. 자신의 무릎이 먼저 구부러져야 그 탄력으로 상대방을 넘어뜨릴 수 있습니다. 뻣정다리로는 남을 쓰러뜨리는 것은 고사하고, 오히려 크게 넘어지게 되어 있습니다. 성공하기를 원한다면 항상 낮은 자리에 앉아야 하고, 낮은 자세를 취해야 합니다. 전쟁터에서 낮은 자세를 유지하는 사람이 살아남습니다. 총을 맞거나 부상을 당하는 사람들은 높은 위치에 서 있는 사람들입니다. 세상은 전쟁터처럼 치열하고 살벌합니다. 살아남으려면 반드시 사람들의 사랑과 도움을 받아야만 합니다. 바짝 엎드리십시오.

그리고 마지막으로 '후'하지 말아야 합니다. 아직 한숨을 내쉬기는 이릅니다. 실패하는 사람들은 언제나 한숨을 쉽니다. 한숨을 내쉬면 자포자기하게 됩니다. 낙심하면 의욕을 잃게 되고, 게을러지고, 타협하게 됩니다. 특별한 노력을 하지 않아도 망하는 데 아무 지장이 없습니다. 길이 막히면 다른 길로 가면 되고, 앞이 보이지 않으면 뒤로 돌아가면 됩니다. 모든 것이 무너졌으면 다시 처음부터 세우면 그뿐입니다. 성공한 사람들의 특징은 성공 이전에 실패를 경험한 사람들입니다. 단 한 사람도 단번에 성공한 사람은 아무도 없습니다. 크게 성공한 사람은 크게 실패했던 사람이고, 엄청난 성공을 거둔 사람은 엄청나게 많은 실패를 경험했던 사람입니다. 마지막 한숨을 내쉴 때까지 아직 인생은 끝이 난 것이 아닙니다. 우리 신앙인들은 주님이 "오라"고 하실 때까지 마지막 숨을 붙잡고 사는 사람들입니다.

남편의 화려한 바람기 때문에 평생을 눈물로 지내신 할머니 권사님 한 분이 계셨습니다. 결혼 전에 옷에 묻은 밥풀을 손수 비벼가며 털어주는 자상함에 반해서 결혼을 했는데, 문제는 이 권사님에게만 자상한 것이 아니라, 지나가는 모든 '뇬Nyon'들에게도 자상했던 것입니다. 부리부리한 두 눈에 뚜렷한 이목구비를 갖춘 남편은 빛바랜 오래된 사진 속에서도 여전히 잘난 매력을 발산하고 있었습니다. 할머니는 "못난 놈은 꼴값을 하고, 잘난 놈은 얼굴값을 한다"라는 말을 언제나 입에 달고 사셨습니다. 남편이 마지막으로 젊은 여자를 얻어서 멀리 줄행랑을 놓던 날, 이 권사님은 절망한 것이 아니라, 이를 꽉 물고 열심히 기도하며 세 아들을 믿음으로 길렀습니다. 그리고 30년 뒤 '한국을 빛낸 위대한 어머니' 십인 중의 한 명이 되었습니다. 세 아들을 훌륭한 법관으로 만든 이 권사님은 언제나 말씀하셨습니다. "믿는 사람들은 한숨 쉬면 안됩니더! 주님이 싫어하시쉽니더!" '탓, 척, 쳇, 후', 생각해 볼수록 우리 신앙인들이 멀리해야 할 네 단어입니다.

허세虛勢

얼마 전 '쉬샤오둥'이라는 39세의 중국인 남성이 중국의 전통 무술인 '쿵후Kung fu'에 도전장을 내서 파란波瀾을 일으킨 적이 있습니다. 쉬샤오둥은 요즘 한참 유행 중인 '격투기' 선수입니다. 종합 무술이라는 이 격투기는 권투, 레슬링, 유도 그리고 주짓수에 이르기까지 모든 운동 종목이 총 망라된 무술입니다. 처음 이 경기가 만들어졌을 때는 너무 잔인하고 야만적이어서 운동 종목이라기보다는 잔인한 싸움에 불과하다는 비난을 받았습니다. 그러나 시간이 지나 엄청난 돈과 조직의 힘이 첨가되면서 순식간에 전 세계적으로 열광적인 인기를 누리는 스포츠 종목으로 자리를 잡게 되었습니다. 이 격투기 종목의 장점은 판정 시비가 거의 없다는 점입니다. 심판의 편견이나 경기자의 편법이 전혀 통하지 않습니다. 주어진 시간 안에 자신이 할 수 있는 모든 싸움 기술로 상대방을 제압하면 됩니다. 너무도 분명하고 명확하게 승부가 갈리기 때문에 과격한 젊은 세대들에게 폭발적인 인기를 얻고 있습니다.

어떤 한 종목을 잘한다고 거드름을 피우거나 경망스럽게 촐랑대다가는 큰 부상을 입을 수 있습니다. 경기에서 이기든 지든 대부분 피를 흘리거나 상처를 입기 때문에 끝까지 집중해서 최선을 다해야 살아남을 수 있습니다. 마치 로마의 검투사를 연상시키는 잔혹함과 폭력성 때문에 많은 사람들이 처음에는 거부감을 느끼지만, 스트레스로 가득 찬 현대 생활 속에서 한방에 짜증스러운 감정을 날려 보낼 수 있다는 묘한 쾌감 때문에 점차 이 스포츠에 매력을 느끼게 됩니다. 처음에는 중국의 쿵후나 한국의 태권도, 일본의 가라테 그리고 태국의 킥복싱 같은 전통 무술에서 이 격투기를 삼류 양아치들의 싸움판이라고 비아냥을 퍼부었습니다. 자기들과 같은 정통 무술인을 만나게 되면 그런 깡패들은 단방에 제압될 것이라고 독설을 서슴지 않았습니다. 그중에서도 가장 허세를 많이 부렸던 사람들이 중국의 '쿵후' 유단자들입니다. 한국뿐만 아니라 전 세계적으로 무협지나 영화들을 통해 잘 알려진 쿵후는 분명히 신비스러운 무술임에 틀림이 없습니다.

쉬샤오둥은 이제 중년을 앞둔 이름도 없는 무명의 격투기 선수입니다. 주먹질하는 것과 발길질하는 것에 약간의 재능이 있었지만, 다양한 무술로 무장한 세계의 격투기 무대에서는 명함 한 번 내보지도 못했습니다. 그런 그가 과감하게 도발을 한 것입니다. 쿵후 안에 있는 여러 권법 문파들 즉 소림권少林拳, 태극권太極拳, 백

학권白鶴拳 그리고 영춘권詠春拳과 같은 전설의 도인들이 즐비한 정통 무술에 도전장을 낸 것입니다. "그렇게 당신네들이 세면 나와 한번 붙어보자!" 하며 공식적으로 도전장을 낸 것입니다. 쿵후의 대사부들이 처음에는 가소롭게 웃어넘겼지만, 중국 국민들이 "버릇없는 놈을 혼내주어야 한다"라고 사부들을 부추기는 바람에 할 수 없이 그의 도전을 받아들여 공식적으로 대결을 하게 되었습니다. 많은 사람들은 권법의 대가들이 숨겨진 비장의 무기들을 동원해서 쉬샤오둥을 혼내 줄 것이라고 생각했습니다. 손에서 강력한 장풍掌風을 쏘아 날려버리던지, 물 위를 걷는 고도의 경공輕功으로 하늘에서 그를 밟아버릴 것이라고 생각했습니다. 손에서 불이 나가는 화염장火焰掌도 생각해보고, 툭 건드리기만 해도 멀리 날아가게 하는 금강권金剛拳도 나올 것이라고 생각했습니다.

제일 먼저 영춘권의 대가와 대결을 벌였는데 결과가 너무 참혹했습니다. 이 영춘권의 달인은 처음 등장할 때 온갖 포즈를 다 취하면서 신비롭게 나비처럼 등장했는데, 막상 시합이 시작되자 등을 보이며 경기 내내 도망 다니느라고 바빴습니다. 경기 막판에는 코너에 몰려 정말 죽도록 맞았습니다. 주변에서 말리지 않았으면 맞아 죽을 뻔했습니다. 시종일관 도망치다가 기껏 한다는 기술이 발로 상대방의 낭심을 차려고만 했습니다. 계집아이처럼 꼬집고, 할퀴고, 따귀를 때리고, 깨무는 짓만 했습니다. 쿵후를 국가의 국기로 삼았던 중국인들 전체가 실망을 금치 못했습니다.

태극권의 대가인 '웨이레이魏雷'하고도 시합을 벌였는데 설마가 현실로 이루어졌습니다. 장풍으로 산을 흔들고 축지술로 천리 길을 몇 분 안에 간다는 그가 건달 주먹 쉬샤오둥에게 20초 만에 대자로 뻗어버린 것입니다. 대부분의 문파가 똑같았습니다. 중국이 자랑하는 전통 무술 쿵후가 최대의 위기를 맞았습니다. 앞으로 중국 무술 영화는 모두 '뻥'이라는 핀잔을 듣게 생겼습니다. 당황한 몇몇 중국의 관리들이 앞으로 당분간은 국가의 무술로 쿵후를 선전하는 일을 하지 않기로 결정을 내렸다고 합니다.

중국 사람들이 원래 허세가 심한 것을 알기는 하지만, 쿵후가 이렇게 될 줄은 몰랐습니다. 예리한 매의 눈으로 뒤에서 공격하는 것도 쉽게 피하고, 호랑이 같이 자기보다 큰 동물들도 공깃돌 가지고 놀듯이 다루는 무공은 온데간데없습니다. 울퉁불퉁한 근육과 강한 주먹으로 무장한 격투기 선수들에게 불쌍할 정도로 매를 맞은 것입니다. 겉으로는 대단한 힘을 가진 양 허세를 부렸는데 막상 뚜껑을 열고 보니 결과는 너무도 한심했습니다. 우리 주변에서 이런 일들을 심심치 않게 봅니다. 대단한 학벌과 이력으로 치장을 했는데, 막상 대결을 해보니 대학생에게도 상대가 되지 못하는 딱한 학자들이 있습니다. 프랑스의 유명한 요리 상을 다 휩쓸었다고 난리를 부렸는데, 막상 요리 대결을 해보니, 어느 삼류 호텔의 요리사에게도 참패를 당하고 맙니다. 대단한 신앙인 줄 알았는데, 위기 앞에 놓이고 나니까, 엊그제 믿기 시작한 사람만도 못한 경우가 비일비재합니다. 사람들 앞에서는 허세를 부렸는데 하나님의 저울로 측량해보니 그 믿음이 입김보다 가벼운 것입니다. 자신의 실상을 누구보다도 잘 아는 사람은 바로 자기 자신입니다. 언제나 스스로를 되돌아보면서 모든 일에 내실을 갖추는 노력을 해야 할 것입니다. 그렇지 않으면 크게 망신을 당하는 날이 올 것입니다.

우리는 이미 시험대에 올랐습니다

어떤 여인이 자신의 죽은 개를 품에 안고 와서 울면서 목사님께 부탁을 했습니다. "목사님, 제 사랑하는 개가 죽었습니다. 제 개를 위해서 장례예배를 드려 주십시오."

그러자 목사님은 근엄하게 말했습니다. "부인의 아픈 마음을 충분히 이해합니다. 그러나 개는 개일 뿐입니다. 장례예배는 사람에게만 허락된 것입니다. 죄송합니다." 그러자, 슬픔에 찬 여인은 고개를 떨구며 밖으로 나가다가 한마디 했습니다. "장례예배를 드려 주시면 이 개 앞으로 증여된 유산 중에서 백만 불을 목사님께 드리려고 했는데!" 깜짝 놀란 목사님은 흐느끼는 여인에게 다가가서 부드러운 목소리로 말했습니다. "아니, 부인, 처음부터 예수 믿는 개라고 말씀을 하셨어야지요. 우리 여기 앉아서 함께 장례예배에 대해서 이야기를 해봅시다."

누군가가 우스갯소리로 만들어낸 유머겠지만, 돈의 위력을 다시 한번 생각하게 해주는 이야기입니다.

우리가 사는 세상에 돈의 영향이 미치지 않는 곳이 없습니다. 돈 때문에 울고 웃고, 살고 죽는 일이 도처에서 끊임없이 일어납니다. 세상에서 일어나는 모든 일들의 중심에는 어김없이 돈이 있습니다. 정치, 경제, 사회, 문화, 외교, 사건, 사고의 중심에는 항상 정중앙에 돈이 가부좌를 틀고 앉아 있습니다. 범죄 수사관들은 사건이 일어나면 제일 먼저 돈의 행방을 추적한다고 합니다. 아무리 배배 꼬인 오리무중의 사건일지라도 '돈'을 계속 추적해 올라가면 실타래가 풀립니다. 살인 사건이든, 폭행 협박 사건이든, 보험사기 사건이든 끝까지 돈을 추적해 따라가 보면, 맨 나중에는 돈을 쥐고 있는 놈이 나옵니다. 그 놈이 바로 범인犯人입니다. 돈이 해답입니다. 한 개인의 문제도 그렇고, 국가 간의 문제도 그 속을 깊이 들여다보면 결국에는 돈 때문에 일어난 일들입니다. 안타깝지만, 돈이 모든 것들을 규정하는 시대를 우리는 살고 있는 것입니다.

돈을 잘 사용하면 '의인義人'이 되고, 돈을 못되게 사용하면 '악인惡人'이 됩니다. 돈에 흔들리지 않는 사람을 '대인大人'이라고 하고, 돈에 오락가락하는 사람을 '소인小人'이라고 부릅니다. 돈을 초월하면 위인偉人이 되고, 그나마 초월할 돈도 없으면 평범한 '범인凡人'이 됩니다. 돈이 사람을 판가름하고 평가합니다.

종교의 영역이라고 해서 예외는 아닙니다. 요즘 많은 종교들이 사회적으로 비난을 받고 있는데 그 중심에는 역시 돈이 자리를 잡고 있습니다. 돈의 축적이 직접적으로 문제가 되기도 하고, 돈의 배다른 형제들인 '마약', '도박', '향락', '성추문'들이 대신 문제를 일으켜 주기도 합니다. 특히, 한국 기독교가 진통을 치르고 있는 문제는 '교회 세습'입니다. 조그만 개척 교회를 세습한다고 세상이 난리를 치겠습니까? 대형 교회를 문제 삼는 것입니다. 막강한 '돈'이 있기 때문에 시끄럽게 뒤흔드는 것입니다.

큰 교회의 목사님들이 자기 자녀에게 교회를 세습하는 이유는 하나입니다. 돈이 힘이라는 것을 믿기 때문입니다. 살아보니까, 예수보다는 돈이 더 힘이 있는 것을 알고 '돈' 쪽으로 '돌아버린 것'입니다. 섬김의 대상이 바뀐 것입니다. 큰 교회의 목사들이 바보가 아닙니다. 세상 사람들이 욕하는 것을 모르지 않습니다. 그럼에도 불구하고 끝까지 무리수를 두는 것은 자식이 돈 때문에 고생하는 것을 막아주려는 극진한 자식 사랑 때문이기도 하고, 무엇보다도 일단 돈을 쥐게 되면, 그 다음에는 모든 것들이 합리화되고 정당화되는 돈의 힘을 수도 없이 경험했기 때문입니다. 대형 교회 목사님들 중에서 과연 젊은 시절에 돈 때문에 눈물을 흘려보지 않은 분이 있을까요? 돈의 위력을 뼈저리게 절감하면서 분노 속에 이를 악무는 순간이 반드시 있었을 것입니다. "오냐! 이 더러운 돈, 내가 본때를 보여주마." 돈으로 큰 교회를 짓고, 사람들을 사고, 프로그램을 잘 만들면 사람들이 몰려올 것을 간파한 것입니다. 자존심을 꺾어가며 머리 숙이지 않아도 반대로 사람들이 머리를 조아릴 것입니다. 자기도 모르는 순간에 시나브로 돈의 종이 된 것입니다.

서글픈 이야기이지만, 교회들끼리도 돈 때문에 클래스가 나누어집니다. 돈을 많이 소유한 교회일수록 더 많은 힘을 갖게 됩니다. 그러므로 돈을 '맘몬Mammon' 신이라고 이름 지은 것은 너무도 적절한 표현입니다. 돈 때문에 상처를 받고, 돈 때문에 신앙과 꿈을 접습니다. 예수님께서 말씀하신 것처럼, 하나님을 섬기는 데 가장 큰 장애가 되는 것은 돈입니다. "하나님과 돈을 겸하여 섬기지 못하리라"(마 6: 24). 실제로, 많은 돈을 추구하면서 신앙생활을 잘 하는 것은 결코 쉬운 일이 아닙니다. 그럼에도 불구하고 우리 모두는 기도할 때마다 '돈'을 구합니다. 우리가 진정으로 원하는 것이 '하나님'인지, '돈'인지 깊이 생각해보아야 할 시점입니다.

며칠 전 한국의 할머니 한 분이 자신의 모교인 경희대학교 한의과대학에 자신이 젊어서부터 벌어 모은 돈 '천삼백억 원'을 기증했습니다. 개인이 기증한 액수로는 한국 역사상 최고입니다. "죽어서 짊어지고 갈 것도 아닌데, 값진 일을 위해 사용해 달라"고 부탁했습니다. 사회 전반에 걸쳐 이 할머니를 칭찬하는 소리가 하늘을 찌릅니다. 이제 우리는 선택해야 합니다. 돈을 섬기며 욕을 먹을 것인가? 돈을 놓고 주님을 섬길 것인가? 우리는 이미 시험대에 올랐습니다.

당신은 하나님의 책입니다

글을 잘 쓰는 분을 보면 항상 부러운 마음이 듭니다. 간결하고 명료하면서도 담백하게 글을 써 내려가는 사람들을 보면 존경의 마음을 갖게 됩니다.

저는 이십대 초반에 강유일 작가가 쓴『바람 속에서 외로웁더라』라는 책을 보면서 수필이 얼마나 아름다운지를 알게 되었습니다. "어쩌면 이렇게 해박한 문학적인 지식과 감성을 가진 사람이 있을까!" 그녀에게 매료되면서 그녀가 지은 책 스무 권 가량을 절판된 것까지 고물상 서점을 다 뒤져가며 찾아 읽었던 기억이 납니다. 그녀를 광적으로 좋아하게 된 것은 그분의 외모 때문이 아닙니다. 예전에 원종배 아나운서와 함께 텔레비전에서 〈사랑방 중계〉를 진행하던 그분의 모습을 본 적이 있었습니다. 결코 여배우와 같은 여성적인 매력이 있는 분이 아닙니다. 하지만 그녀의 폭넓은 문학 세계와 자신이 겪은 자전적인 인생의 고뇌가 잘 어우러져 만들어진『날이 새면 집 지으리라』,『로뎀나무 아래서』그리고 『아브라함의 서곡』 같은 책들은 그분의 인간적인 매력과 신앙적인 강인함에 쉽게 빠져 들도록 만드는 힘이 있었습니다. 책이 곧 그 사람이라는 생각을 처음으로 갖게 한 분입니다.

　어떤 책을 좋아하게 되는 것은 꼭 그 책의 내용 때문만은 아닙니다. 책을 지은 저자의 사회적인 공헌이나 인격적인 고매함 그리고 그에게서 풍겨 나오는 깊은 지적인 매력이 그 책을 흠모하게 만드는 경우도 많이 있습니다. 책에 쓰인 글만 읽는 것이 아니라, 그 책을 쓴 사람도 함께 읽는 것임을 독서할 때마다 느끼게 됩니다. 너무도 감동적인 구절을 만나게 되면, 몇 번을 곱씹어 읽으면서 책을 쓴 사람을 생각해보게 됩니다. 어떤 때는 뜨거운 가슴을 주체하지 못하고 저자에게 이메일을 보내든지 아니면 전화를 걸어서 "내가 당신의 강력한 독자라는" 사실을 알리곤 했습니다. 한번은 우연이 선물로 받게 된 감리교신학대학교 기독교교육학과 김재은 교수의 글 『인생 뒤풀이』를 읽고, 너무도 진솔하고 담백한 글 솜씨에 반해서 선생님께 전화를 드려 "너무 훌륭하시다"라고 극찬을 했던 기억이 납니다. "왜, 학창시절에는 이렇게 훌륭한 선생님의 진면목을 보지 못하고, 선생님을 단지 학점을 부여하는 기계로 밖에는 생각하지 못했는지 내 자신이 너무도 부끄럽다"라고 때 아닌 고해성사를 하기도 했습니다. 책의 마지막 후기에 남편에게 당신의 글을 보여주고 조언을 부탁했더니, "다시는 책을 쓰지 말라"는 혹평을 해서, 선생님께서 "앞으로 다시는 쓰지 않겠다"라고 다짐을 하는 구절이 나오는데, 안타까운 마음으로 "전혀 그렇지 않으니까, 꼭 다음번 책을 내달라"고 신신당부를 하기도 했습니다.

갑자기 나타난 제자 겸 독자에게 감동하셨는지 흐뭇해하시던 웃음소리가 여전히 귓가에 맴돕니다. 꼭 그렇게 하겠다고 말씀하셨는데, 몇 달 후 하나님의 나라로 급하게 거처를 옮기셨습니다. 말씀은 그렇게 하셨어도 책을 내시는 것이 꺼림칙하고 부담스러우셨나 봅니다. 하지만 그 어른을 생각하면 항상 아름다운 향기가 납니다. 책과 사람이 하나라는 것을 다시 한번 가르쳐 주셨습니다.

소위 베스트셀러라는 책들을 읽으면서 항상 좋았던 기억만 있는 것은 아닙니다. 예전에 줄기세포 복제 연구로 전 세계적인 열풍을 일으켰던 천재 과학자가 있었습니다. 그분의 책을 닥치는 대로 사서 읽었습니다. 『세상을 바꾸는 과학자 황길동』, 『황길동 이야기』, 『나의 생명 이야기』 등의 책들과 칼럼을 읽었는데, 책을 읽은 것이 아니라, 그분을 읽은 것이었습니다. 그런데 나중에 알고 보니 모두가 거짓말이었습니다. 그 충격으로 인해 당장 그분의 책들을 쓰레기통에 갖다 버렸습니다. 책과 함께 그 사람을 내다버린 것입니다.

한국의 목사들 중에서도 유독 베스트셀러를 많이 지어서 청년 문화에 새로운 한 획을 그었던 '전병팔' 목사라는 분이 있었습니다. 설교도 잘해서 문무文武를 다 갖춘 목사로 높은 평가를 받았습니다. 하지만 여자 청년들과 성 스캔들에 휘말리면서 실망한 많은 사람들이 그의 책을 반품해달라고 시위를 벌이기도 하고, 그의 책들을 거리에 산더미처럼 쌓아 놓고 불을 지르는 화형식을 했습니다. 책과 함께 그를 불질러버린 것입니다. 대단한 정치인이라는 기대감을 갖고 그의 책들을 읽었는데, 계속해서 팔푼이 짓만 하는 '안촬스' 씨에게 실망해서, 많은 독자들이 그의 책들을 휴지통에 내다버리는 해프닝도 있었습니다. 책과 함께 그를 버린 것입니다.

최근에는 아침이슬 같은 이미지로 주옥같은 시들을 많이 써서 사람들의 마음을 사로잡았던 고령의 시인 '고래' 씨가 성추문에 휘말리며 '그분이 우리가 알고 있는 그분'이 아니라는 것이 연일 보도되었습니다. 저는 '고래' 시인이 더 연세가 드시기 전에 꼭 노벨 문학상을 받아야 한다는 간절한 염원을 가지고 있었습니다. "내려갈 때 보았네/ 올라갈 때 못 본 그 꽃" 이 한 줄로 표현된 그분의 시 세계는 아름답다 못해 황홀하기까지 했습니다. 그런데, 알고 보니 "그 꽃"이 우리가 생각하는 그 꽃이 아니라, '다른 꽃'이었던 것입니다. 그분의 시집도 전부 다 내다 버렸습니다. 설교 시간에 자랑스럽게 그분의 시를 인용했던 것이 부끄러웠습니다. 사람과 책이 언제나 함께 간다는 것을 다시 한번 절감하게 되었습니다.

그런 면에서, 우리 기독교인은 하나님의 책입니다. 하나님과 우리는 하나입니다. 우리가 만약 큰 문제를 일으키게 되면, 하나님을 향해 서있던 세상 사람들이 곧 바로 하나님께 등을 돌릴 것입니다. 하나님을 우리와 똑같은 거짓말쟁이로 취급할 것입니다. 우리가 서로 싸움을 하고, 욕심에 찌들어 살아간다면 그리고 손가락질 당할 일들을 서슴지 않고 저지른다면, 세상 사람들은 금방 우리의 저자이신 하나님을 비난할 것입니다. 세상 사람들이 우리를 잘 읽고, 하나님을 옳게 발견할 수 있도록 항상 정신 차리고 살아야 할 것입니다. 갑자기 삶이 버겁고 무서워졌습니다.

혹시, 나이롱 아냐?

화학섬유 '나일론Nylon'이 한국에 들어온 것은 1953년 코오롱 그룹의 고故 이원만 회장을 통해서입니다. 영어 발음을 잘 못하는 일본 사람들을 거쳐 한국으로 들어왔기 때문에 '나이롱'이라는 말로 더 잘 알려지게 되었습니다. 당시에 이 나일론은 "기적의 섬유", "꿈의 섬유"로 불리웠습니다. 당시 대중적인 섬유였던 광목, 무명, 삼베, 모시는 대부분 두껍고 무거워서 둔해 보였는데, 나일론은 재질이 믿을 수 없을 정도로 가볍고, 부드러운 데다가 탄력성까지 뛰어나서 상상을 초월하는 섬유 제품이었습니다. 게다가 몸에 '딱' 달라붙는 착용감은 거의 경이롭기까지 해서 전 국민의 폭발적인 인기를 누렸습니다. 그중에서도 비단처럼 반짝반짝 광택이 나고, 내구성도 강하고, 착용감도 거의 느낄 수 없었던 여성용 '스타킹'은 노소를 불문하고 여성들에게 광적인 인기를 얻었습니다. 연일 전단지를 통해 스타킹 광고를 했는데, 스타킹을 신은 어느 여성 모델의 길게 쭉 뻗은 빛나는 다리는 성적인 매력을 발산하다 못해 전단지를 보는 남성들의 마음속에 숨어 있던 늑대들을 울부짖게 만들었습니다. 수줍은 성격 때문에 긴 발목 치마를 입던 여성들까지도 치마 속 몰래 스타킹을 착용할 만큼 '나일론'은 초절정의 인기를 구가했습니다. 그래서 어떤 좋은 것을 말하거나 표현할 때는 엄지손가락을 치켜세우며 "아싸! 나이롱" 하고 말하는 유행어까지 생겨났습니다.

그러나 시간이 지나면서 나이롱의 허구가 드러나기 시작했습니다. 우선 나일론은 습기를 빨아들이지 못해서 어느 정도 시간이 지나면 땀 때문에 착용감이 불쾌했고, 통풍이 되지 않아 가렵기 그지없었습니다. 게다가 피부에 치명적인 문제를 야기하는 화학섬유이었기 때문에 발진이나 두드러기 같은 피부질환을 일으키기 시작했습니다. 그때부터 나일론 섬유 제품에 실망한 사람들이 "겉은 번드르르하지만 속은 가짜인 것"을 말할 때, '나이롱'이라는 말을 사용하게 되었습니다. "나이롱 박수", "나이롱 환자", "나이롱 신자信者"에 이르기까지 광범위하게 이 '나이롱'이라는 말이 사용되었습니다. 나이롱은 언제나 사기詐欺를 동반하는 단어가 되었습니다.

한국에서 부목사로 섬길 때 기억에 남는 권사님이 한 분 계셨습니다. 사업을 아주 크게 하시던 분이었는데, 항상 무리하시고 과로하시는 분이셨습니다. 잠시도 가만히 쉬는 모습을 본 적이 없습니다. 인간적으로는 참 좋은 분입니다. 큰 부자였지만, 인색

하지도 않고, 씀씀이도 크셨습니다. 성격이 서글서글하고 호탕하셔서 사람들과도 잘 어울렸습니다. 당연히 사람들에게 인기가 좋았고, 조금만 일찍 신앙생활을 시작했어도 '장로' 하나 정도는 따 놓은 당상이라는 말을 늘 들으셨습니다. 그러나 제 눈에 비친 그 어른의 모습은 분명히 '나이롱'이었습니다.

신앙의 진위眞僞를 어떻게 겉으로 보이는 것만으로 가늠을 할 수 있겠습니까? 그러나 이 권사님은 외적이든 내적이든 신앙적인 모습을 전혀 찾아볼 수가 없었습니다. 우선, 성경을 거의 모르시는 데다가, 기도하는 것을 눈 감았다가 뜨는 예식 정도로만 아시는 분입니다. 설교 시간에는 드르렁거리며 코를 골고 주무시고, 속회 시간이나 성도들의 모임에서는 항상 세상적인 이야기를 도맡아 하시는 분이었습니다. 문제는 그 내용이 거의 대부분 '19금禁' 수준의 외설적인 것들이었습니다. 특별히, 당신의 손을 거쳐 간 수많은 유명 여성 연예인들의 이름을 여과 없이 선포하셨습니다. 그 입심이 얼마나 대단한지 그 권사님의 이야기를 듣다 보면 마치 옆에서 보는 것처럼 생생한 영상이 떠올랐습니다. 언제나 막장 언어들을 구사하시며 흥미진진하게 이야기 보따리를 펼치셨습니다. "그녀들을 어떻게 꼬셨는지", "어디에서 만났는지", "그녀들에 대한 숨겨진 비사들" 그리고 결정적으로, "그녀들과의 숨 막히는 잠자리 무용담"을 증거하셨는데, 깊은 영성을 가진 장로님들의 믿음을 흔들기에 충분했습니다. 그 권사님의 이야기를 듣고 있던 장로님들이 침을 '꼴깍' 삼키시면서 눈빛이 심하게 흔들리는 것을 여러 번 목격했습니다. 호기심과 부러움으로 눈알이 반짝반짝 빛나는 장로님들을 보면서 무슨 특단의 조치가 있어야 한다는 생각을 하게 되었습니다.

그러던 차에 갑자기 이 권사님에게 청천병력 같은 일이 일어났습니다. '간암'에 걸리신 것입니다. 유독 위스키와 양주를 좋아하셨는데, 결국 올 것이 오고 만 것입니다. 만성 간경변을 거쳐 간암으로 진행이 된 것입니다. 그 입담 좋으신 분이 풀이 잔뜩 죽어서 숙연하게 예배를 드리시는 모습이 낯설기도 했지만, 가슴이 아플 만큼 딱해 보였습니다. 하나님께서는 사람들을 더 큰 믿음의 세계로 인도하시기 위해서 시련이나 연단을 허락하시는가 봅니다. 이 권사님도 예외는 아니었습니다. 원래의 성품이 순박하고 착하셔서 그랬는지 금방 믿음이 깊어지셨습니다. 그리고 여러 번의 수술을 통해 회복의 기적을 이루셨습니다. 몇 년 후에는, 놀랍게도 교인들의 만장일치 동의를 얻어 장로님으로 피택되셨습니다. 장로 안수를 받던 날, 눈물을 흘리며 "절대로 나이롱 장로로 살지 않겠습니다"를 다짐하시던 모습이 생각납니다. '나이롱'이라는 단어를 들을 때마다 항상 그 장로님이 생각납니다.

며칠 전에 성도님 한 분이 티셔츠 하나를 선물해주셨습니다. 옷이 참 편안하고 좋았습니다. "뭐가 이렇게 편해!" 옷을 벗어 두루 살펴보다가 깜짝 놀랐습니다. 나일론 제품이었습니다. 저는 원래 나일론 알러지가 있어서 나일론 섬유를 입지 못합니다. 그런데 이 옷은 아무런 부작용도 일어나지 않았습니다. 갑자기 두

려운 생각이 들었습니다. '혹시, 내가 나이롱이 된 것은 아닐까?'
까불며 살더니…! 정신이 번쩍 들었습니다.

껄

평생을 바쁘게 살아온 사업가가 있었습니다. 은퇴를 하자 비로소 시간적인 여유를 갖게 되었습니다. 어느 가을 날 아침, 이 사업가는 자신의 집 뒷마당을 둘러보게 되었습니다. 제법 규모가 컸습니다. 넓은 뒷마당을 바라보는데 유독 눈에 들어오는 단풍나무 한 그루가 있었습니다. 엊그제까지 무더운 여름이었는데 벌써 나뭇잎의 색깔이 변하고 있었습니다. 황금빛으로 변해가는 나무의 모습이 아름답다 못해 황홀하기까지 했습니다. 갑자기 후회가 몰려왔습니다. "저렇게 아름다운 나무를 왜 십년 전에 바보처럼 한 그루만 심었을까!" 당시에는 아무런 관심도 없었습니다. 그러나 십 년이 지나고 나서 보니 뒷마당 곳곳에 더 많은 나무들을 심지 않은 것이 후회가 됐습니다. 그러나 십 년 전으로 되돌아가는 것은 불가능한 일입니다. 과거는 이미 우리의 땅이 아니기 때문입니다.

시간이 지나서 되돌아보면 후회스러운 일들이 한두 가지가 아닙니다. 좀 더 아내에게 충실할 껄, 아무리 바빴어도 아이들에게 좀 더 많은 관심과 시간을 투자했어야 했는데, 그때 조금만 더 참을 껄, 그때 어머니의 말씀을 듣고 더 이상 일을 진행하지 말았더라면! 뼈저린 후회와 아쉬움들이 부지기수입니다.

명문 대학에 들어간 아들이 있었습니다. "의사만한 직업이 없다"라는 이유로 부모들이 반강제적으로 의과대학에 밀어넣은 것입니다. 이 부부는 머지않아 의사 가운을 입은 아들이 행복해하며 그들에게 감사할 것이라고 생각을 했습니다. 그러나 두 사람의 기대와는 달리 아들은 시간이 지날수록 더욱더 의과 공부를 힘들어 했습니다. 아들은 이제 그만 포기하고 싶다는 말을 수도 없이 했습니다. 그때마다 이 부부는 아들을 격려하기도 하고, 따끔하게 나무라기도 하면서 그의 고통을 묵살해버렸습니다.

학기말 고사를 매일 치르면서 연일 고군분투하던 아들이 어느 날, 피곤하고 지친 목소리로 이 부부에게 전화를 했습니다. "엄마, 아빠, 나 너무 힘들어요. 저 집으로 돌아가고 싶어요." 아버지는 아들을 부드럽게 타일렀습니다. "이제 며칠만 더 참으면 이번 학기도 끝이다. 잘 참고 이겨내라. 여태까지 잘 했잖아!" 옆에 있던 어머니도 한마디 거듭니다. "아들, 시험 잘 치르고 와. 엄마가 맛있는 것 해줄께!" 그날 밤, 망연자실한 아들은 38구경 리볼버 권총을 자신의 관자놀이에 대고 힘껏 방아쇠를 담겼습니다. 불꽃을 내뿜으며 발사된 총알은 아들의 생명을 단숨에 삼켰을 뿐만 아니라, 이 부부의 인생에도 영원히 지워지지 않는 죽음의 문신을 깊이 새겨 넣었습니다. 이 가엾은 부부는 지난 이십여 년 동안, 해마다 '그날'이 되면, 아들의 무덤을 찾아와 뒤늦은 후회의 굵은 눈물을 떨구었습니다. 다시 그날로 돌아갈 수만 있다면, 아들에게 단호하게 말할 것입니다. "아들아, 공부가 인생의 전부가 아니다. 그냥 집으로 오너라!" 이분들은 지금도 주무시다가 이 소리를 지르며 꿈에서 깨신다고 합니다.

어느 철학자의 말처럼, 인생은 죽고 나면, '껄'이라는 단어밖에는 아무 것도 남지 않습니다. 유독 후회와 아쉬움으로 점철된 것이 우리 인생인 것 같습니다.

저에게도 가슴에 깊게 패인 후회가 있습니다. 로스앤젤레스에서 목회를 할 때, 아버지가 어머니와 함께 한국에서 방문을 오셨습니다. 부모님께 변변히 해드린 것도 없이 항상 모자란 아들로만 살아왔습니다. 평생을 아들에게 희생과 헌신으로 살아오신 아버지께서 그날은 왜 그랬는지 아프리카 사람들이 신는다는 '마사이 신발'을 사 달라고 하셨습니다. 그것도 흰 것과 검은 것 두 켤레를 동시에 사시고 싶답니다. "늙으면 애가 된다"는 옛말처럼, 아버지가 그런 땡강 비슷한 강짜를 부리시는 것을 처음 보았습니다. "아니, 가운데 부분이 툭 튀어나온 이 이상한 신발을 왜 두 켤레나 사려고 하세요? 넘어지면 어쩌려고, 내일 모레면 팔순이신데! 그냥 하나만 고르세요." 위험하다는 핑계로 한 켤레만 사시도록 했지만, 사실은 신발값이 너무 비쌌기 때문입니다. 운동화 한 켤레 값이 350불을 훨씬 넘었습니다. 캔자스 시골에서 갓 올라온 그 당시에는 그런 기괴한 신발을 살 형편이 못 되었습니다. 쓴 입맛을 다시며 퉁명스럽게 한마디 했습니다. "마사이 신발? 아니, 나같이 생긴 놈들이 뭐 이렇게 비싼 걸 신어!"

몇 달 후, 어느 정도 자리를 잡고 형편도 많이 나아져서 늘 마음속 어딘가에 찜찜한 기억으로 남았던 그 마사이 종족의 운동화라는 것을 샀습니다. 보면 볼수록 더럽게 생겼습니다. 소포로 보내려고 준비해 두었는데, 그날 밤 한국에 계신 어머니로부터 전화가 걸려왔습니다. "오늘 병원에서 연락이 왔는데, 너희 아버지 골반암 말기란다." 쇠망치로 얻어맞은 듯 했습니다. 그날 이후로 아버지는 다시 걷지 못하셨고, 운동화는 항상 저에게 목에 걸린 가시가 되었습니다. 그래서 그랬나 봅니다. 저는 항상 구두만 신습니다. 운동을 하러 갈 때도 구두를 신고 나가다가 아내에게 늘 한소리 듣습니다. 만약 다시 그때로 돌아갈 수만 있다면, 저는 무슨 수를 써서라도 진열대에 있던 신발들을 죄다 샀을 것입니다. 그러나 그 기회는 다시 오지 않을 것입니다. 뒤늦은 후회의 주인공이 되기 싫다면, 지금 당장 뒷마당으로 나가서 십년 후에 빛나게 될 황금색 단풍나무를 심어야 합니다. 그것이 십년 후에 똑같은 후회를 반복하지 않는 유일한 방법일 것입니다.

여러분은 어떻습니까?

사람은 어릴수록 '꿈dream'을 먹고 살고, 나이가 들수록 '추억 reminiscence'을 먹고 삽니다.

'살 날'이 많은 아이들은 당연히 '무엇을 하면서 살 것인가?'에 관심을 갖게 되고, 반대로 '산 날'이 많은 노인들은 '무엇을 하면서 살아왔는지?'에 대해서 초점을 맞추게 됩니다. 아이들과 대화를 나누다 보면 전부 꿈에 관한 이야기뿐입니다. 지난 것에는 관심이 없습니다. 앞으로 하고 싶은 것들만 이야기합니다. 먹고 싶은 것도 많고, 가보고 싶은 곳도 많고, 궁금해서 해보고 싶은 것도 참 많습니다. 그러나 어른들과 대화를 나누다 보면, 과거의 무용담으로 도배된 사랑방에 앉아 있는 느낌입니다. '어디에서 무엇을 했고', '어떻게 살아왔는지' 그리고 '자기가 어떤 상처를 받았는지' 과거에 있었던 일들의 연속입니다.

앞날이 창창한 아이들은 지나간 시간에는 관심이 없습니다. 앞으로 살아가게 될 미래에만 집중합니다. 그래서 항상 경험해보지 않는 미래에 대한 청사진만 이야기합니다. 그러나 노인들은 미우나 고우나 함께 지내온 세월들이 친숙하고 좋습니다. 기약 없는 '새날'보다는 함께 살아온 '지난 세월들'에게 더 깊은 애정을 느낍니다. 그래서 지나간 과거를 아름답게 모자이크 하려는 경향이 강합니다. 어차피 자기의 것이기 때문입니다. "추억은 항상 아름답다"라는 말이 있는 것처럼, 아무리 고통스러운 시간이었다고 하더라도 자신의 운명으로 받아들입니다. 지나온 세월이 바로 자신의 인생이라고 생각합니다. 그래서 높은 평점을 부여합니다. 추억을 냉정하게 둘로 나누어 '좋은 기억들'은 예쁘게 간직하고, '나쁜 기억들'은 가차 없이 잊어버립니다. 그래서 "그때가 좋았다", "비록 그때는 어려웠지만, 우리는 너희들처럼 살지 않았다"라는 말을 반복하면서 현재에서도 여전히 과거 속에 살아갑니다.

젊은 날에 한 미모 안 한 사람이 없고, 맨주먹으로 호랑이 때려잡지 않은 사람이 없습니다. 현재의 모습을 보면 '그때도 별로 다르지 않았을 것' 같은데, 그때는 엄청나게 잘 나갔다고 도끼눈을 뜨고 우겨댑니다. 과거를 아름답게만 기억하려고 하는 이러한 현상을 '무드셀라 증후군Methuselah Syndrome'이라고 합니다. 성경 역사상 가장 오래 산 '무드셀라'의 이름을 따서 '오래 살수록 지나간 과거를 아름답게 간직하려는 성향'을 이를 때 사용하는 말입니다. 사람들에게는 대부분 이 무드셀라 증후군이 있습니다. 부모님이 자녀들을 훈계를 할 때, 늘 따라다니는 습관적인 문구가 있습니다. "엄마, 아빠는 자랄 때 너 같지 않았다!"라는 것입니다. 과연 정말 그럴까요? 아이들은 '자신들과 꼭 닮은 부모'를 보면서 심증心證은 있는데, 물증物證이 없어서 그 잔소리를 그냥 애국가 듣는 마음으로 듣고 넘어갑니다.

목회를 하다 보면, "할 수만 있거든 과거로 돌아가고 싶다"라고 말하는 분들을 자주 보게 됩니다. 대부분 현실에 만족이 없을 때 그렇게 말들을 합니다. 정말, 과거로 돌아가면 행복할까요? 물론, 대부분의 사람들은 정말 과거로 돌아갈 기회가 주어져도 돌아가지 않을 것입니다. 그리고, 설사 돌아간다고 한들, 한때 싫어서 떠난 과거가 지금은 우리를 반갑게 맞아 줄까요? 단지, 과거를 아름답게 채색하려는 우리들의 '무드셀라 증후군'이 만들어낸 착시현상일 뿐입니다. 출出애굽의 축복을 받은 히브리 민족들도 같은 경험을 했습니다. 430년 동안의 강제노동과 억압에 시달리다가 마침내 '자유'를 얻게 된 그들은 아이러니하게도 힘든 광야 살이 속에서 '애굽의 종살이'를 그리워하다가 남은 생애를 끝마쳤습니다. 자유를 위해 목숨을 걸고 탈출해서는 다시 과거를 그리워하며 자유를 반납하려는 것입니다.

입만 열면 한국을 찬양하는 여자 권사님이 계셨습니다. 한국의 대통령이 이 사실을 알았으면 좋겠습니다. 이 분에게는 한국의 길거리에 굴러다니는 개똥도 귀합니다. 한국이 모든 것의 기준입니다. 교회에서 회의를 할 때도 항상 "한국교회에서는 이런 식으로 하지 않았다"라고 열변을 토하셨습니다. 청년들을 볼 때도 "한국의 청년들은 이러지 않았는데, 여기 아이들은 싸가지가 없다" 하며 역정을 내셨습니다. 대화를 나누실 때도 항상 "한국에 있을 때가 좋았다"라는 말을 잊지 않고 하셨습니다. "고향이 어디 시냐?"라고 여쭈었더니 전남 보성에 있는 벌교라고 합니다. 미국에 오신 해를 물어보니 40년이 넘었습니다. 그러면 벌교는 굉장히 가난했던 시절이었을 텐데 뭐가 그리 좋으셨는지 다시 물었습니다. 다 좋았답니다. 고집스러운 모습이 밉기보다는 안쓰러워 보였습니다. 어려운 형편 때문에 그동안 한 번도 한국을 방문하지 못하셨다고 합니다. 그 긴 세월을 영어 한마디 못하고 창살 없는 감옥에서 갇혀 지내셨을 생각을 하니 가슴이 짠했습니다.

현실이 어려울수록 사람은 과거에 집착하게 됩니다. 무드셀라 증후군 때문에 과거의 것은 전부 다 아름다웠던 것으로 자리매김합니다. 과거의 것을 소중하게 여기는 것은 좋은데 문제는 그러다 보면 미래를 놓쳐버린다는 것입니다. 지나간 것은 지나간 것일 뿐입니다. 어제를 잊지 못하는 사람은 오늘을 잘 살아낼 수 없고, 오늘을 실패한 사람은 내일을 제대로 준비할 수 없습니다.

우리는 하나님의 나라를 향해 나아가는 '나그네'입니다. 나그네들의 가장 중요한 자세는 현실에 얽매이지 않는 것입니다. 지나간 시간들을 감사하게 여기고, 다가올 미래에 대해서 계속 꿈을 꿀 수 있는 사람이 신앙인입니다. 꿈과 추억이 갈라지는 지점에서부터 노년이 시작됩니다. 몸은 많이 쇠하였지만, 미래에 대

해서 여전히 꿈을 꿀 수 있다면 그는 아직 젊은이입니다. 반대로
몸은 아직 젊은데, 과거에만 집착한다면 안타깝지만, 그는 이미
노년에 접어든 것입니다. 여러분은 어떻습니까?

아빠, 이 여자는 왜 눈을 가렸어?

저의 큰 아들이 어렸을 때, 로마 신화 책을 보다가 정의의 여신상 '유스티티아Justitia'를 보고 신기한 눈으로 질문을 했습니다. "아빠, 이 여자는 누구야?" 정의의 여신상이라는 것 밖에는 아는 것이 없었던 저는 얼른 유머로 아들의 질문을 얼버무렸습니다. "몰라, 아빠도 모르는 여자야!" 황당한 표정으로 저를 바라보는 아들의 표정이 참 예뻤습니다. 아들 몰래 정의의 여신상을 소개해주는 글을 빨리 읽고, 마치 처음부터 잘 알고 있었던 것처럼, 거드름을 피우며 살을 붙여 설명해주었습니다. "이 여자는 사람의 죄를 심판하는 여신이야. 왼손에 저울을 들고 사람들의 죄를 저울에 달아보는데, 저울 모양이 천칭balance scale으로 되어 있는데, 한쪽 끝에 '정의'라는 돌을 올려놓고, 다른 반대편 끝에는 그 사람의 죄를 올려놓는데, 만약 무게가 가벼워서 위로 올라가면, 오른 손에 있는 칼로 가차 없이 죄를 지은 사람을 베어 죽인데. 무섭지? 그러니까 너도 엄마, 아빠 말씀 잘 듣고, 죄를 지으면 안 돼. 알았지?" 순진한 아들이 긴장해서 고개를 끄덕입니다.

정의의 여신상을 한참 동안 유심히 바라보던 아들이 다시 질문을 던졌습니다. "그런데, 왜 여신이 천으로 눈을 가렸어? 장님인가?" 아들의 물음에 얼른 준비된 대답을 해주었습니다. "눈을 가린 이유는 사람을 보면 공평하게 심판을 못하기 때문에 눈을 가린 거야. 만약 여신이 자기가 좋아하는 사람이 서 있으면 잘 봐주려고 할 것이고, 반대로 미운 사람이 서 있으면 저울을 보지 않고 그 사람을 향해 무조건 칼로 내려칠 수 있잖아. 그러면 공평하지 못하잖아. 그래서 검은 천으로 눈을 가린 거야?" 저의 대답이 완전하지 못했던지 아들이 다시 질문을 던집니다. "앞이 안 보이는데 어떻게 저울을 봐요? 그리고 칼을 휘두르다가 다른 사람을 찌르면 어떻게 해요?" 허를 찌르는 아들의 질문에 잠시 동안 당황했지만, 능수능란하게 위기를 넘겼습니다. "정의의 여신은 보지 않아도 다 알아. 몸으로 무게도 느낄 수 있고, 나쁜 놈이 어디 서 있는 줄도 다 알아. 걱정이 없어." 그러자, 아들이 최후의 일침을 날렸습니다. "그러면 정의의 여신이 하나님인가요?"

아들의 질문이 일리가 있었습니다. 물론 어린 아들을 말로 제압하는 것은 쉬웠습니다. "아들아, 그러니까 신화mythology 아니냐? 그리스로마 신화? 사람들이 만들어낸 이야기야." 아들과의 대화는 그렇게 끝이 났지만, 제 마음 속에는 정의의 여신에 대한 개운치 않은 여운이 남았습니다.

사람들은 공평과 정의의 문제를 이야기할 때, 마치 약속이라도 한 것처럼, 이 정의의 여신상을 들먹입니다. 그래서 많은 나라의 대법정에는 어김없이 이 여신의 동상이 세워져 있습니다. 그 모양이 대부분 똑같습니다. 왼손에는 천칭 저울을 들고 있고, 오른손에는 서슬 퍼런 검을 들고 있습니다. 그리고 검은 천으로 눈을 가리고 있습니다. 그런데 한국의 대법원 앞에 있는 정의의 여신상은 그 모양이 조금 독특합니다. 똑같은 정의의 여신인데, 서 있는 것이 아니라 앉아 있습니다. 날카로운 칼 대신에 법전을 들고 있습니다. 재미있는 것은 눈을 가리지 않았습니다. 두 눈을 부릅뜨고 있습니다. 저의 아들처럼 생각하는 사람들이 꽤 있었나 봅니다.

크게 뜬 두 눈으로 법전을 정확하게 읽어가며 사람들을 심판한다는 의미로 그렇게 만들었다고 합니다. 한 눈으로는 저울을 주시하고, 또 다른 한 눈으로는 법전을 정확하게 적용한다고 합니다. 하지만 한국의 여신상은 저울이나 법전을 바라보는 것이 아니라 언제나 자기 앞에 선 사람을 먼저 보는 것 같습니다. 사람이 먼저 눈에 들어오는 것입니다. 그래서 그런지 한국의 여신은 자기보다 높은 사람이거나 기득권을 가진 사람에게는 한없이 관대하고, 보잘 것 없는 사람들에게는 인정사정 보지 않는 무자비한 여신이었던 것 같습니다.

요즘, 연일 쉬지 않고 터지는 한국의 부조리 소식은 이 정의의 여신이 얼마나 '봐주기 식'의 정의를 구현했는지를 보여주는 단적인 예입니다. 한국의 법조계를 꾸짖는 많은 지성인들은 "오른 손에 칼을 쥐지 않은 여신이 어떻게 정의를 구현할 수 있느냐?"라고 반문합니다. 정의를 정의되게 하는 것은 공권력이고, 그 힘을 발휘하기 위해서는 반드시 칼을 잡아야 한다고 말합니다. 그리고 누구에게나 공평하기 위해서는 눈을 가려야만 한다고 주장합니다.

미국의 여신상은 눈을 가려서 그런지 똥, 오줌 구분하지 못하고 칼을 휘둘러 댑니다. 잘못 칼질을 해서 소수민족이나 힘없는 사람들이 맞아 죽는 경우도 다반사이고, 법을 이용하는 교활한 사람들이 부와 이득을 취하는 경우도 많이 있습니다. 과연 이 여인은 눈을 감아야 할까요? 아니면 눈을 떠야 할까요? 목회를 하다 보면, 저에게 '주의 종'이니까, 바르게 평가해달라는 사람들이 꽤 있습니다. 부담스럽기는 하지만, 제 소견에는 정의롭게 한다고 노력한 것들이 많은데, 나중에 보면 잘못된 것들이 태반입니다. 며칠 전에 큰 아들 생각이 많이 나서 그 놈 방에 들어갔다가 본의 아니게 책장에 꽂혀 있던 『로마 신화Roman Mythology』라는 동화책을 빼어 들었습니다. 공교롭게도 책갈피가 정의의 여신 '유스티티아'에 꽂혀 있었습니다.

아이가 어렸을 때부터 이십여 년이 지나도록 칼과 저울을 높이 들고 여태까지 서 있었던 것입니다. 탄식의 소리가 저절로 나왔습니다. "너도 힘들겠다. 보이지도 않는 눈으로 그렇게 오래 동안 남을 심판하려고 서 있으니!" 정의의 여신상이 슬퍼 보였습니다.

우리는 나쁜 놈입니다

옛날에 왕과 영의정이 세상물정을 알아보기 위해서 평민 복장을 하고 비밀리에 한양을 온종일 돌아다녔습니다. 날이 어두워지자 두 사람은 주막에 들어가 하루 밤을 유숙하게 되었습니다. 그런데 영의정이 주막 기둥에 적혀 있는 글씨를 보고서는 깜짝 놀라 왕에게 고하였습니다. "주상 전하, 아뢰옵기 황공하오나, 저희들의 신분이 탄로 난 줄로 아뢰요!" 그 기둥에는 다음과 같은 글이 적혀 있었습니다. "손님은 왕이다."

누군가가 웃자고 만든 이야기이겠지만, 도둑이 제 발 저린 격입니다. 우리도 살다 보면 스스로 찔려서 하지 않아도 될 말이나 행동을 하는 경우가 많이 있습니다.

지난 한 주 동안 '크로아티아Croatia'에서 열린 유럽 지역 한인 감리교회 목사님들의 수련회에 참석했습니다. 단순히 참석하는 것만으로 만족하려고 했는데 본의 아니게 개회예배에서 매 저녁 집회에 이르기까지 삼일 동안 꼼짝 없이 말씀을 전해야 했습니다. 그동안 누적된 피로 때문에 조금 쉬려는 마음도 있었고, 저와 함께 참석하시는 우리 연합감리교회 선배 목사님들에게 목회 조언도 구할 겸 해서 비행기를 세 번 갈아타며 여유 있게 간 것인데, 저녁 순서를 통째로 맡은 것입니다. 갑작스럽게 연락을 받아서 큰 곤욕을 치러야 했습니다.

솔직히 저는 개인적으로 유럽에 계신 한인 목사님들을 돕는다는 것에 대해서 다소 부정적인 입장이었습니다. 유럽의 국가들은 대부분 선진국들이었고, 경제적으로나 문화적으로 어느 정도 안정을 이룬 국가들인데 왜 그곳에까지 불필요한 선교지원을 해야 하는지 의문이 있었습니다. 선교는 아프리카나 남미 같은 열악한 환경을 가진 오지의 원주민들에게 하는 것이지, 유럽은 선교와 어울리지 않는다는 강한 선입견이 있었습니다. 아마도 우리 '애틀랜타한인교회'가 규모가 있기 때문에 참가를 유도하기 위해서 저에게 마음에도 없는 순서를 맡겼다고 생각을 했습니다.

그러나 그것은 오만한 착각이었습니다. 짧은 시간 동안 모임에 참여하면서 그런 편견은 여지없이 깨지고 말았습니다. 유럽에서 사역하시는 목사님들도 어느 열악한 지역의 선교사님들 못지않게 수고하고 어려움을 겪고 있었습니다. 그럴 수밖에 없는 것이 교회마다 성도들이 거의 없었습니다. 미국도 머지않아 유럽 교회의 길을 걸을 것이라고 하는데, 정말 생각만 해도 섬뜩한 느낌이 들었습니다. 사람이 곧 힘이고 재원인데, 그 소중한 사람이 없으니 모든 면에서 문제가 되는 것은 당연했습니다. 많은 한인교회 목사님들이 풍요 속에서 빈곤을 겪고 있었지만, 끝까지 포기하지 않고 마지막 사명감을 붙잡고 힘겹게 고군분투하고 있었습니다.

단지, 유럽에 있다는 이유 때문에 다른 제3세계의 선교사님들처럼, 한국이나 미국의 교회들을 탐방하며 선교 보고도 하지 못하고, 재정적인 지원도 요청하지 못한 채 어려움을 몸으로 직접 감내하고 있었습니다. 미국의 달러보다도 더 환율이 높은 '유로 Euro' 화폐를 사용하기 때문에 비행기표를 구입하는 것은 처음부터 엄두도 내지 못했습니다. 그래서 그런지 제가 만난 목사님들은 모두 미국에 온 경험이 없는 분들이었습니다. 현재 섬기고 있는 교회들도 지난 수십 년 동안 계속 머물던 사역지들입니다. 가난이 문신처럼 몸에 배어 있었습니다. 프로그램 중에 산행을 하는 시간이 있어서 목사님들과 함께 걸으며 대화를 나누게 되었는데, 중병에 걸린 목사님들이 많이 있었습니다. 머릿속에 아직 암세포가 남아 있지만 수술을 할 수 없어 방사선으로 치료 중인 젊은 목사님도 계셨고, 엊그제 두 번에 걸쳐 큰 수술을 하고 모임에 참석한 목사님도 있었습니다. 사모님들 중에는 우울증을 앓고 계신 분들도 꽤 있었습니다.

그래서 그랬는지 저녁 집회가 간절하다 못해 뜨거웠습니다. 목사님들이 참 순수했습니다. 언뜻 역사와 전통이 깊은 유럽의 목사들이라 '학자연學者然 pedantic'하거나, 거드름을 피울 줄 알았는데, 겸손하고 매사에 열정적이었습니다. 오랜만에 같은 이민교회를 섬기는 목사의 심정으로 허심탄회하게 말씀을 나누고, "주여 삼 창"도 목이 터져라 외친 후에 힘차게 기도를 드렸습니다. 어린 자 녀들과 사춘기에 접어든 아이들도 예배에 참석했는데, 미국의 2 세 아이들과 많이 달랐습니다. 매시간 집회에 참석해서 어른들처 럼 말씀을 새겨듣는 아이들을 보면서 부유하다는 사실이 꼭 좋은 것만은 아니라는 것을 새삼 절감하게 되었습니다.

가벼운 마음으로 강단에 섰다가 그 목사님들의 진지함에 눌려 제가 얼마나 부끄러운 목사인지를 다시 한번 확인하게 되었습니 다. 예배 후에 젊고 열정 있는 목사들이 저에게 무엇인가 대단한 은혜를 바라며 바닥에 무릎을 꿇고 기도를 부탁했습니다. "목사 님, 저희들을 위해서 기도해 주십시오." 그분들의 순수한 모습 앞 에 저의 '가벼운 정체성'이 초라하게 드러나고 말았습니다. 두 손 을 가슴에 모으고 뜨거운 눈물을 흘리는 순박한 목사들의 어깨 위에 손을 얹자 가슴이 메이고 찔려서 저도 모르게 애매한 고백 이 나오고 말았습니다. "주님, 저는 나쁜 놈입니다." 그 소리를 들 은 한 젊은 목사가 말했습니다. "주님, 저희도 나쁜 놈입니다." 우 리는 아무도 시키지 않았는데, 모두 하나님 앞에서 나쁜 놈들이 되고 말았습니다. 참으로 행복한 시간이었습니다.

야! 너, 정수리도 빠졌어!

털갈이 동물도 아닌데 올해는 이상하게 머리털이 많이 빠집니다. 어느 날, 거울에 비친 머리를 보고 쓰러지는 줄 알았습니다. 겨울 논두렁 귀퉁이에 추수철의 낫질에서 간신히 살아남은 벼 몇 줄기가 서 있는 것처럼, 군데군데 머리 터럭이 서 있고 머리 속이 휑하니 비어 있었습니다. 이미 앞머리는 엠M자 형으로 깊이 패였고, 윗머리는 숭숭 구멍이 뚫려 있었습니다. 중년의 남자들이 가장 두려워한다는 공포의 탈모가 본격적으로 시작된 것입니다. 이제는 도무지 숨길 수 없는 경지에 접어들었습니다.

"오호, 통재라. 오호 애재라!"

몇 주 전에 여행을 떠나려는데 머리 상태가 어수선해서 급하게 아내에게 다듬어줄 것을 부탁했습니다. 전문 미용사는 아니지만, 예전에 몇 년 동안 제 머리를 일궈본 경력이 있는 분인지라, 잘 다듬어줄 것이라는 막연한 믿음을 가지고 부탁을 했습니다. 화장실의 거울 앞에 의자를 놓고 앉았습니다. 철부지 애처럼 의자 밑으로 잘려 떨어지는 머리카락들을 유심히 바라보았습니다. 새삼 놀란 일이지만, 머리카락의 굵기가 유난히 가늘었습니다. "아니, 언제부터 이렇게 된거야?" 몇 올 남지 않았으면 굵기라도 해야 할텐데, 기가 막힐 정도로 가늘었습니다. 머리털을 짧게 자르자 수가 더 없어 보였습니다.

아내가 잠깐 쉬는 동안 뒤통수를 만지며 투덜거렸습니다. "여보, 할 수만 있다면 여기 뒤에 있는 머리카락들을 전부 앞으로 가지고 왔으면 좋겠어!" 그 푸념을 들은 아내가 담담한 표정으로 한마디 했습니다. "뒤에는 머리털이 많은 줄 아나부지?" 충격적인 증언에 잠시 생각에 잠기다가 아내에게 물었습니다. "뒤에도 없어?" 그러자 아내가 입가에 묘한 미소를 띠며 말했습니다. "그냥, 앞만 보면서 살아! 털 다 빠져도 데리고 살 테니까." 뒤에도 머리털이 없다는 말을 들어서 그랬는지 거울 속에 비친 중년의 남자가 더욱 더 슬퍼보였습니다.

사람은 앞만 보면서 살아갑니다. 보이는 쪽만 바라보는 것입니다. 뒤통수는 보이지 않으니 자기 마음대로 상상하고 판단을 내립니다. 앞은 허물어졌어도 뒤는 여전히 건재할 것이라는 환상을 가지고 살아갑니다. 앞이 무너졌는데 과연 뒤는 온전하겠습니까? 그런 면에서 사람은 '착각의 동물'입니다. 자기가 보고 싶은 쪽만 보고, 생각하고 싶은 대로 생각합니다. 그래서 사람은 실수가 많습니다. 우리의 삶 속에서는 항상 우리가 보지 못하는 뒤통수가 있습니다. 숨겨진 부분을 보지 못하니 곧 오게 될 재앙을 알지 못합니다. 덕분에 항상 교만하고 우쭐하게 살아갑니다. 그러나 그것이 허상虛像이라는 것을 알기까지는 그리 오랜 시간이 걸리지 않습니다.

하나님은 왜 우리가 뒤를 바라볼 수 없도록 만드셨을까요? 뒤에도 눈이 있다면 훨씬 좋았을 텐데 말입니다. 우선, 하나님이 우리의 뒷모습을 보지 못하게 하신 것은 사람으로 하여금 겸손하게 살도록 만드시려는 의도 때문이라고 합니다. 뒤통수에 있는 자신의 허물과 흉이 무엇인지 모르기 때문에 생각이 있는 사람일수록 고개를 숙이고 살아갑니다. 열심히 사는 앞모습 때문에 미처 돌보지 못한 '그늘'진 뒷모습이 생겨납니다. 자녀들이 흠이 되기도 하고, 부부관계나 인간관계 그리고 도덕적인 결함이나 나약한 건강이 어두운 뒷모습을 만들기도 합니다. 그래서 사람은 숨겨진 뒷모습 때문에 겸손할 수밖에 없습니다.

또 사람은 부족한 뒤통수가 있기 때문에 서로가 서로를 돌볼 수 있게 됩니다. 우리 옛 속담에 "중도 자기 머리는 못 깎는다"라는 말이 있는데, 뒤통수 때문입니다. 아무리 거울을 들여다보아도 보이지 않는 뒤통수를 깎는 것은 불가능합니다. 나의 뒤통수를 볼 수 있는 제삼자들의 도움을 받아야만 온전하게 살 수 있습니다. 사랑하는 가족들, 성도들 그리고 벗들이 나의 부족한 부분을 가려주고 돌봐 주어야만 생존할 수 있게 만드셨습니다. 뒤통수 때문에 사람은 사람답게 살 수 있습니다. 하나님의 깊은 섭리입니다.

며칠 전 애틀랜타 지방신문을 보는데, 광고란에 어느 피부과의 선전 문구가 눈에 들어 왔습니다. "당신의 정수리는 안녕하십니까?" 설마 하는 마음으로 머리꼭지 정수리를 더듬어 보았습니다. 두려움은 언제나 현실이 됩니다. 텅텅 비어 있었습니다. 뒤만 보지 못하는 것이 아니라, 위도 보지 못했던 것입니다. 사람은 위를 볼 수 없기 때문에, 자기 위에 누가 있는지 알지 못합니다. 자기가 제일 높은 줄 압니다. 그냥, 높이 올라가서, 많이 누리고, 오래 지배하려고 애를 씁니다. 천상천하 유아독존天上天下唯我獨尊의 마음으로 살아갑니다. 그러나 제일 위에 계신 이가 말씀하십니다. "야, 너, 정수리도 빠졌어!" 가장 위에 계신 주님이 나의 정수리를 보고 계셨던 것입니다. 시간이 갈수록 겸손하게 사는 지혜를 배워야 할 것입니다.

그때, 따뜻하게 잡아주었어야 합니다!

한국에서 선생님으로 교편 활동을 하시다가 1970년대 후반에 미국으로 이민을 오신 장로님이 계십니다. 몇 주 전에 이 장로님의 댁을 심방 했습니다. 그리고 대화중에 가슴에 여운으로 남는 이야기 하나를 들었습니다.

장로님께서 예전에 한국에서 아이들을 가르치실 때 경험했던 일입니다. 한국의 문화는 일반적으로 '혼나는 문화'였습니다. 조금만 잘못해도 여지없이 체벌을 받았습니다. 매일 점심 식사 시간이 되면 아이들은 건강을 위해서라는 이유로 도시락 검열을 받았습니다. 보리밥이나 잡곡밥 대신에 흰 쌀밥을 싸오면 선생님께 머리통을 쥐어 박혔습니다. 그 도시락을 아이들이 싼 것도 아닌데 말입니다. 또, 비슷한 이유로 일주일에 한 번씩 위생 검열을 받았습니다. 아이들은 종교 의식을 치르듯 책상 위에 손과 발을 올려놓았습니다. 두발 검사도 했는데, 선생님들마다 두발의 기준이 달랐고, 당신의 마음에 들지 않으면 분신처럼 늘 가지고 다니던 조그마한 막대기로 머리통과 손등을 때리셨습니다. 당시에 아이들의 인격이란 존재하지 않았습니다.

이 장로님도 정해진 규율에 따라 학생들의 두발과 손을 검사하셨습니다. 한번은 학생들 중에서 유독 손톱이 길고 잘 씻지를 않아서 손등이 심하게 튼 아이를 보게 되었습니다. 얼굴을 보니 항상 위생검열을 할 때마다 적발되는 아이였습니다. 어떤 사정 때문인지는 몰라도 제 때 학년 진급을 못하고 다른 아이들보다 몇 년 더 학교를 다닌 아이입니다. 이제 그 정도의 나이가 됐으면 자기 용모 정도는 스스로 알아서 가꿀 때가 되었는데, 부끄러움을 모르는 것 같아서 '정신 차리라'는 의미로 그 아이의 손등을 작대기로 따끔하게 몇 대 때렸습니다. 그런데 얼마 지나지 않아 그 아이가 왜 그렇게 손과 용모가 더러웠는지 알게 되었습니다. 한번은 장로님이 지금의 청계천 거리를 일이 있어서 지나가게 되었는데, 등 뒤에서 어떤 학생이 "선생님" 하고 불렀습니다. 뒤 돌아보니 그 아이가 인사를 하는데, 큰 리어카를 끌고 있었습니다. 그 안에는 여러 가지 고철들과 고물들이 가득 담겨 있었습니다. "너 여기에 사니?" 그 아이에게 물었더니, 아이가 다리 밑의 허름한 집을 가리키며 "저기 살아요" 합니다. 나무판자와 박스로 만든 형편없는 집이었습니다. 그제서야 장로님은 왜 이 아이의 손이 항상 더러웠는지 알게 되었습니다.

그 아이는 어린 나이에 가정을 돌보기 위해서 일하는 소년 가장이었던 것입니다. 장로님은 그 아이에게 필요했던 것이 '따끔한

매'가 아니라, '용기를 내라'고 보듬어주는 '따뜻한 손'이었는데, 그것을 몰랐다고 가슴 아파하며 미안해 하셨습니다. 미국으로 이민을 오셔서 여러 가지 힘든 허드렛일을 하시면서 어느 날 당신의 손을 보니, 그 옛날 더럽다고 때렸던 그 아이의 손처럼 망가져 있었습니다. 다시 한번 후회의 마음을 곱씹었다고 합니다. "그때, 그 아이의 손을 막대기로 때릴 것이 아니라, 따뜻하게 잡아주었어야 했는데… 참 후회가 됩니다!" 수십 년이 지난 옛 이야기인데도, 그것을 놓아버리지 못하고 가슴에 담고 아파하는 장로님의 심성이 참으로 곱고 아름다웠습니다. 정말 깊은 자기반성을 하게 해주는 말씀이었습니다.

장로님의 말씀을 들으면서 저에게도 후회되는 순간이 떠올랐습니다. 초등학교를 다니던 무렵, 교회에 선천성 심장판막증을 앓고 있던 형이 있었습니다. 집안이 너무 가난하고, 병세가 너무 심해서 일찌감치 학업을 포기했습니다. 그 형의 유일한 낙이 있다면, 매일 교회에 와서 관리 권사님을 도와 교회의 작은 일들을 하는 것입니다. 지금 생각해 보면, 그 형도 중학교 1학년의 나이 어린 가엾은 아이였습니다. 당시 초등학생이었던 저는 학교가 끝나면 친구들과 함께 교회에서 놀곤 했는데, 교회에 가면 항상 그 형을 볼 수 있었습니다. 깡마른 체구에 보라빛으로 변해버린 입술은 그가 얼마나 아픈 사람인지를 보여주는 인증서 같았습니다. 그 형은 항상 교회 문 옆에 새우처럼 쪼그리고 앉아 있었는데, 그런 그를 놀리는 것이 당시 우리들에게는 최고의 놀이 중의 하나였습니다. 그냥 개구장이들의 치기어린 행동이었다고 변명하기에는 너무도 잔인하고 가혹했습니다. 참으로 부끄러운 일이지만, 또래 아이들 중에서 가장 우쭐하고 잘난 척하는 제가 언제나 앞장서서 그 형을 놀렸습니다. "바보, 멍충이, 병신!" 자기보다 큰 사람에게 강하게 보이면 영웅이 되는 줄 알았습니다. 몸이 성치 못한 형인데 말입니다. 정말 뼈저리게 부끄럽습니다.

인내심이 강했던 그 형도 아직은 아이인지라 화가 나서 참을 수가 없었나 봅니다. 우리를 잡으려고 뛰어옵니다. 그러면 쏜살같이 도망을 쳤습니다. 물론 그 형은 우리를 잡을 수가 없었습니다. 항상 뒤돌아보면 땅바닥에 쪼그리고 앉아서 가쁜 숨을 몰아쉬면서 고통스러워했습니다. 어떤 때는 눈물을 흘리기도 했습니다. "예수님, 저, 나쁜 놈들을!"

주님이 그 형의 말을 들으셨나 봅니다. 저는 천벌을 받았습니다. 그 형은 이듬해에 하늘나라로 가셨고, 그 형의 빈자리는 나의 자리가 되고 말았습니다. '급성 류마티스 심근염'에 걸린 것입니다. 저는 학업을 멈춰야 했고, 긴 시간을 그 형이 앉았던 자리에 똑같은 모습으로 앉아 있어야 했습니다. 학교가 끝나고 집으로 돌아가던 수많은 초등학생 아이들이 교회 앞을 지나다가 흉측하게 망가진 저를 보고 똑같은 말로 욕을 했습니다. "바보, 멍충이, 병신!" 그제서야 알았습니다. "그때, 그렇게 잔인하게 그 형을 놀리는 것이 아니었습니다. 따뜻하게 그의 손을 잡아주었어야 했습니다." 어린 나이였지만 긴 시간 동안을 죄책감에 시달려야 했습니다.

하나님은 힘들고 어려운 사람들을 우리 곁에 보내주십니다. 우리가 그들의 손을 따듯하게 잡아주는 것을 보고 싶어하십니다. 판단이나 정죄는 우리의 몫이 아닙니다. 우리는 단지 그들에게 따뜻한 하나님의 체온을 우리의 손을 통해 느끼게 해주는 사명이 있을 뿐입니다. 언제든지 따듯하게 잡아주어야 합니다. 하나님의 나라에서 후회하지 않도록.

33센티미터

'벼룩은 자기 몸길이의 200배 정도 되는 높이를 뛰어넘을 수 있다고 합니다. 작다고 무시하면 안 됩니다. 사람이 자기 키보다 세 배 높은 장애물을 뛰어넘으면 올림픽에서 금메달을 주고 세계 신기록을 세웠다고 박수와 환호를 보냅니다. 그러나 벼룩에 비하면 가히 부끄러운 수준입니다. 벼룩을 사람으로 환산하면 엠파이어스테이트 빌딩을 뛰어넘는 실력입니다. 거의 마술에 가까운 괴력입니다.

그래서 그런지 세계적인 스포츠 스타들 중에는 '벼룩'이라는 별명을 가진 선수들이 많이 있습니다. 러시아의 미녀 장대 높이 뛰기 선수 '이신바예바', 아르헨티나의 축구 신동 '리오넬 메시' 그리고 몬트리올 올림픽의 살아있는 전설인 체조선수 '나디아 코마네치' 등은 모두 '뛰는 벼룩'이라는 별명을 가진 선수들입니다. 순발력과 탄력이 벼룩처럼 뛰어나기 때문입니다.

처음에는 이런 대단한 스포츠 스타들을 '사자'나 '표범' 같은 무시무시한 동물에 비유하지 않고, 눈에도 잘 보이지 않는 하찮은 '벼룩'에게 견주었는지 이해할 수가 없었습니다. 하지만 벼룩의 초자연적인 능력을 알고 나서는 그 이유를 공감하게 되었습니다. 아마 선수 자신들도 위대하신 '벼룩님'과 같은 계열로 평가받는 것에 대해 감사와 영광을 느끼게 될 것입니다.

한번은 유튜브에서 벼룩의 초인적인 점프 능력을 실험하는 동영상을 보여준 적이 있었습니다. 그런데 생각과는 달리 실망적이었습니다. 높이는 18센티미터 그리고 넓이는 33센티미터 밖에 튀지 못한 것입니다. 자기 몸의 200배까지 점프한다고 할 때는 엄청난 결과를 기대했었는데 무리였나 봅니다. 그래서 "제까짓 게 뛰어봐야 벼룩"이라는 속담이 나온 것 같습니다. '낯짝도 없는 작은 놈'이 뛰어봐야 얼마나 뛰겠습니까?

전지전능하신 하나님께서 우리를 보실 때도 혹시 이 '벼룩'과 같지 않을까요? 아무리 뛰어난 지식과 능력을 갖추었다고 목에 힘을 주어도 결국 인간은 하나님 앞에서 벼룩에 불과할 것입니다. "나는 이렇게 멀리 뛸 수 있다"라고 큰소리를 쳐도 결국 33센티미터가 인간이 하나님 앞에서 내보일 수 있는 실존적인 한계입니다.

몇 달 전에 후배 목사님 한 분과 깊은 대화를 나눈 적이 있었습니다. 심각한 고민을 이야기해서 적절한 조언을 해드렸는데, 고

집이 황소 힘줄 같았습니다.

"형님, 저는 인생 그렇게 안 삽니다. 저는 그럴 사람이 아닙니다." 얄미울 정도로 혼자만 잘났습니다. 나중에 자리를 털고 일어나면서 그 '잘나고 똑똑한 후배 목사님'께 한마디 해주었습니다. "사람이 잘나도 33센티인데 너는 10센티밖에 안 되는 것 같다!" 귀신 씻나락 까먹는 소리처럼 들렸겠지만, 사람이 벼룩만도 못할 때가 많다는 생각이 들었습니다. '혹시, 나도 하나님 앞에서 그렇게 사는 것은 아닌지' 두려운 마음이 들었습니다. 자신의 한계를 미리 간파하는 지혜가 있었으면 좋겠습니다.

움이 트는 시간

'와목무실臥木無實'이라는 말이 있습니다. '누운 나무에는 열매가 없다'는 뜻입니다. 모진 비바람에도 쓰러지지 않고 끝까지 버텨낸 나무라야 가지가 힘이 있고, 열매를 맺을 수 있습니다. 사람이 어떤 일을 하다가 너무 힘에 부치면 다 포기하고 드러눕고 싶은 생각을 하게 됩니다. 시련이 전혀 없는 평온한 삶을 원하는 것은 아니지만, 너무도 가혹한 일들이 연속적으로 일어나게 되면, 나중에는 자신도 모르게 마음을 접게 됩니다. 그러나 조금만 더 여유를 갖고 생각해보면, 바로 그때가 자신을 강하게 단련할 수 있는 최적의 시간입니다. 나무도 사람과 같아서 늙고 오래된 가지에서는 열매가 열지 않습니다. 새롭게 돋아난 새 가지라야 열매를 맺을 수 있습니다. 고난의 시간은 언제나 새로운 가지를 잉태합니다.

파릇한 새 가지가 생기려면 반드시 묵은 껍질이 깨어지는 진통의 시간이 있어야 합니다. 오래된 나뭇가지를 감싸고 있는 속껍질과 겉껍질이 모두 깨어지고 틈이 벌어질 때, 그 사이를 비집고 새 순이 돋아납니다. 이것을 '움'이라고 합니다. 외부로부터 수분이나 양분을 흡수해서 격렬한 세포 분열과 기관 분화를 통해 나뭇가지가 팽창하다가 껍질이 터지는 순간입니다. 딱딱한 묵은 껍질이 깨지고, 움이 틀 때 식물은 많은 진통을 경험합니다. 기존의 모습이 깨어지고 새로운 것이 생겨나는데 어찌 아프지 않겠습니까? 그러나 '움트는 순간'이 없다면, 결코 아름다운 열매도 맺을 수 없다는 것을 기억해야 합니다.

조지아에는 비가 많이 와서 그런지 나무들이 뿌리가 깊지 않습니다. 깊이 뿌리를 내리지 않아도 언제든지 물을 쉽게 얻을 수 있기 때문입니다. 뿌리가 얕다 보니 조금만 강풍이 불고, 폭우가 쏟아져도 나무들이 견디지 못하고 쓰러집니다. 집에서 교회를 오가다 보면 숲속에 오랫동안 쓰러져 방치되어 있는 나무들을 보게 됩니다. 크기로 볼 때 아직 젊은 나무입니다. 안타깝게도, 너무 빨리 쓰러져 버린 것입니다. 몇 개월 지나자, 넘어진 나무들이 시들다 못해 누렇게 색이 변했습니다. 그리고, 마침내는 썩어가기 시작합니다. 고난을 잘 참고 이겨내면 열매를 맺는 거목巨木으로 뻗어갈 수 있지만, 중도에 포기하고 누워버리게 되면 그 순간부터는 더 이상 쓸모없는 '고목枯木'으로 전락하게 됩니다.

'움트는 순간'이 올 때까지 잘 견뎌내야 합니다. 사춘기 아이들도 성장할 때는 어김없이 성장통을 경험합니다. 자주 배탈이 나기도 하고, 감기에 걸리기도 합니다. 활동력이 왕성해서 그런지 관절이 아프고, 근육통에 시달리기도 합니다. 밤에 잠을 자면서 자주 근육 경련이 일어나고, 악몽에 시달립니다. 한참 자랄 때는 왜 그리도 뒤숭숭한 꿈을 자주 꾸는지 모르겠습니다. 벼랑이나 높은 곳에서 떨어지기도 하고, 흰 소복을 입은 입술에 피 묻은 여자가 따라오는 꿈을 꿉니다. 그런데 신기한 것은 그런 일이 있고 나면 키가 크고 몸무게도 늘어납니다. 몸만 그런 것이 아니라 모든 면이 다 그렇습니다. 그때에는 잦은 실수와 실패의 연속입니다. 그렇지만 잘 버티고 견디다 보면 어느 덧 '어른'이 됩니다.

예전에 어떤 젊은 목사가 제 방에 와서 아주 강렬하게 자신의 목회 철학을 열변한 적이 있었습니다. 그가 그렇게 한 데는 분명히 저에 대한 도전과 불만의 마음이 있었기 때문일 것입니다. 당돌하기도 하고 무례한 부분도 있었지만, 젊고 올곧은 패기가 너무도 매력 있고 부러웠습니다. '나도 이제는 늙어가는가 보다!' 묘한 허탈감이 들었지만 그 목사가 나보다 더 큰 목사로 성장해주기를 바라는 마음은 분명했습니다. "아무개 목사, 내가 조언 하나 할께요. 목사님을 보니까 부럽네요. 하지만 매사에 자신감이 있어도 항상 조심하시고, 너무 치명적인 실수를 하지 않도록 늘 조심하세요. 목사님은 반드시 큰일을 하는 목사가 될 겁니다." 당당하게 인사를 하고 방을 나서는 그를 보면서 묘한 마음이 엇갈렸습니다.

예전에 부목사 시절에 담임목사님께 바른 말을 잘하던 저의 모습이 떠올랐습니다. "목사님, 책을 좀 읽으세요. 목사의 생명은 독서입니다. 이제 시대가 바뀌어서 교인들이 보통이 아닙니다", "목사님, 결단력을 기르세요. 단호할 때는 단호해야 합니다. 허허실실이 답이 아닙니다. 확실하게 본때를 보여줘야 함부로 덤비지 않습니다", "목사님, 그 사람은 멀리 하셔야 합니다. 그 나쁜 놈의 검은 속이 보이지 않습니까?" 그때, 목사님이 당돌한 저에게 해주신 말씀이 있습니다. "김 목사, 눈에 보이는 것이 전부가 아니야. 사는 게 그렇게 쉬운 일이 아니야. 김 목사는 훌륭한 재능이 있으니 넘어지지 말고, 크게 뻗어갔으면 좋겠네!" 화를 내시지 않고 부드럽게 조언해주신 그 목사님이 너무도 그립습니다. 그 어른 덕에 지금 제가 간신히 서 있습니다.

며칠 전 그 젊은 목사가 저에게 이메일을 보냈습니다. 뭔가 뜻대로 되지 않나 봅니다. 한참 풀이 죽어서 저에게 사과의 글을 썼습니다. 자신은 최선을 다했는데, 세상이 그렇게 만만하지 않았다는 고백입니다. 무슨 말을 해주어야 힘이 될까 생각하다가 예전에 저의 담임목사님이 해 주셨던 말씀을 그대로 적어 보냈습니다. "잊어버려요. 큰 목사가 되려는 사람은 누구나 그런 진통이 있습니다. 지금은 '움'이 트는 시간이니까, 상처받지 말고, 잘 버티고 이겨내세요." 한풀 꺾여서 조용히 답글을 읽고 있을 그 목사의 모습을 생각하니 마음이 짠하고 아팠습니다. 주님께서 힘든 시간을 잘 이겨낼 수 있는 지혜와 용기를 주셨으면 좋겠습니다.

행복한 잉어로 살아가고 싶습니다

한국 속담에는 미꾸라지와 용龍을 연관시켜 비교하는 말들이 제법 있습니다. "미꾸라지 용됐다", "미꾸라지 국 먹고 용트림한다"와 같은 말들입니다. 두 가지 모두 극과 극의 상황을 비교할 때 주로 사용하는 표현들입니다. 심지어는 진흙 속에 사는 '지렁이'를 용에 비유해서 '흙 속에 사는 용', 즉 '토룡土龍' 또는 '지룡地龍'이라고 부르기도 했습니다. 또, 뱀과 용을 하나로 묶어서 만들어낸 전설도 상당히 많이 있습니다. 오랫동안 산 큰 뱀이나 구렁이를 '이무기'라고 불렀는데, 뱀이 500년을 묵게 되면 이무기가 되고, 다시 이무기가 500년을 더 살게 되면 용이 되는 것으로 설명을 했습니다. 물론 오래 산다고 무조건 용이 되는 것은 아닙니다. 용이 되려면 천년 동안 그에 합당한 수고와 노력을 해야 합니다. 아무튼 이런 이야기들을 많이 들으면서 자라서 그랬는지 용에 대한 이야기를 들으면 항상 머릿속에 떠오르는 동물들이 '미꾸라지', '지렁이' 그리고 '구렁이' 같은 것들이었습니다.

그런데 얼마 전에 중국 동화책에서 '잉어'가 용이 되는 이야기를 읽었습니다. '잉어도 용이 되나?' 궁금증을 가지고 이 책 저 책 찾아보다가 옛날 우리나라 고서古書나 중국의 책들 중에는 용이 되는 존재가 대부분 '잉어'였던 것을 보고 상당히 놀랐습니다. 사실 용의 얼굴이나 생김새를 살펴보면, 미꾸라지나 지렁이 그리고 뱀보다는 오히려 잉어에 더 가까운 모습을 하고 있는 것을 알 수 있습니다. 양 볼로 길게 늘어진 수염이라든지, 부리부리한 큰 눈 그리고 온 몸을 뒤덮은 큰 비늘들은 잉어와 용이 가장 많이 닮았다는 것을 보여주는 증거물들입니다. 3급수의 혼탁한 물에 사는 미꾸라지나 뻘 진흙 속에 사는 지렁이 그리고 늪지대를 기어 다니는 뱀보다는 오히려 잉어가 용이 되는 것이 더 설득력이 있다는 생각이 들었습니다.

그런데 잉어도 용이 되려면 반드시 거쳐야만 하는 고통의 시간들이 있다고 합니다. 먼저, 현실을 거부하고, 거친 물살을 역류하며 가파른 협곡으로 올라가는 노력을 해야 합니다. 극심한 몸부림으로 자갈에 치이고, 모래에 온 몸이 패여 비늘은 떨어지고 상처로 가득해도 포기하지 말고 끝까지 올라가야 합니다.

협곡 정상에 이른 잉어가 마지막으로 치뤄야 하는 필살의 의식이 남아 있습니다. 혼신의 힘을 다해 물 밖으로 높이 치솟아 오르는 일입니다. 탈진한 몸으로 그렇게 한다는 것은 불가능합니다. 하지만 용이 되려면 그런 초자연적인 노력을 해야 합니다. 그런데 이것으로 끝이 아닙니다. 물 밖으로 나온 잉어는 몸을 뒤틀어 꼬리를 태양 쪽으로 향해야 합니다. 완전한 용으로 거듭나기 위해서는 강렬한 태양 빛에 자신의 꼬리를 불태워 완전히 잘라내야 합니다. 여기에서 나온 말이 '잠린소미潛鱗燒尾'입니다. '꼬리를 태워야 용이 된다'는 뜻입니다. 그때 잉어는 서서히 얼굴이 용의 형상으로 바뀌면서 태양에서 떨어지는 여의주를 물고 하늘로 승천하게 됩니다. 실제로 용이 되는 것입니다.

대부분의 내용이 황당하기도 하고, 엽기적일 정도로 장황하지만, 그럼에도 불구하고 분명하게 알 수 있는 것은 용이 되는 것은 결코 쉬운 일이 아니라는 것입니다. 어쩌면 용이 되는 것이 처음부터 불가능했는지도 모릅니다. 그래서 옛 사람들은 이런 황당한 용이 되는 이야기들을 지어낸 것이 아닐까요? 사람들은 누구나 용이 되고 싶어합니다. 용이 된다는 것은 성공을 이룬다는 뜻입니다. 용龍이 되기 위해서 사람들은 '용'을 쓰면서 살아갑니다. 뜨거운 태양 빛에 꼬리를 다 태워 끊어버리는 처절한 노력을 통해 어제의 잉어가 용으로 거듭납니다. 미물들도 이렇게 노력을 해야 용이 되는데 하물며 사람이야 얼마나 고생을 해야 용이 될 수 있겠습니까?

성공을 위해서 사람들은 자신의 꼬리뿐만 아니라, 가지고 있는 모든 것들을 전부 불사릅니다. 자신의 건강도 불사르고, 인간관계도 불질러버리고, 소중한 가족들도 불태워버립니다. 그리고 마침내 재밖에는 남지 않았을 때 사람들은 '병든 용'이 되든지 아니면 죽어서 '승천'(?)을 합니다. 자식에게 자신의 성공을 대물림하기 위해서 세상 사람들의 손가락질을 무시해버리고, 더 많은 부와 재산을 갖기 위해서 불법을 저지르고, 우정도 끊고, 부모와 자식 간의 소중한 인연도 저버립니다.

그런데 신기한 것은 그렇게 해서 용이 된 사람들 중에 행복했던 사람들이 거의 없었다는 점입니다. 용이 되는 것보다, 왜 용이 되어야 하는지를 아는 것이 더 중요하지 않을까요? 용이 되려는 욕심 때문에 자신의 꼬리뿐만 아니라 소중한 사람들을 다 태워버린다면, 그는 용이라기보다는 어리석은 '괴물 잉어'로 기억되고 말 것입니다.

엊그제 어느 목사님과 함께 중국 레스토랑을 갔습니다. 바닥에 설치된 수족관에 잉어 몇 마리가 헤엄을 치고 있었는데, 그중에 한 마리의 꼬리가 거의 다 떨어지고 없었습니다. 아마도 자기들끼리 다투다가 물려서 떨어져 나간 것 같았습니다. 그 놈을 바라보다가 저절로 한마디 하게 되었습니다.

"너도 용이 되고 싶었구나!"

행복한 잉어로 살아가고 싶습니다.

작은 감사를 오래도록

무능無能을 탓하며 살았던 적이 있습니다. 다른 사람들은 재주도 많고 능력도 뛰어난데, '왜 나만 이렇게 제대로 하는 것이 없는지!' 깊은 자기비하에 빠졌던 적이 있었습니다. 탁월하게 공부를 잘하는 것도 아니고, 인생을 걸어볼 만큼 운동 신경이나 예능감이 발달한 것도 아니고, 정치인이나 상인이 될 만큼 언변이나 판단력이 뛰어나지도 못하고, 그것도 아니면 잡기雜技라도 능해서 뭔가에 몰두할 수 있었으면 좋았을 텐데 아무리 눈 씻고 찾아보아도 잘하는 것이 하나도 없었습니다. 부모에게 재물을 물려받은 사람들도 주변에 많은 것 같고, 타고난 유전자들이 좋아서 키가 크고, 몸매도 뛰어난 사람들이 많은 것 같은데, 나만 시원찮은 것 같아서 열등감에 사로잡혀 자존감 없이 살았던 때가 있었습니다.

언제부터였는지 기억도 잘 나지 않을 만큼 거의 반평생을 골골대며 병원과 친하게 지내고 보니 매사에 자신감을 잃고 살아왔습니다.

그런데 나이 오십을 넘으면서부터 생각이 많이 바뀌었습니다. 곰곰이 둘러보니 화려하고 뛰어난 재능 때문에 일찍 입신양명한 사람들 중에 아직까지 그 자리와 위치에 있는 사람들이 생각보다 많지 않았습니다. 건강이나 질병 때문에 일찍 내려온 사람들도 있었고, 경쟁이 많은 자리이다 보니 오래 버티지 못하고 빨리 그 일을 접은 사람들도 적지 않았습니다. 너무 중요한 요직에 앉아 있다 보니, 해야 하는 일들도 태산이고, 모든 사람들의 이목과 관심을 한 몸에 받다가 결국 자기관리를 하지 못해서 일찍 조로현상을 보인 사람들도 많이 있었습니다. 여러 가지 비리나 추문에 몰려 초라하게 내려앉은 사람들은 셀 수도 없이 많았습니다.

'감정선갈甘井先渴'이라는 말이 있습니다. 물맛이 좋은 샘은 이용하는 사람들이 많아서 샘이 빨리 마른다는 뜻입니다. 유능하고 똑똑한 사람은 쉴 새 없이 쓰임을 받기 때문에 빨리 고갈되고 탈진해버린다는 말로도 자주 사용이 됩니다. 실제로 우리 주변에도 보면 대단한 인기를 누리던 연예인들 중에서 소리도 없이 사라진 사람들이 많이 있습니다. '소년등과 부득호사少年登科 不得好死'라는 말처럼, 빨리 올라갔다가 빨리 내려오는 사람들 투성입니다. 반대로 소리도 없이 있다가 나중에 오랫동안 빛이 나는 사람들이 많이 있습니다. 그러고 보면, 약간 무능한 것도 꼭 나쁜 것만은 아닌 것 같습니다. 세상이 한 개인에게 처음부터 마지막까지 은총을 몰아서 내려주는 경우는 없는 것 같습니다. 사람마다 적절하게 쓰임을 받는 때가 있기 때문에 그때와 기간을 잘 아는 지혜가 있어야 할 것입니다.

　사람에게는 누구나 예외 없이 인생을 힘껏 펼쳐볼 수 있는 기회가 주어집니다. 문제는 '그 기회를 어떻게 대하느냐?'입니다. 기회가 왔는지도 모르고 지나쳐버리는 사람들이 있고, 기회를 잡았지만 경거망동輕擧妄動해서 빨리 놓쳐버리는 경우도 있습니다. 또, 자기관리에 실패해서 무능하게 물러나는 경우도 있습니다. 그러므로 자신의 뜻을 오랫동안 펼치면서 복된 삶을 살기 위해서는 세 가지의 정신을 가져야 합니다. 첫째는 유약겸하柔弱謙下의 정신입니다. 부드럽고, 유연하며, 겸손하게 자기를 낮추는 자세를 가져야 합니다. 좋은 나무가 먼저 베이고, 모난 돌이 정을 맞습니다. 강직한 쇠는 항상 쉽게 부러집니다. 자기를 낮추어야 오래 견딜 수 있습니다. 한때, '못된 남자bad guy' 신드롬으로 대변되던 독선적이고 우악스러운 카리스마를 남자의 매력이라고 생각하던 때가 있었습니다. 이제는 씨도 안 먹히는 이야기입니다. 부드럽고 따듯한 것만 살아남는 시대입니다. 낮추지 않으면 죽습니다. 둘째는 여민동락與民同樂의 마음을 가져야 합니다. 다른 사람들과 즐거움을 함께 나누는 삶을 살아야 합니다. 베풂과 나눔은 선택이 아니라 필수입니다. '나의 성공'이 아니라 '우리 모두의 성공'이 되어야만 오래 갈 수 있습니다. 혼자서 잠깐 동안 누리다가 끝나는 것보다 다 함께 오래 동안 지속하는 것이 더 현명한 일입니다. 그러므로 나누는 삶을 연습해야 합니다. 셋째는 화광동진和光同塵의 자세입니다. 자신의 잘난 빛을 조금만 줄여서 함께 가는 것을 말합니다. 잘나고 똑똑한 사람 옆에는 함께하는 동역자가 없습니다. 지나친 확신과 아집에 사로잡혀서 옆에 있는 사람들과 소통하지 못하는 사람은 결코 오랜 시간 동안 쓰임 받지 못할 것입니다.

성경에 등장하는 인물들 중에서 하나님께 쓰임을 받은 사람들은 모두 하나님의 은혜가 아니면 결코 일어설 수 없었던 사람들입니다. 아브라함, 요셉, 모세, 다윗, 베드로 그리고 사도 바울에 이르기까지 단 한 사람도 처음부터 잘나고 똑똑했던 사람은 아무도 없습니다. 모두가 좌충우돌하는 실수와 오류의 연속이었습니다. 그래서 더욱더 하나님의 도우심과 은혜를 구할 수밖에 없었고, 그것이 그들의 성공의 이유가 되었습니다.

이제 한 해를 정리하는 막바지에 접어들었습니다. 특별히 추수감사절의 절기가 되었습니다. 지나간 시간들을 되돌아보면서 좀 더 겸손하고 유연하게 우리 자신을 낮추는 시간을 가져야 합니다. 무엇인가를 가졌기 때문에 기뻐하고 감사하기보다는 무엇인가를 나누었기 때문에 감사할 수 있는 시간이 되어야 할 것입니다. 자기를 내려놓고 조금만 뒤로 물러서 보면, 주변에 온갖 감사할 것들이 가득 차 있습니다. 작은 감사들을 오래도록 누리시기를 기도합니다.

지름길과 에움길

사람들은 항상 빨리 가려고 합니다. 빨리 가는 길이 이기는 길이라고 생각합니다. 그래서 어렸을 때부터 '빨리빨리'라는 말을 입에 달고 삽니다. 걸음마를 떼기도 전에 교육부터 시작합니다. 조기교육이 인생 승부의 관건이라고 믿는 것입니다. 초등학교에 들어가기도 전에 한글과 구구단을 다 끝내고, 중학교에 들어가기 전에 영어와 수학을 미리 시작합니다. 이렇게 하는 것이 인생을 앞서가는 지름길이라고 생각합니다. '지름길'은 정상적인 대로보다 빨리 질러갈 수 있는 길을 말합니다. 흔히 남들이 잘 알지 못하는 '샛길'이나 '뒷길'을 지름길이라고 생각합니다. 어렸을 때부터 지름길을 찾는 연습을 많이 해서 그런지 한국인들은 천천히 정면 돌파하는 법을 알지 못합니다. 기다리거나 돌아가게 되면 죽는 줄 압니다. 관조미觀照美라든지 기다림의 미학 같은 것은 소설에나 나오는 이야기입니다. 어떻게 해서든지 남들이 모르는 지름길을 찾아내려고 노력합니다. 돈을 이용하고, 권력을 이용해

서 그리고 인맥을 통해서 남들이 알지 못하는 지름길을 찾으려고
애를 씁니다. 그 결과 우리는 인생에 있어서 길은 오직 '지름길'밖
에 없는 줄로 생각합니다.

그러나 길은 생각보다 많이 있습니다. 빙 둘러서 가는 '두름길',
활처럼 굽은 '등굽이길', 나지막한 산기슭에 난 경사진 '자드락길',
마음을 내려놓고 편하게 걸을 수 있는 '거닐길', 마을에 난 좁은 '고
샅길', '비탈길', '잿길', '황톳길', '마실길', '돌길', '빗길', '언덕길', '논길',
'서덜길' 그리고 신나게 달리지만, 막판에는 낭떠러지 벼랑으로 인
도하는 '벼룻길' 등 수많은 길들이 우리 앞에 놓여 있습니다.

길 중에는 지름길에 반대되는 의미로 '에움길'도 있습니다. 에
워서 돌아가는 길을 말합니다. 사람들은 에움길을 가게 되면 본
능적으로 손해를 본다고 생각합니다. 그래서 에움길은 처음부터
길이 아니라고 단정을 합니다. 그러나 잘 생각해 보면, 우리가 나
누는 인생의 진리는 거의 대부분이 에움길에 있습니다. 사람들은
에움길을 인생의 패배자들이 걷는 막다른길 내지는 황천길이라
고 생각합니다. 그러나 인생의 교훈과 재산이 되는 길은 언제나
에움길입니다. 교회에 와서 간증을 하고 말씀을 전하는 사람들이
나누는 인생 복음은 대부분 에움길에서 배우고 익힌 것들입니다.
어느 누구 하나 자신의 인생이 지름길을 걸었기 때문에 잘됐다고
증언하는 사람이 한 사람도 없습니다. 너무도 힘들고 답답한 에
움길이었는데, 그 길에서 '하나님의 은혜'를 경험했다고 간증을 합
니다.

평생을 지름길로만 달린 친구가 있었습니다. 공부도 항상 일등이었고, 체육, 음악, 각종 경시대회에 이르기까지 항목으로 만들어낼 수 있는 모든 분야에서 그는 발군의 능력을 발휘했습니다. 개인적으로 뛰어난 유전자를 가진 것도 사실이지만, 막강한 재력을 가진 부모의 집중적인 투자와 관심이 합쳐져서 만들어낸 걸작품입니다. 남들은 겨우 사회적인 독립에 성공했을 무렵에 그는 성공의 최절정을 달리고 있었습니다. 남들은 진급을 위해서 불철주야로 일을 하고, 단돈 만 원이라도 더 받기 위해 잔뜩 독이 올라서 발악을 할 때, 그는 이미 중견 회사의 지사장 자리를 꿰어차고 있었습니다. 그는 한마디로 말해서 '쉬지 않고 달리는 급행열차'였습니다. 치명적인 간암에 걸리기 전까지 말입니다. 그는 오로지 '지름길'밖에는 알지 못하는 친구였습니다. 잘 나아가던 그가 간암 치료 때문에 장기 결근이 잦아지고, 예전처럼 뛰어난 실적을 올리지 못하자 본사에서는 그에게 계속적으로 사직을 권했습니다. 그는 태어나서 처음으로 낭떠러지 '벼룻길'을 걸었습니다. 그리고 지름길이 무조건 좋은 길이 아니라는 것을 알게 되었습니다.

지름길은 빠르기는 하지만 거기에는 생각하거나 인생을 반추해볼 만한 여유가 없습니다. 빨리 가는 것만이 지름길이 만들어진 이유이기 때문입니다. 그러나 사람은 기계가 아니기 때문에 쉬기도 해야 하고, 자신이 왔던 길을 다시 되돌아볼 수 있는 반성의 시간을 가져야 합니다. 친구도 사귀어야 하고, 밤새워 노는 일도 해야 합니다. 치기 어릴 정도로 유치한 문제를 놓고 고민도 해야 하고, 바보 같은 사람들과 어울려 그동안 쌓였던 인생의 회포도 풀 줄 알아야 합니다. 한마디로 '에움길'도 걸어야 한다는 소리입니다. 에워서 돌아갈 때만 그 길에서 배울 수 있는 많은 교훈들이 있습니다. 하나님은 공평하셔서 어떤 사람에게는 에움길만 주시고, 또 다른 어떤 사람에게는 지름길만 주시는 분이 아닙니다. 누구나 정도와 길이의 차이는 있지만, 지름길과 에움길을 섞어 살도록 인생의 길을 내셨습니다. 그런데 오직 지름길만 가려고 하면 인생이 형편없이 약해집니다. 고난에 취약하고, 다른 사람들과 나눌 수 있는 사연도 없고, 스스로 곱씹어 볼 추억도 없습니다. 그냥 빨리 달린 것이 전부입니다. 지름길은 결코 인생의 축복이 될 수 없습니다.

성경을 읽다 보면, 믿음의 선조들은 어느 누구 하나 지름길만 걸은 사람이 없습니다. 모두 다 에움길을 걸었습니다. 백지수표 같은 하나님의 말씀만 믿고 고향을 등졌다가 남은 생애를 떠돌이로 산 아브라함도 그렇고, 사기와 거짓말로 얼룩진 삶을 살았지만, '실로 험악한 인생을 산' 야곱도 마찬가지입니다. 정말 지지리도 안 풀리는 인생을 산 대표적인 인물은 요셉일 것입니다. 어찌 보면 어린 나이에 역사상 최초로 인신매매의 희생양이 된 사람입니다. 배신과 절망의 연속을 산 사람입니다. 광야에서 인생 중 후반기를 다 보낸 불쌍한 모세, 젊은 시절을 도망으로 다 보낸 다윗,

베드로와 사도 바울 등등 이루 헤아릴 수 없을 만큼 많은 사람들이 '에움길'을 걸으며 하나님께 쓰임을 받았습니다. 하나님은 당신의 사람들이 언제나 에움길을 걷도록 하십니다. 막막한 광야 길을 헤매게 하셨고, 끝자락을 알 수 없는 포로 생활을 겪게 하셨습니다. 끊임없이 주변의 강대국으로부터 약탈과 수난을 경험하게 하셨습니다. 그래야 하나님을 의지하고 붙잡을 수 있기 때문입니다.

사람들은 언제나 에움길에서 하나님을 만납니다. 그리고 그 길을 헤치고 나왔을 때 비로소 정금처럼 값지게 사용을 받습니다. 만약 여러분이 지금 인생의 '에움길'을 걷고 있다면, 무조건 절망하지 마시고, 그곳에서 우리와 기꺼이 동행하시는 주님을 만나시기 바랍니다. 그분과 어깨를 나란히 하고 걷다 보면, 그 길이 축복의 길이었음을 머지않아 알게 될 것입니다.